樹海の民

舟・熊・鮭と生存のミニマム

赤羽正春
Masaharu AKABA

法政大学出版局

目次

序　章　樹海を辿る

先史、日本列島に到達した北の道は、樹海をうねるアムール川を大動脈として多くの形あるもの、人の手になる技術、目に見えない心のあり方など、人の基層をなす文化をこの狭い島国に運んだ。

ユーラシア大陸北部、何もないことを意味する「シベリア」が、実は動物や人の生存のための豊かな原野であった。半年間、冬に閉ざされる人々は、生活を万全の備蓄で乗り切るだけの智恵を育んできた。この環境に対峙し築き上げてきたのは各様の文化である。生存にすべての智恵を使わなければならないシベリアが文化の揺り籠のような地帯、風土となっていたという事実を発見した驚きが、私の心の底に折り重なって沈殿している。

人の生存の持続を学び、自らの行動規範を改めて見つめ直す旅としてこの調査研究を進めてきた。

北部太平洋への文化の張り出しは、アムール川の河口が環オホーツクの南端であり、環日本海の北端という絶妙な位置にある。河口で蓋を成すように立地するサハリン（樺太）を南下すれば北海道への道が開かれ、北上すれば極北の漁業資源豊かなオホーツク海に達する。

アムール川から海洋に張り出す文化の大本は流域の豊かな森が育んだ。樹海に住む民が、獣や鮭・鱒をとって暮らす生活に必要な技術がここにはある。移動に欠かせない舟は丸木舟から樹皮舟といった極めて単純な技術が、北太平洋に出た途端に、水を得た魚の如く大海に適応して、カヤックへと変貌を遂げる。川に回帰する鮭・鱒を捕る技術は、刺し網・鉤などが、そのまま海の技術として、河口域で使用された。

太平洋の巨大な内湾・オホーツク海は日本列島の鮭・鱒ばかりではなく、アムール川に溯る莫大な鮭・鱒を養う故郷であった。

樹海に棲む獣の毛皮や大河の魚で作った魚皮は人の衣服となり、人の生存を支えた。樹海こそは、大地とそこを覆う水、ここに降り注ぐ日の光など、無機的な物質が織りなす命の生成物以外の何物でもない。命の鎖は樹海から始まっていった。

樹海の「王」は、人間ではない。超越した力を持つ虎や熊に授けられた尊称である。虎は人を喰らい、熊は人の親戚として、いずれも、神に近い存在とされた。何よりも尊敬の栄誉を人が授けたのは、樹海で人の生死を支配する術を備えていたからである。

アムール川が海に注ぐまでの下流部を貫流しているハバロフスク州の人口密度は一平方キロメートル当たり二人であるという。森と川に包まれ、多くの獣の宝庫となっている大自然の中で生きる人々が、稠密な人口密度に支えられて文明の隆盛を謳歌する日本に、人の生存に必要な多くの智恵を授けたという事実は、多くの人にとっては俄に信じられないことであるかも知れない。

しかし、樹海を辿る日本への道には、計り知れない多くの画期的な技術の展開があり、日本列島に留まった人の生存への渇望と解決策には、好むと好まざるとに関わらず北の狩猟・漁撈による豊かな教示が基層に張り付いていった。

日本文化の源を求めこれをより良く深く知るために、極東ロシアに出掛けるようになったのは、皮肉にもソビエト連邦が崩壊してからである。ビザの取得も容易になったが、旅には困難がつきまとい続けている。最大の理由は広大なロシアの国土である。

「方角ばかりで道がない」と、自虐的なロシア小話で語られる交通手段は、かつては水上交通が主体であった。内陸に歩を進めたのは、アムール川沿いにムウと呼ばれる荷船が、そしてシベリア特有の湖沼、支流域へと稼働した小舟があった。一人乗りを意味するオモロチカが発達した。この小舟は造船技術に操船技術と、人の生存を支える智恵が詰まり、人の身体運動延長上にある道具であった。

舟こそが、シベリアと日本を結ぶ、流通の担い手として最も確実な道具としてあった。舟の日本との比較研究は重要であり、第Ⅱ部で論じる。

この一〇〇年、鉄道の発達と、自動車の隆盛は、どこへでも出掛けられる軽便さを備えた。もともとシベリアは水上交通を前提に湖沼や河川流域に集落が発達した。現在の移動手段には、相変わらず道路で苦労している。樹海を切り開いた道は、厳しい自然の激変にあって、絶えず整備を繰り返さなければならない悪路と化していく。自動車は小舟などと比較すると自然の理《ことわり》とかけ離れた道具であることに気づく。

人の生活も自然の理の範囲内で営まれてきた。樹海の生活で獲得できる獲物・採集物は人の知恵に応じた収穫量が期待される。自然へ働きかける人の行為は採集・狩猟・漁撈が第一義的で、食糧の確保が優先される。標的となった動物は、毛皮を人に与え、衣服でも人の生存を支える。狩りを生活の中心に据えてきたウデゲ人は支流域、最上流に住居し、源流域の広大な山を自らのものとして、獣を追って駆けた。

ナナイ人はアムール川で捕れる魚の皮を加工できる技術を保持していた。住まいはアムール川沿いの高台に点々と営まれる。

自然の理に沿った無理のない生活が営まれている地では持続的生存が保障される。文化の保持は、このような場所から始まった。

日本に流入してくる文化の位相には、樹海によって持続的に生存が確保されてきた北からの流れがある。一方、南に目を転ずれば、山や野を焼いて作物を栽培して生存を管理してきた南からの流れがある。前者は持続的に長い時間をかけて、少ない人の動きでじわじわと浸透してきたという印象が私にはある。一方、後者は集団で何波も押し寄せてきた武闘のイメージが湧く。

本当の姿はどのようなものだったのか。アムールランドというフィールドで自然の理に沿って生きてきた人々の姿を確認したい。そして、類似性を見つけ出すことのみで日本文化と比較研究することを避け、相違に目を向ける。文化の混淆と排斥の繰り返しが生起していたことを前提に、一段高い交流の姿を描きだしたい。

実は、アムールランドにも、日本でいう北の文化と南の文化のぶつかり合いに類似した様態が多く観られる。南の中国からの進出は激しい動きとなっている。

文化の通り道のそこここに日本人と同じ遺伝子を持つモンゴロイドの少数民族がアムールランドには住んでいた。ナナイ、ウデゲ、ウリチ、オロチ、ニブヒ、アイヌ、エベンキなど。先住の彼らが、後に来るロシア人を受け入れ、彼らにも、この地での生活を教示保障した。ロシア人が移り住んできたところは既に少数民族の居住している沃野であった。

樹海に育まれた生活様式が文化の衣を付けて語られるようになるまで、この地に生きた人々の足取りは確かである。少数民族という言葉には縁辺の響きが伴う。しかし、辺境が中核となる世界史が描ける。

新潟空港からハバロフスクへの空路はアムール川を辿ってサハリンに達し、ここから南下して日本に到る時計回りの道を、中心に向かって逆に直行する。円周状の各地点を詳細に調べ歩くのも大切な営みであるが、一気に中心を目がけて突き進むことも、必要な営為である。

二〇〇五年八月の渡航ではダリアビア航空のイリューシン製飛行機が三〇〇〇メートルの上空から晴れ渡ったオホーツクまでも眺望させてくれた。サハリンの山並みまでもが視界に納められる僥倖に恵まれた。丸い地球の輪郭の彼方、カムチャツカの秀麗な火山が僅かに頭を見せてくれた。ロシア製の飛行機は重量がアメリカ製同規模飛行機の数倍あるという。音の大きさと飛んだときの爽快感や実感はロシア製に軍配が上がる。

二〇一〇年七月一四日からの旅では、シベリアを襲った高温のために山火事などが重なり空気が霞んでいた。飛行機はエアバス製になり、乗り心地は上品だった。かつて、新潟空港で、滑走路の端まで走って海に突っ込む手前で、ようやく浮かび上がるイリューシンの重量感はなくなり、フワッと一気に浮く気味の悪さは、着陸時にも追体験され、シベリアに着いた実感は薄らいだ。

アムール川流域の少数民族を訪ねる旅はナナイ人とウデゲ人の所が多い。偏っているのかも知れない。会うたびに、同じモンゴロイドの感性が共鳴する。他人とは思えないのだ。再び訪れなければならないという気になる。

ハバロフスクで現地の方々へのホームステイを差配して下さっている旅行社のリー部長は、肩掛け荷物一つで訪れる私を空港に出迎えると、決まって言うことがある。「こりゃあ、本当の旅人だ。これから入るところは、何でもある町ではないんだよ。こんな貧弱な荷物で大丈夫かねえ」。

本書は、第Ⅰ部でロシア、アルセネボ（ロシア語の読みはアルセーニエヴォ）村でのフィールドワークとアムール川流域ナナイの人々との交歓を綴る。樹海での生活の姿を細部にわたって描くことで、生活の実相が浮かび上がる。

中世、ロシア正教の混乱した時代にも、樹海は追放されて漂泊した信者を、ナナイやウデゲの人々が受け入れた。参入してきたロシア人を養うだけの許容量を持っていたことが伝えられている。

樹海が育む命の源を描出したい。

これを受けて、第Ⅱ部では日本の基層文化への貢献を中心に論を編む。舟（第一・二章）、熊（第三・四章）、鮭・鱒（第五・終章）、を窓口に樹海を辿る道と、樹海が織りなす共通の文化をロシアと日本に求める。

＊　この論考では、日本の学界で「ウデヘ」と記述されている人たちを、「ウデゲ」の名称で記述する。今まで現地で調査に協力してくれた人たち、特に出自の方々は必ず「私はウデゲだ」と発音しているのである。ロシア人も「ゲ」の音を意識して発音している姿に接した。民族誌として見聞のままを記述する。ウデゲ人の民族誌に、津曲敏郎氏がアレクサンドル・カンチュガの記録をまとめた『ビキン川のほとりで――沿海州ウデヘ人の少年時代』（北海道大学図書刊行会、二〇〇一）がある。名称に関する記述では、私が現地で聞いた言葉をそのままカタカナ記述しているために、言語学者津曲氏の記述と異なるものがある。その場合、名詞の下に（津曲〇〇）と、ことわりを入れる。

第Ⅰ部

樹海レポート

第一章　アルセネボ村との邂逅

ハバロフスク中心部から直線距離で一七〇キロメートル余り、車で五時間かかる村はシホテアリン山脈の山懐に包まれて佇む。アムール川の支流、アニュイ川の中流に営まれている村である。五年の間隔を置いて二回訪れた村では、変わらぬ樹海と川の生活が営まれていた。

この村を紹介してくれたのはハバロフスク・インツアー社で部長をしているサングワン・リーさんである。日本の大手旅行会社、ロシア部長の天田匡さんからの紹介による。天田さんは間宮海峡をカヌーで横断したり、サハリンから日本までの北の道を実証するために丸木舟を造ってこれを駆り、宗谷海峡を横断した冒険家でもある。ロシア内陸部への旅はこの方の差配なしには成果が望めないため、「鮭の溯上期」に内陸でどのように捕っているのか調査したい、という私の希望を伝えたところ、親友であるリーさんの手配が実現した。

リーさんは太平洋戦争中にサハリンに渡った韓国人一家の長兄である。サハリンで育った。日本の敗戦後、サハリンはソビエト連邦のものとなり、国交がなかった韓国へは帰れなかった。多くの韓国人がサハリンに取り残される。リーさん一家はハバロフスクへ移って仕事を始めたという。

最初に私がロシアを訪れたのは一九九二年である。ソビエト連邦国家が崩壊して間もない時期で、路上にはロマの人たちや仕事を求める人たちがたむろしていた。ハバロフスク自由市場には商品が並んでいても、種類も少なく、人の表情は暗かった。この市場に流暢な日本語を語る婦人がいた。サハリン残留の韓国人であった。キムチを商っていたが、日本人である私に「体に気をつけて」という言葉を掛けてくれた。この時ほど、私が日本人であることを恥じたことはない。

リーさん一家のようにサハリンからハバロフスクに出てきた人たちが多かったのである。大陸にいれば、陸続きの故郷も近い。

リーさんはソビエト連邦時代のイン・ツーリスト社員として活躍し、この会社から分かれる形でインツアー社を起こし、部長として一線で活躍している。祖国への想いは人一倍強いものがあろう。娘さんも通訳として私の旅に同行してくださった。サハリーナとしてロシア人には自己紹介していた。強い心根を抱いた人々である。

戦争の影はロシア極東で今も残映がそこかしこに残る。

闊葉樹の森が続く沿海州を飛ぶ飛行機からみると、森林地帯を川がうねり、川岸の所々に集落が見える。アムールランドの森林地帯は人を川端で受け入れていることが分かる。日本のように綺麗に区画された水田や、きっちり管理されて小さい家が集合する光景はここにはない。ハバロフスクまでの空路、飛行機はアムール川の支流、ウスリー川上空を飛ぶ。ハバロフスクに近づくと、ビキン川、ホール（津曲ホル）川の順に森の中をうねり下る大河が見える。アムール川とハバロフスクで合流するウスリー川の支流でさえ、信濃川以上の流域の長さと水量を誇り、川筋は複数になるところが多い。スケールが桁

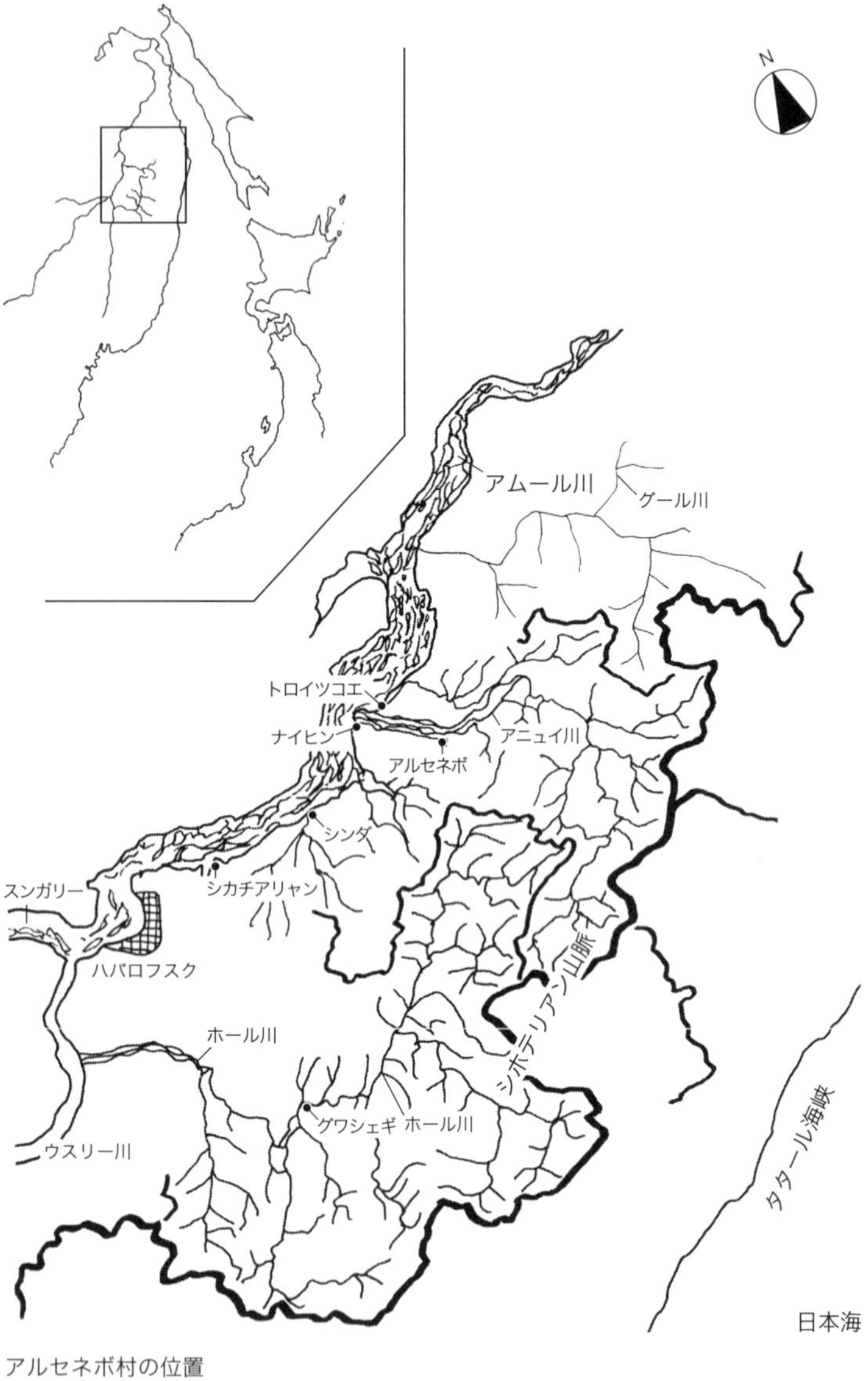
N
アムール川
グール川
トロイツコエ
ナイヒン
アニュイ川
アルセネボ
シンダ
シカチアリャン
スンガリー
ハバロフスク
シホテアリアン山脈
ホール川
グワシェギ
ホール川
ウスリー川
タタール海峡
日本海

アルセネボ村の位置

アニュイ川沿いの樹海

違いに大きいのである。

そして、川筋に見える集落が数戸という事例がある。人が川を生活の糧とし、この川が交通の唯一の手段であったことが分かる。森と川に育まれた生活を継続してきたのである。

アニュイ川もビキン川やホール川と同じくアムール川の支流であるが、流域にはアルセネボという人口五〇〇人足らずの村が一つあるだけである。ナナイ人の住む場所にロシア人、ウデゲ人が集住して大きくなった村である。ロシア人はスターリン時代にウクライナから移住させられた人々で村の学校では、今もウクライナの伝統行事を伝えていた。ウデゲ人の住む場所はナナイ居住区にあり、ロシア人がアニュイ川支流左岸に村を営むのに対し、支流右岸に生活を営む。この地に入った最初のロシア人たちは、帝政ロシア時代に迫害を受けたキリスト教徒（ロシア正教の旧教）であったという話を仄聞できたのは二回目の訪問時であった。

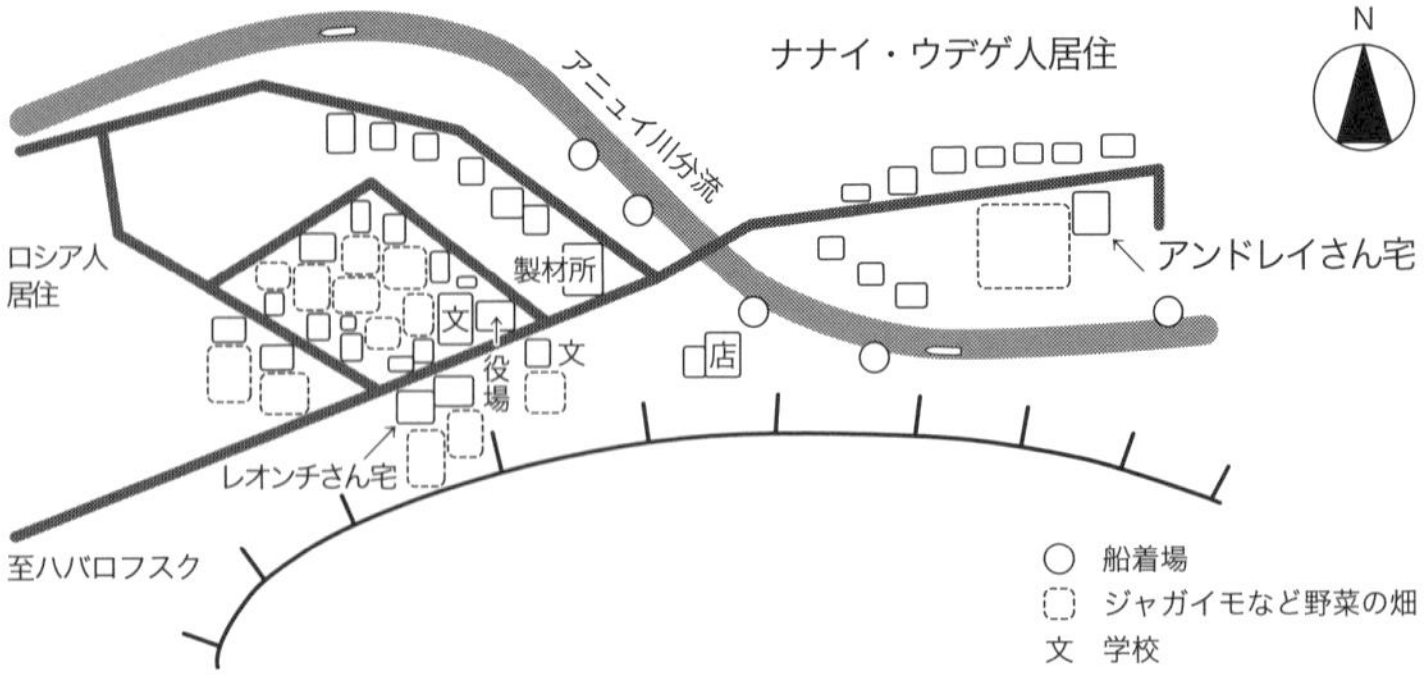

アルセネボ村の概念図

ウクライナの地で育んできた信仰がシベリアの森の中でも育まれていた。この場所では先住のナナイ人が鮭・鱒の恵みや狩りで生きていた。ここに入った人たちはアニュイ川を溯ったのである。特に、ウデゲの人たちは狩りと漁撈の生活で、家族単位に行動していたため、定住する村を作るということはなかったという。ウデゲは山奥に自らの狩り小屋を複数持っており、雪が積もる一一月から三月末まで、小屋に食糧を運び込んでここで生活しながら黒貂、栗鼠、ミンク、鼬、赤鹿、ノロ鹿などを獲っていた。そして、狩りの山から最も近い集落まで出掛けていって、交易をしていた。アニュイ川からは分水嶺を越えて南側のホール川に進出し、グワシェギ（津曲グワシュギ）というウデゲの人たちが集住するところまで行ったものであるという。通婚圏は広く、沿海州日本海側のウデゲの村から嫁を取っている人もいる。また、キンエルという北から来た家族と一緒に生活したことがある。彼らはエヴェンキでトナカイを飼っていた。国の方針である定住政策のために共に暮らしたことがあった。しかし、トナカイを飼うことが出来ないために、この地になじめず、別の地に移っていったという。

ウデゲの生活圏は狩りと漁撈だけでも、アニュイ川の源流部か

アンドレイさん，リディアさん夫妻

ら、アムール川流域にまで及ぶ広大なものである。しかも、居住する場所はシホテアリン山脈から流れ出す各河川の中流から源流部におよぶ。

アルセネボ村で私がお世話になったアンドレイさんの話を聞いていると、グワシェギ、ビギン、アルセネボ、ビラなど、ホール川、ビキン川、アニュイ川のそれぞれ源流域に居住するウデゲの人々の場所がポンポン飛び出す。ウデゲは樹海と川の民なのである。

ロシアではソビエト連邦時代の第二次世界大戦を大祖国戦争と呼ぶ。ウデゲ人たちの中にはスナイパー（狙撃手）として活動した人がいたという。狩りで鍛えた射撃の技術が国家に役だった。終戦後、樹海の中にある村に道をつけたのは敗戦国日本の軍人であった。森を一直線に切り開いた。アルセネボの村内にはここで生涯を閉じた一三名の日本人を慰霊する墓が、地元の人たちの手によって建てられている。

残留サハリン朝鮮人、シベリア抑留日本人、ウクライナ人強制シベリア移住、ウデゲ人定住政策。強制の歴史がシベリアでは繰り返されてきた。

二〇一〇年の夏、ホームステイでお世話になったのはウデゲ人アンドレイさん宅である。アルセネボ村のナナイ人居住地という地番の最東端にあった。奥さんはリディアさん。夫より六歳若く、誇りに満ちた聡明な女性であった。

一九六四年、生まれたばかりのアンドレイさんは、国の命令でこの地に、家族で越してきた。アニュイ川の上流ビラから。生まれたのはアムール川の支流、グール川の上流部、ウデゲの人々の集住する村である。

ウデゲの人々は家族、親族単位で漁撈と狩りの生活を中心に営み、活動範囲が広大であることは述べた。ソビエト連邦では、国土を自由に移動して狩りや漁撈を営む人たちに住まいを指定して、国民として登録する必要があった。何よりも、皆が平等であるべき共産主義では、自由に国土を移動することが好ましいものと考えられなかったようである。

高台ビラにあった以前の家は「冬の家」で、狩りのためにここから川筋を辿って奥の狩り小屋まで行って滞在しながら、獣を追った。最も大切な動物が黒貂で、冬の間に獲った毛皮はナナイ人の集住するアムール川の拠点トロイツコエ村の交易所に納めた。ここに役所があったからである。毛皮に対して紙の票が手渡され、これを持って店に行き、必要な日用品や銃の弾などを入手していた。

夏にはアムール川を溯ってくる鮭・鱒を捕るために「夏の家」に家族で移動したという。グール川とアムール川の落ち合いにはいくつもの中洲・島ができていて、このうちのいずれかにそれぞれの家族の

お世話になったアンドレイさんの家

夏の家があった。

八月末から九月にかけては、シロザケが海から産卵のために各支流に溯上してくる。同時に、アムール川に棲んでいるイトウやコクチマスなども産卵のために支流に溯上し始める。九・一〇月は一年分の漁業資源を採取する時期に当たっていたのである。

ウデゲの人々が、アムール川を自由に往き来したという話をアンドレイさんから聴くことができた。定住政策の前には家族でアムール川の魚を捕り歩き、舟に寝泊まりしていたというのだ。捕った魚は三枚に開いて棹に干す。舟には苫を架けて夜露が凌げるようになっていたという。捕った魚は夏の家に貯蔵し、漁期が終わると、冬の家に持ち運んで、冬の食糧としたのである。

国の定住政策に従ったアンドレイさん一家は、先に住んでいた所から川舟でアニュイ川のアルセネボまで来た。必要な資材は番号を打って川舟に乗せ、棹一本でアニュイ川を舟航した。それ以前にアニュイ川の上流ビラに入った親たちはグール川の上流に住んでいたという。アルセネボ村はアムール川沿いのナナイの村ナイヒンから五〇キロ上流にある。親世代はグール川とアニュイ川を往来していたのである。

ウデゲの人たちは家族・親族単位で行動していたが、一緒に引っ越してきた伯父さんはウデゲのシャーマンで、信仰によって村人をまとめる力があったことから、村人も行動の多くを伯父の指示で決めることがあった。

奥さんのリディアさんはアンドレイさんより六つ若い。生まれはシカチアリャン村。妹はナイヒン村に嫁いだという。ナナイ人である。

アンドレイさんの長女がホール川のグワシェギに嫁いでいて、孫娘が三歳になるという。写真の飾られた居間には、ウデゲの伝統を伝えるための資料が、実物や本などでかためられていた。

息子さんが一緒に住んでいるが、これからの漁期・猟期には、アンドレイさんと息子さんが多くの収穫をもたらす。

ウデゲ人の文化を記録したものに、一九九一年にウラジオストックの出版社から発刊されたパドマスキンの研究書がある(1)（В. В. Подмаскин, ДУХОВНАЯ КУЛЬ ТУРА УДЭГЕЙЦЕВ）。この書物にアンドレイさんの伯父さんがシャーマンの正装姿の写真つきで掲載されている。シャーマンの伝統を多くの人に語り伝えた人である。この書物によりウデゲの人々の生活文化について、重要な理解が得られた。一部であるが私の報告と重なる部分を抄録する。

＊　各家は柵で仕切られている。約三〇メートル幅。道に面した側に家が建ち、森に向かって畑が続く。玄関は東向きで厚い板戸を押し開けて入ると、レースのカーテンに仕切られた一画に入り、下にはカーペットが敷かれていて、ここで靴を脱ぐ。レースのカーテンは、蚊やブヨを防ぐためにある。アンドレイさんの家の水は、手押しポンプの井戸水であったが、冷たく美味しい水で癒された。アムール川流域の各集落は、どこもペットボトルの水が飲料水である。直接冷たい水が飲めたのは、アンドレイさんの家だけであった。水清く命永らえる森に住居がある。

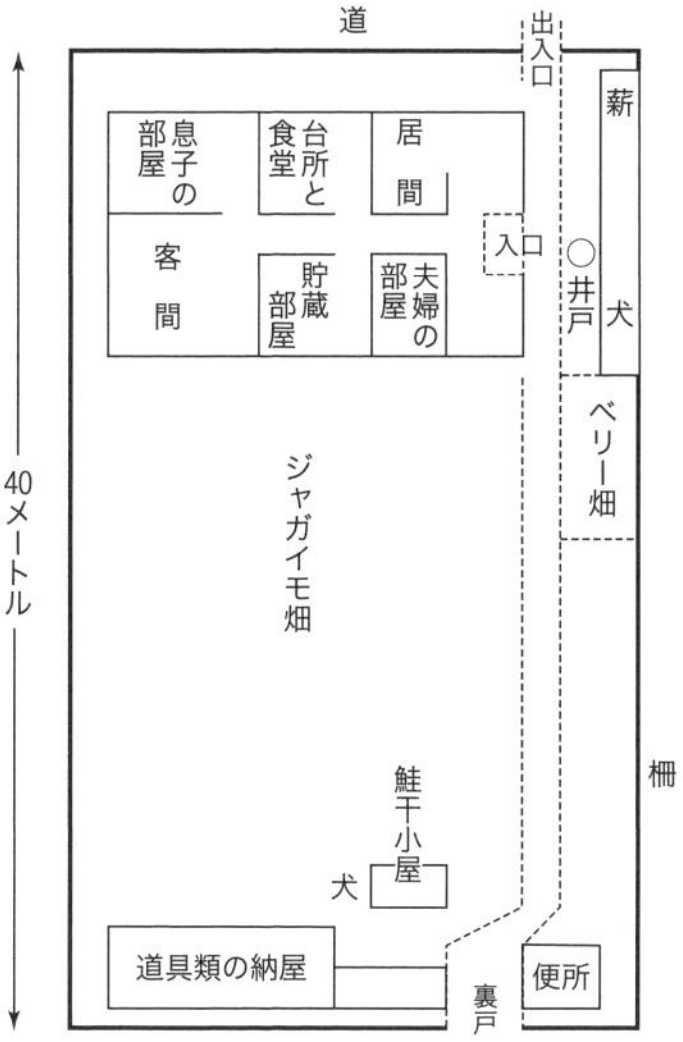

アンドレイさんの住居

ウデゲ人は、先住民と渡来したツングース人、さらに、満州系やモンゴル系、チュルク語系出身の種族との混血で、プリモーリエ（沿海州）とプリアムーリエ（ハバロフスク州）に生まれた、ツングース－満州族とされている。

　この少数民族がロシアに組み入れられたのは一九世紀の半ばであった。その当時、ウデゲ人の数氏族はグループごとに離れて住んでいた。当時の研究者たちは、そのような氏族を八つ挙げている。

　サマルギンスキィ、フンガリイスキィ、アニュイスキィ、ホールスキィ、ビキンスキィ、プリモールスキィ、グールスキィ、ウルミイスキィ、イマンスキィ（ボリシェウスウルクスキィ）。

彼らの生活の拠点は川の流域で示され、そこを中心に狩りや漁撈が営まれた。サマルギン、フンガリイ、アニュイ、ホール、ビキン、プリモール、グール、ウルミイ、イマンと、アムール川やウスリー川に注ぎ込む支流の河川名にスキィ（人）をつけてグループ分けしている。流域の人という意味になる。

アイヌの人々にイオルという生活領域がある。川を一つの領域に数家族が生存を確保する生活形態が、ここでも成り立っていたのである。

アンドレイさんはグールスキィで生まれ、アニュイ川を中心拠点に生活してきたアニュイスキィのウデゲ人でありホール川流域にも進出した。


一九七九年の全ソ国勢調査によると、ウデゲ人は一五五一人である。そのうちの六六六人がプリモールスキィ地方（沿海地方）に、六〇九人がハバロフスク地方に、その他はソ連のほかの州に分散している。ウデゲ人は、プリモールスキィ地方ではアグズウとクラースヌイ・ヤールの村に居住し、ハバロフスク地方では、グワシェギ、ラススヴィエット、クウカン、スニェージュヌイに居住している。

ウデゲ語は、ツングース－満州語族の中の無文字言語のひとつである。ウデゲ語は、ツングース語のアムールスキィグループに属し、とりわけ、オロチ語と、ナナイ語のアムール上流方言に近い。ウデゲ人の近隣グループの方言の相違は大きくなく、共通の方言群を形成している。異なる方言群の方言間の違い、たとえば、プリモールスキィ・ウデゲ人とホールスキィあるいはビキンスキィ・ウデゲ人の方言の違いについては、はなはだ著しいので専門的な研究が必要である。二〇世紀初頭、ウデゲ人の伝統的な自給自足経済は複合的な性格を有していた。経済の基礎は狩猟と漁撈であり、副業は採集であった。

ウデゲ人の考える自然の力は具体的な生きて働くもの、たとえばタイガの主人、水や火の猛威など理解されていた。自然現象の生き物への形象化は、人々の生活態度や人々と環境との相互関係の性格に反映した。自然の力に対する恐れは、周囲の対象物は精霊と悪霊の現れであり、人間の運命は精霊と悪霊に従属するという信仰を生み出した。

ウデゲ人の生活体験の中で最も重要なのは動植物世界との関わりである。これらの経験に基づき独自の世界観が形成された。猟師は動物（熊、虎、貝、川獺、シャチ）を人間の性格の特性に帰した。ウデゲ人が特別に敬意を払ったのは、虎（クチ・マーファ）と熊（マーファ）であった。ウデゲ人のイメージでは、熊はかつて人間であった。そのため、ウデゲ人の間では、熊との特別で丁重な関係が長期間維持され、熊と人間の女性との結婚伝説も多数存在した。

昔、ウデゲ人は、人は死後、木となる、男性はポプラの若木に、女性は白樺になると信じていた。自然を直接身近にし、自然と絶えず依存関係を結んできたため、ウデゲ人の記憶力は優れたものとなり、視覚と聴覚と臭覚は鋭さを増した。

ウデゲ人の抱く精神世界は、絶対神としての自然の神という観念では捉えきれない。日本のように山神が自然を統《す》べるという考え方ではなく、個々の精霊が動物を介して人に影響を及ぼすという考え方が強い。精霊は自然の中に充満しているが、悪霊として働くのも動物である。アンドレイさんの息子さんが子供の時に病気となったのは蛇が憑いていたからである。

しかし、大自然を統べる神として上位の神観念も垣間見られ、集落の太陽が昇る場所の朝鮮五葉松の巨木に捧げる獣の頭骨は、東の空の彼方に彼岸を観ていたと考えられるのである。この巨木伝承はナナイの人々では「命の木」の意味になる。命の木に関する研究は今後の大きな課題である。

「ウデゲ人はどこまで自然との闘いに通じているのか、驚かざるを得ない。獰猛な獣の狩りがウデゲ人の普段の仕事だ。吹雪、頻繁に起こる洪水、常に伴う生命の危険、これらすべてがウデゲ人の機転と積極性を育んだ。困難な事態に遭遇しても、ウデゲ人は分別を失うことなく、立派に苦境から脱出できる。タイガでは欧州人はウデゲ人に追いつくことができない」と、V・K・アルセーニエフは指摘している。

猟師や漁師はプリモーリエやプリアムーリエの狩りや漁に適した場所をよく知っており、その場所に地名をつけ、非常に簡単に描かれた絵地図にその場所を記入していた。絵地図は略図ではあるが、漁場となる川の流域が詳細に記された見取り図で、交通路も記入されている。山岳地方、シホテアリンの数箇所は、ウデゲ人にとって立ち入り禁止地域である。その場所では狩りが禁じられ、その場所への人の立ち入りも禁止されていた。狩人にとって、それらの場所の主は獣の主、「ブイニ・アッザニ」であった。

文字を持たないウデゲ人は、情報を伝達するために、当事者たちのみにわかるタイガの符号体系を利用した。V・K・アルセーニエフが記しているところによると、小枝に結びつけられたぼろきれは、「クロテンの罠用の糸を誤ってちぎるな」という意味であり、紐の巻かれた柳の枝は、「川の向こう岸の小道を見ろ」、丸く周りが削られた木は、「用心しろ、この辺は虎が多い」など。
猪、熊、篦鹿、麝香鹿、犬、そして鮭・鱒の種の魚の性別・年齢別の名前が適切に作られていた。雄の篦鹿「オグベ」につけられた一般的な種の名称と並び、ウデゲ語には、ほかの用語もある。例えば、「シタニ」は篦鹿の胎児を意味し、「ソンゴソ」は新生児、「クアンガ」は一歳の篦鹿、「フラ」は二歳の篦鹿、「ハラマサ」は三歳の篦鹿、「ロゴソ」は狩りに適した大人の篦鹿を意味する言葉である。このような狩猟用動物の区別は、狩人にとり、狩りの規制のために必要である。

ウデゲ人は動物を四つのグループに分けた。魚（スグゼハ）、両生類と爬虫類（クリガ）、鳥類（ガサ）、獣（ブイ）である。

ウデゲ人は植物を次のようなグループに分類した。高木（モ）、低木（モクトオン）、灌木状の柳（サクタイ）、草本植物（アウンタ）など。

ウデゲ語には植物の各部分の名称がある。さまざまな外見から、高木や低木や草の年齢を知ることができた。例えば、アニュイスキィ・ウデゲ人は紅松（朝鮮五葉松）を年齢により、一歳までをクル、一歳から二歳までをギトク、二歳から三歳までをセリへ、三歳から四歳までをサグジクル、五歳以上をアミグダと名づけた。アミグダは舟の製作に適していると考えていた。

私が入ったアニュイスキィ地区のウデゲ人ばかりが朝鮮五葉松を貴いものとして名前を分けているとは言い切れない。この材木がウデゲ人ばかりかナナイ人、中国人そして後に入ってきたロシア人に絶対的な信頼感を与えていることからも、それは明らかである。

生育段階で名称が変わる動物は、日本の出世魚や、鮭・鱒の生育状態からも指摘できる。山菜も、フキノトウのように蕗になるまでに三段階の名前を経過するものもあり、採集時期を知らせている。

動物の年齢に応じた名称の変化は、人に有用な証拠であり、どの段階で標的としてよいのかを示す、重大な判断を提供したのである。


ウデゲ人の食物として特に大きな役割を演じたのは魚だった。魚は生魚、煮魚、冷凍魚、干し魚、燻製で食された。ただし、すべての魚が生のまま食されたわけではなく、主に、川姫鱒、満州鱒(コクチマス)、イトウが生で食された。生の肉や魚で作られた料理はタラと呼ばれた。タラは夏場は、釣れたばかりの新鮮な魚だけで作り、冬場は、氷点下の寒さで死んだものではなく、氷点下の寒さで捕らえた魚や篭鹿の肉で作った。肉は細長くスライスし、ギョウジャニンニクやマルタゴンリリー(ユリ科の植物)のような強烈な香辛料で味つけした。刺身には軽く塩をかけることもあった。夏や冬に刺身タラを作る習慣は、オロチ人、ナナイ人、ウリチ人、ニブヒ人などの北方諸民族にもある。V・K・アルセーニエフが言及しているところによると、ウデゲ人の最高のご馳走は鮭や樺太鱒の頭部の軟骨の刺身である。また、I・V・ナダロフが指摘したように、オロチョン人やゴリド人(ナナイ人)も同様の刺身を最高のご馳走としている。

料理のタラはアンドレイさんの家でご馳走になった。身をみじん切りにした生魚・コクチマスが玉葱と一緒になっているもので、塩味をつけて食べた（醬油で食べれば美味しいものとなるだろう）。日本人には全く違和感のない味であったが、同行のロシア人は食べなかった。鮭・鱒頭部軟骨の刺身は日本人が氷頭《ひず》と呼ぶ場所である。氷頭膾《なます》はやはり日本の鮭・鱒料理では珍重される。

ウデゲ人の食べ物の中で重要な役割を演じたのは、酷寒と日光と風にさらして乾燥させた鮭の干物・テリであった。鮭の干物には特別な味と香りがあり、長期間保存でき、一種のパンであった。V・K・アルセーニエフは次のように書いている。「鮭の干物なしでは、凶作の年のロシアの農夫と同じように、彼らは貧困に耐えることになる。ウデゲ人は鮭の干物を自分で食べ、家族全員で食べ、飼い犬全部に食べさせた。うまい食物がたくさんあるときでも、鮭の干物を恋しがり、常に米より鮭の干物を好んだ」。ウデゲ人は、干物以外に、塩漬けにしたり、発酵させたり、冷凍したり、燻製にしたりして、魚を加工した。ウデゲ人には非常に多くの魚料理があった。

夏、居住地を変える時期に、ビキンのウデゲ人は、満州鱒（コクチマス）や泥鰌《どじょう》の一種で串焼き・シラを作った。魚一匹を丸ごと、先の尖った串に通し、赤熱した木炭で焼いた。同様の魚の串焼きを作る方法をナナイ人とウリチ人も知っている。

男の子が初めて小さな獲物（リス、エゾライチョウ、シベリアイタチ、カモ）を捕まえると、独特の儀式が催され、親戚がご馳走を作ってくれた。褒美をもらったことで若い狩人は誇りを持ち、今後もさらによい仕事をしようという望みを持つようになった。子供たちの成功は賞賛された。

第1節　樹海の生活

美しい森林地帯が続く。木材搬出の大型トラックはハバロフスクからコムソモリスク・ナ・アムーレ市方面に向かう幹線道路で頻繁に出合う。

白樺の林はえんえんと続き、間に菩提樹や松が交じっている。白樺は樹皮を五・六月に剝ぐ。盛んに樹液を吸い上げる時期には、皮と幹の間に剝離層ができて剝ぎやすくなるからである。ナナイ人は樹皮で覆った舟を作っている。デレスタといった。

二〇〇五年、私が最初にこの地を踏んだ時、ロシア人レオンチさんの家の世話になった。奥さんは村長を四年務めた人である。

レオンチさんは家を自分で建てた。立派な造りは材が良質であったことにもよる。丸木造りの牛小屋は巨木を積み上げて、シベリアの寒気を防いでいた。柵の中には住居が三棟あり、畑は三反歩ほどある。生存の基本となる澱粉のジャガイモや蕪が植えられ、南瓜《かぼちゃ》やトマトが窓辺で生育していた。葡萄やプラムなどの果物も茂って一つの完結した農園となっている。この柵の中で食べ物の生産と消費が繰り返される。アニュイ川で捕られた鮭は住宅の壁面に干されて、干し鮭となる。シベリアの寒気に遭って凍結乾燥を起こし、フリーズドライの乾物が出来る。

アニュイ川の支流にあるこの村では、多くの住人が自分でアニュイカと呼ばれる舟を造る。七ミリの厚板五枚を船底材から鎧張りに重ね留めして積み上げて構成した川舟がある。板は松を使用するが、こ

レオンチさんの家の鮭

紅松（朝鮮五葉松）で作られた橋

の地の松では紅松の使用が多かった。広大で手つかずの森の中にあるアルセネボ村は、よく観察すると、紅松（朝鮮五葉松）・落葉松《からまつ》・菩提樹といった胴回りの太る巨木の樹林にあった。

アニュイ川のロシア人鮭・鱒漁場に連れていって貰った際、漁場に建つ立派なコテージ風の泊まり小屋が、現地の紅松ですべて造られたことを知った。紅松の群生地に漁場を設置し、小屋を建てたのである。材のあるところで仕事をするのが、山中での効果的な仕事の鉄則である。もちろん、溯上してくる鮭が集まる場所である好漁場に隣接していることが重要である。

アニュイ川はオホーツク海から溯上してくる鮭（シロザケ）が九月から一〇月にかけて、産卵する河川である。産卵床の範囲はちょうどアルセネボ村を中心に、アムール川の河口まで五〇キロの範囲であるという。産卵床のただ中に村が成立しているというのは、先住のナナイ人の智恵であったろう。広大な森林地帯の川端で、人がどこに生活の拠点を置くのかについて考える時、食糧確保が最も重大な要因である。鮭の産卵床は人の持続的生存を保障し、村を築かせた。

二〇一〇年の二回目の訪問時、レオンチさんとにこやかに五年ぶりの挨拶をした後、住居の内側で蜜蜂を飼っている場所に行くと、前と同じように、小屋の壁面を食べきれなかった鮭の開きが一面に覆っていた。昨年は豊漁だったのだ。

「ハラショー（すごいね）」の感嘆が届くと、「犬は一杯食べられる」と言う。ここでも、余剰の鮭（シロザケ）はアラスカ先住民同様ドック・サーモンなのである。塩をして人の食べる量が確保されれば、残りは無塩のまま開きにして干され、犬の餌となる。

一回目の訪問時に、食堂の入口にいた巨大なコーカサス犬が巨大な毛むくじゃらの犬に替わっていた。

避難用アニュイカ

レオンチさんとアニュイカ

死んだという。シベリアンハスキーもいて、訪問時にはいつも激しい鳴き声に鼓舞される。二年前、アルセネボ村にもアムール虎が現れた。夜中に各家で飼っている犬たちが一斉に吠えたてて、村は犬の鳴き声で騒然となったという。どこの家でも必ず一匹はいるシベリアンハスキーはそれほど吠える犬ではない。虎に備えている家もあるのだ。結局、村外れの一軒の家の犬が食われて虎は退散したという。

大量の干鮭は九月までの犬の餌に困らないことを示していた。

堅牢な家が並ぶ表通りには、小・中学校、役場があり、水色に塗られて青空に美しく映えていた。シベリアンブルーと私は呼んでいる。

小さな流れで隔てられた対岸はナナイスキィ（ナナイ人）の住居地である。流れには二箇所に石を積んだ一〇メートル四方の橋桁があり、この上に丸太をそのまま組んだ橋桁が渡してある。この丸太こそ、朝鮮五葉松つまり紅松なのである。

二回目の訪問では、レオンチさんの尽力でナナイスキィの住居地の外れに住んでいる前述のアンドレイさん宅にホームステイすることができた。レオンチさんの車で送ってもらった。

シベリアの松は樹脂を含んで粘りがある。重い四輪駆動の車も簡単に橋桁を越えた。

これらの松は建築材として使われるほかに、土木工事にも使われている。強く粘りのある材はシベリアの大地で人が生き抜くのに必要な素材であった。

アルセネボ村では毎年、洪水に見舞われる。五月と九月であるという。レオンチさんの家の前の通りに伏せた状態のアニュイカ（アニュイ川の川舟）があった。これを見た時、避難用の川舟であることを直感した。日本でも水郷と呼ばれるところでは、土手の上に避難用の舟が伏せて置いてある。なかには家の二階の梁に避難用の舟を吊している信濃川流域のような事例もある。五月はシホテアリン山脈の雪解けである。暖かくなると、一気に増水する。日本のユキシロである。九月は長雨が続くことがあり、シホテアリンの山並みに注いだ雨が増水して洪水を起こすという。いずれの増水でも、これを凌げるように舟を備え、増水しても生活できるように、堅牢な家を築いていたのである。

一回目の訪問時、どこまでも続く砂利のがたごと道で出合った木材運搬のトラックは、アルセネボ村の近くからも、良質の材を切り出していることを示していた。積み荷は菩提樹の大木であったり、松の類であった。森林資源の輸出先は日本や中国である。シベリアで最も大切な材を惜しげもなく切りだすことが今後も可能なことであろうか。樹海での人の営みも、樹木で成り立っているのだ。

第2節　川の道

アニュイカはアニュイ川の舟を意味する言葉である。ウデゲ人は三種類のアニュイカを持っていた。全長一〇メートルに及ぶ、舳先部船底にシャベル型の反り返った庇状飛び出しがついた丸木舟で、トーポリ（ポプラ）の巨木から造られた。家族で移動する舟である。バット（津曲ウデゲ語アーナ、ロシア語バートゥ）という名前があった。

八メートルくらいの丸木舟は舳先《へさき》と艫《とも》がともに尖らせてあり、鮭捕りの共同作業で刺し網を使う際に皆で使用した。

もう一つがオモロチカと呼ばれる一人乗りの丸木舟で、狩りや漁に使う。

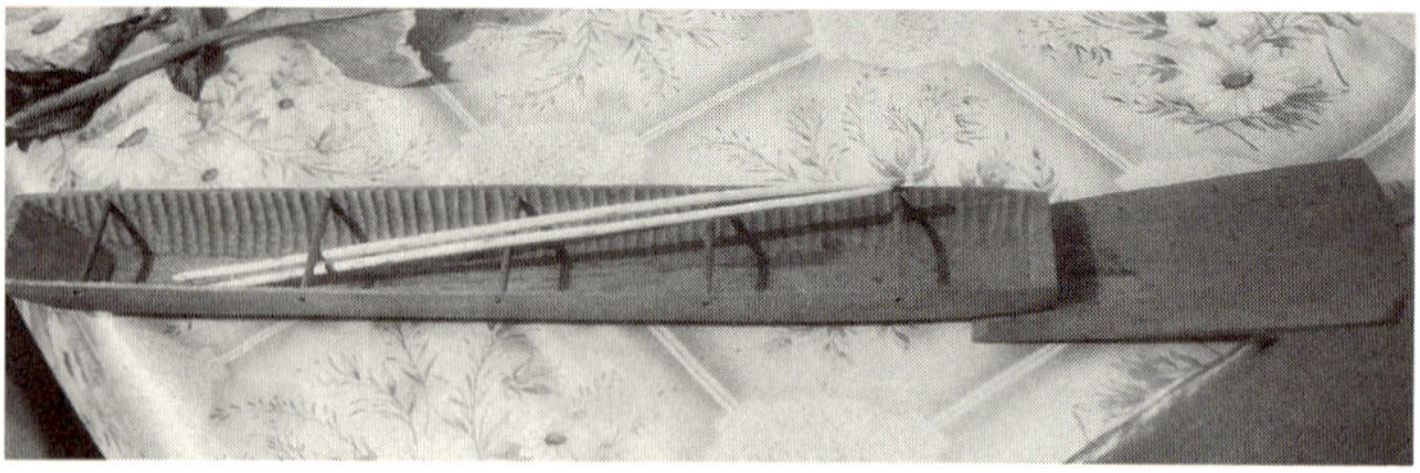

バットと呼ばれたウデゲの丸木舟模型

このように、アニュイカは現地、ナナイ人やウデゲ人の丸木舟から出発した。板合わせの舟に変えた後もアニュイ川で使っている舟という意味でアニュイカである。アニュイカのもとになった丸木舟は巨大なトーポリを山中で探し、この場所で木を切って刳って造ったのである。

アニュイカが丸木舟から板合わせ舟に替わったのは、ロシア人の来訪と深く関わる。製材所をこの地に設けたロシア人は、紅松（朝鮮五葉松）の繁殖地を根拠地としたのだ。良材の得られるところに工場を造り、板に挽いたのである。この板が、舟材となる。樹脂を多く含み、粘りが強く、加工が容易であったのだ。

全長一〇メートル近い板合わせ舟は、丸木舟を駆逐した。板の合わせ方に優れるロシア人が造ったアニュイカは、五枚の長板で構成する舟として、アルセネボ村では使用されている。同じ形態の舟はホール川でもビキン川でもみられ、板の合わせ方が同じであることから、技術的交流があったことを伺わせる。

ロシア人レオンチさんが子供の頃はまだウデゲ人の丸木舟があったという。丸木舟造りに使用した道具は、わずか数種類であることを聞いて驚嘆した。舟造りの道具を調査することが願いであったが、こちらの熱意に対し、「これだけさ」と、見せてくれた道具は日本でいうチョウナであった。ドシンク

バットから板合わせになったアニュイカでイトウ釣りに出かけるウデゲの人たち

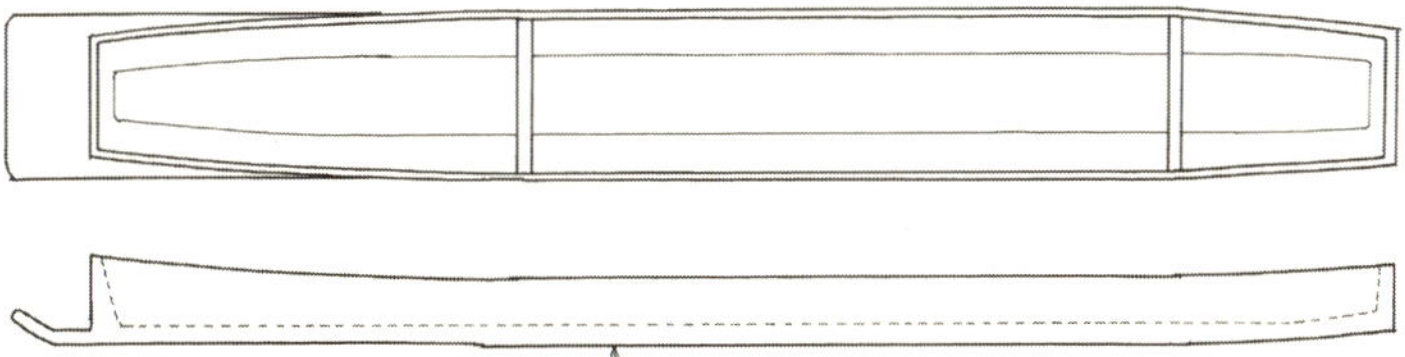

バットと呼ばれたアニュイカ

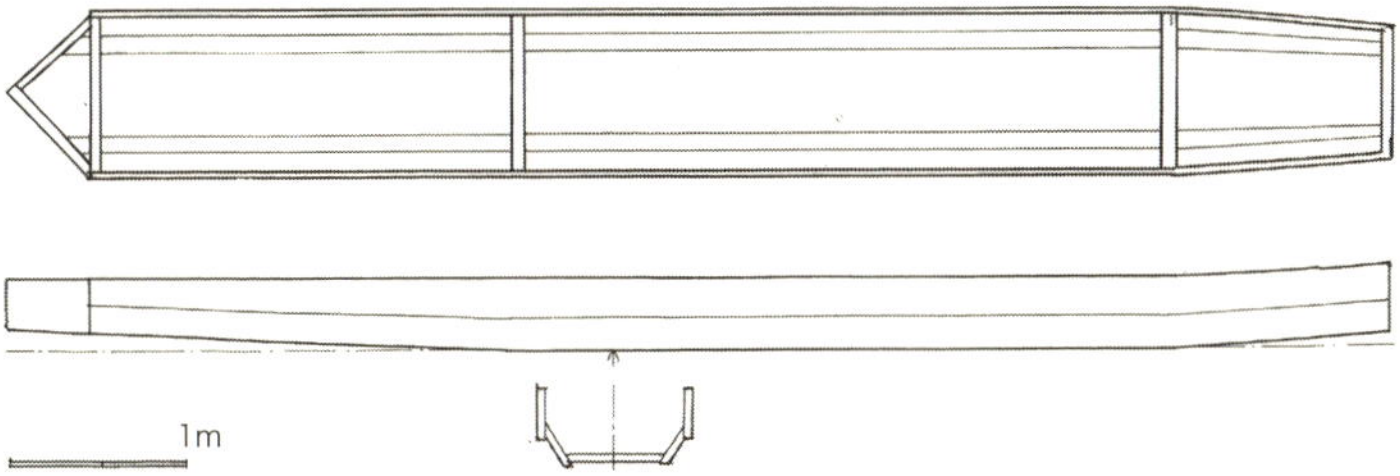

板合わせのアニュイカ

という名前で、三種類ほどに道具のかたちを整えたものである。鉞《まさかり》なども使うが基本はドシンクである。

この単純さは瞠目に値する。木を倒す斧と、ドシンクがあれば、いかなる舟も、いかなる器も造ってしまうということは、この道具の人の行動に沿ったあらゆる種類の力の加え方が可能であったことを示している。同時に、人の物を造る行動には、極めて強い類似性があることに気づかせられた。

たとえば、越後奥三面で舟造りをしたときの道具は、次のものである。材質は栃。

木を切り倒す　↓斧、鋸

丸太を整形する　↓斧、チョウナ

木を刳る　↓丸チョウナ、チョウナ、テップリ

男鹿半島の杉の巨木から造る丸木舟は道具がもっと増える。

斧、鋸、チョウナ、丸チョウナ、テップリ、鉋（平・丸・角とり）

このように、刳る道具であるテップリと丸チョウナはいずれでも使用している。杉の場合は、チョウナがあれば木の性質として剝がれやすい特性を利用して刳り進めることも可能である。日本では刳るだけで三種類もの道具を使用する。舟の浮かんで人を運ぶ機能さえ満たすのであれば、刳った部分の彫り跡などは問題にならない。単純な技術は核となる技術であることを示している。

丸木舟のアニュイカの舳先舟底部にシャベル型嘴状突起をつけているバットについて、日本の舟の研究者の間で議論があった。この突起がなぜ進行方向にあるのか。ビキン川のウデゲ人はこの上に立って水中の鱒を真上から見てヤスで突くために利用しているし、移動時にシャベル型嘴状突起の上に、捕った魚の生け簀を置いていたという伝承にも接している。水がかかるからである。

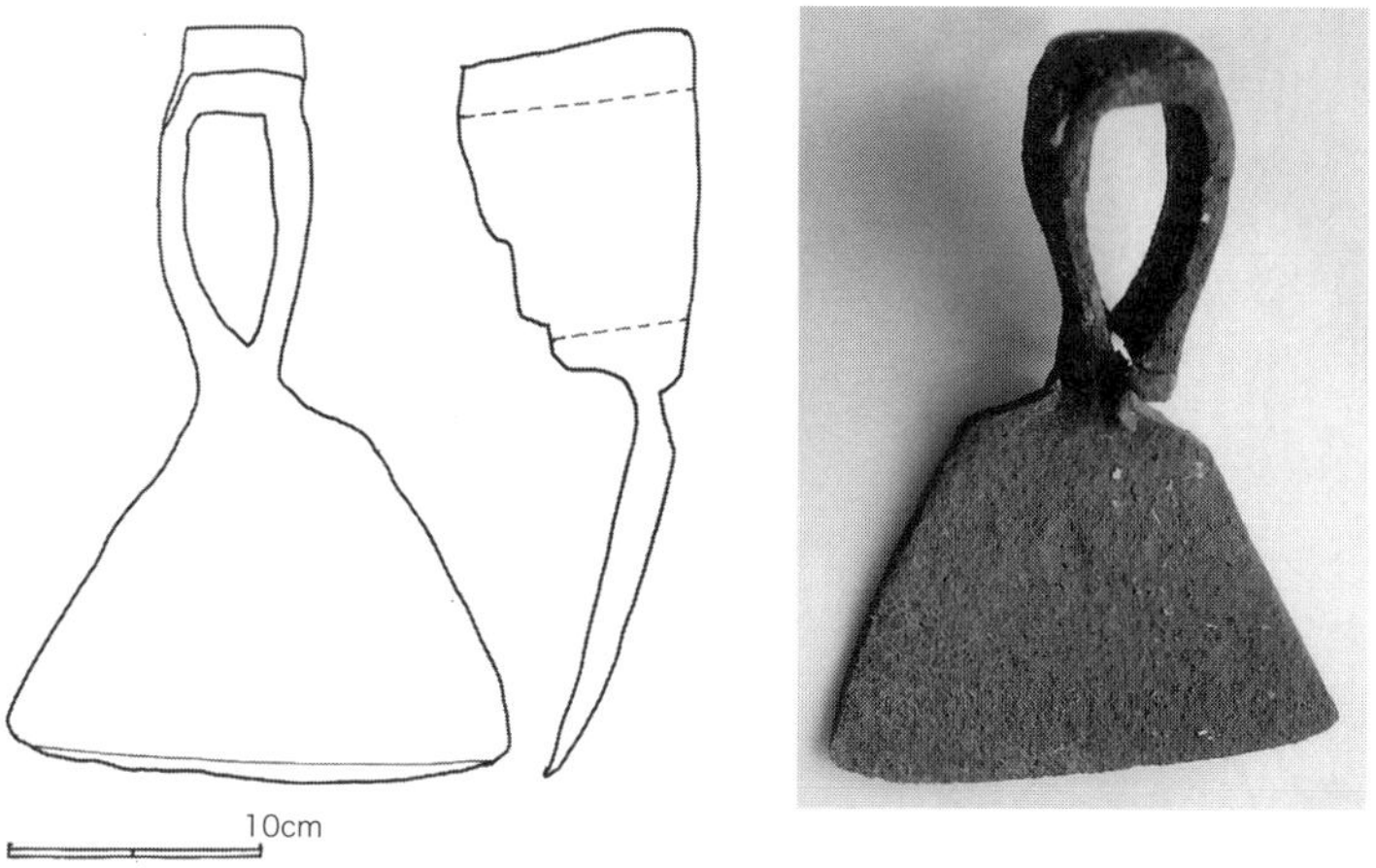

ドシンク（チョウナ）

舟の構造上、この突起が水中に入って造波抵抗を和らげるという説まであった。

しかし、事実は制作者・使用者に聴くのが一番である。

船底部シャベル型嘴状突起は春先の流氷に舟がダメージを受けないよう、舳先部に分厚い緩衝材を設けたものであることが分かった。レオンチさんもアンドレイさんも口を揃えて語ったことは、「流氷が流れる春先の川では、氷の衝突で舟が削られ、ひどいときは二センチも三センチも船底部が削られてしまうことがあった」。というのである。雪解けの川を溯上して山に入り、獲物を追うためには、橇のようにシャベル状の厚板を反り出して流氷を越えていく必要があったのだ。

丸木舟はトーポリ（ポプラ）か菩提樹の大木を使用した。大木となる広葉樹はこの二種類で、木の組織が稠密なために利用された。

立木から舟の完成形を想定する。根元にシャベル型嘴状突起を想定し、舳先部の強度の必要なところを根元側として木取りする。

丸木舟のアニュイカは完成が近づくと、舟の幅を広げるために、焚き火をして焼いた岩を刳った部分に入れて水を張るということをした。中の水がお湯になると、舷側が柔らかくなり、梁の棒を入れて幅を広げることができた。岩は何度も焼き直してお湯の温度を高く保っていた。

ウデゲ人アンドレイさんの子供の頃にはアニュイ川を四〇〇キロの荷物を積んで棹一本で舟を上げている光景に接したという。棹のことをダニクと言い、川端のネコヤナギで真っ直ぐの部分を採って使った。

シベリア各地は舟しか交通手段がない。かつてソビエト連邦政府は大河川の各支流上流部に気象観測の測候所を作った。これが流域で最初の官営施設と言われている。人を住まわせ、気象データを分析したのである。

アルセーニエフの沿海州探検は国家の元である領土を確定する地図作りであり、この後、政府が手がけたのは気象を把握することであった。測候所の機材は重く、これを上流部に届けるために、ウデゲの人たちが使われた。彼らは、狩猟で冬の家・山の家を各川の上流部に持っており、流域の地理に詳しかったからである。

舟の操作は棹一本で、流れを上手に利用しながら少しずつ上流部に舟を移動していったという。

艫と舳先に一人ずつ乗る。トモノリ（後）・ハナノリ（先）は力を合わせて流れの弱い岸側を溯上する。蛇行した川の流れが張り出して急流となる場所にさしかかると、対岸に舟を持っていく。この時、上流部にいるハナノリは棹をしっかりさした状態で舟を回転させ、対岸上流部に艫側を向けて、自身は舟の

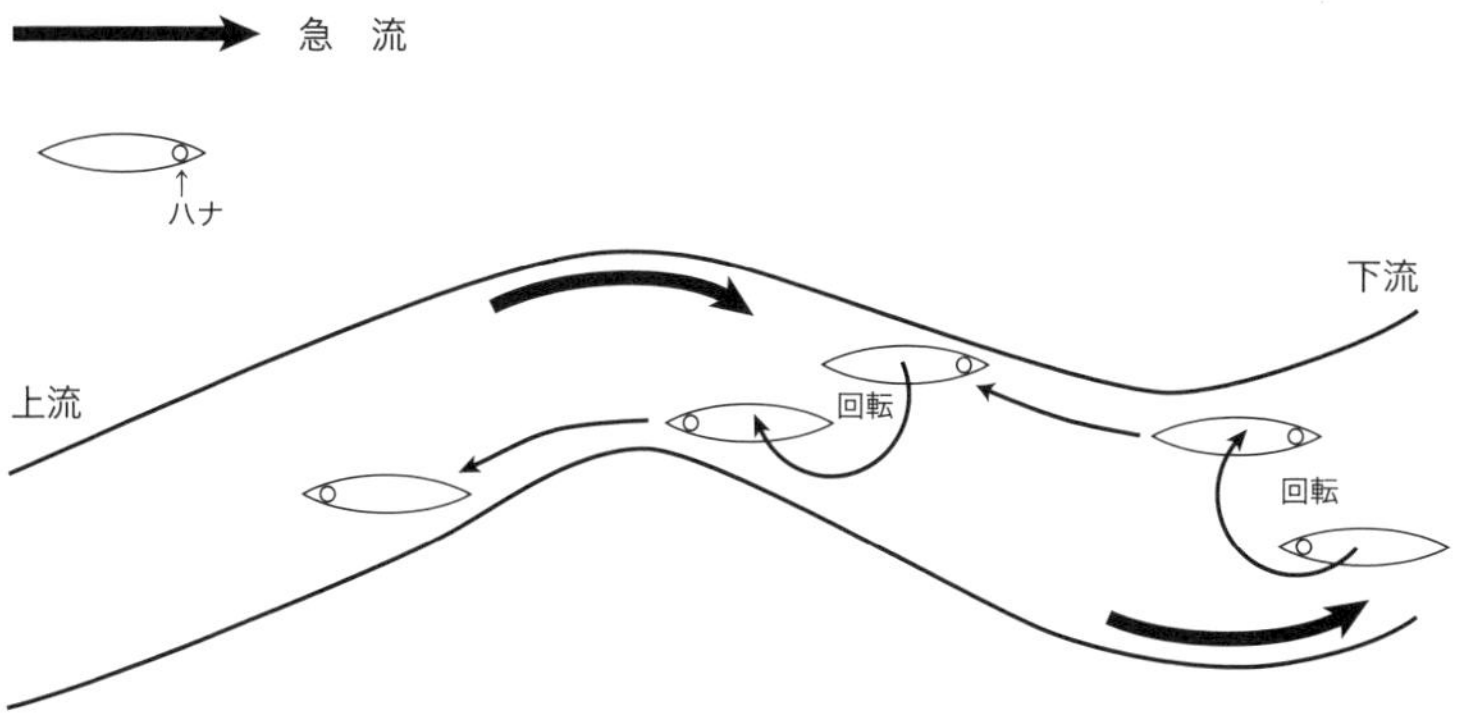

急流での舟行

後で棹を目一杯押して進める。トモノリは舟を対岸に近づけるため、これも一生懸命、棹を押す。この操作を流れの強弱に応じて各場所で実施して、舟を上流に進めていくのである。

川上に物を運ぶ際、棹押しに頼ったのは、急流の舟航では、櫂だけの溯上では間に合わないからである。

一人で舟を押し上げる猛者も沢山いたという。この時は、いつも艫側にいて棹を押しているが、対岸へ渡る際には一気に押し出して舟が対岸に着くと、舟の中を走り、舳先に移動して、ここで棹をさして舟を回転させ、この状態で舟を押し上げていった。一人で一〇〇キロ上流まで荷を上げた人をアンドレイさんは知っているという。

この操船方法は日本の川舟でも見られた方法である。

急流を溯るとき、トモノリが熟練者として艫側で棹を押し上げ、先にいるハナノリは舟の方向を流れの中で調節する張り棹をして舟を押し上げていった。急流にさしかかると、岸に降りて船を曳くということをしている。

沿海州の各河川では、岸まで森が迫っていて、流木の残滓などが岸側に堆積しているために、舟から降りて曳くという伝承には接しなかった。

アニュイ川の釣りに連れていって貰ったことがある。姫鱒は川岸の深みに沢山いて、毛針で面白いように釣れた。流れの速い本流はルアーでコクチマスを釣ったが、上流部から舟を流す時に、ちょうど上流へと向かう行路と同様の動きをした。流れの速い対岸を避けるように舟をジクザグに横断させ、岸側で舟の舳先と艫を回転させて入れ換える。乗っていると、後ろ向きに横断した後は舟の方向がチェンジして今度は前向きに進行する。スリルのある舟釣りであった。

アニュイカはウデゲの人にとっては重要な舟で家族用の舟といっても過言ではない。彼らは魚捕りに出かけるとき、必ず夫婦で出かける。女性を舳先に乗せ、棹や櫂で船を進め、操船する夫はトモノリとして舟の後にいた。このような乗り方は鉄則であるという。

家族単位で行動する彼らには、流域の最も好まれる場所にキャンプ地が設定してあり、夏の家以外にも、魚の捕れる場所には足跡が記されていた。

丸木舟のアニュイカ（バット）が板合わせの現在のアニュイカに替わったのは大木が入手できなくなったことにも起因している。

現在、チェーンソーが導入されたが、チェーンソーがあれば、丸木舟は簡単に作れる。板合わせ舟のアニュイカでなく、家族で乗るバットを造ってみたいとアンドレイさんは切望している。

第3節　一人乗り舟・オモロチカ

アニュイカの元になった丸木舟バットを使ったウデゲ人は、女房を舳先側に乗せ、旦那は艫でパドルを漕いだり、棹で舟を進ませて魚を捕った。個人や家族単位での行動がウデゲ人の特色である。

丸木舟は重く、荷物を川上に上げるときには三人が乗り組んだこともあったという。全員でシングルブレードの櫂を漕ぎ、棹をさして溯った。出かけるときには鮭や肉の干物を持参した。食料である。ウデゲは魚や獣を求めて移動することが多く、アニュイ川に限らず、中洲のある場所では泊まることが多かった。ナナイの人たちも舟で溯ってくることがあった。魚を捕ったり狩りのためであるが、必ず彼らは中洲の決められた場所に上陸して、泊まっていた。そして、上流域に住むウデゲの人たちの狩りの領域へは決して立ち入らなかったという。アニュイ川でも、ナナイの人たちが溯ってよい限界がウデゲ人との間で決められていたという。ウデゲとナナイの争いが口承文芸にもなって語られている。

操船は溯る時には棹を各自が用い、下りにはパドルを使った。パドルは一人用の水搔きつきのパドル、最後尾の主人は櫂を舟側から水にさして保持し、舟の方向を決める楫《かじ》としても使用した。

アンドレイさんの伯父さんが現役の頃、沿海州の地図作りに測量で訪れたアルセーニエフ一行を案内した人たちもいたという。源流部の山岳地帯はウデゲの活動領域で、彼らの案内なしには、樹海での行動がままならなかったのである。

ウデゲ人は家族単位で移動生活を繰り返す。特定の村に定住するということがなかったので、集住する場所にいても、各家族の行動は極めて自由であった。ビラというアルセネボから一二キロ上流にある高台に住んでいた頃にはミンクの養殖場もあって、獣は多く住みやすいところだった。郵便局もあって良かったのだが、アルセネボに移された。

二〇〇一年、アニュイ川の源流にある海抜二〇九〇メートルのタルトキアナ山にアメリカ軍の飛行機が墜落したことがある。この時は、ウデゲに救助の要請が出て、みんなでアニュイカに乗って救出に向かったが、ウデゲの最高齢の長老が心臓を患っていて、頂上まで上がることが出来なかった。これ以降、彼は長老としての実権を次のものに譲った。アメリカ軍の飛行機は、バラバラになっていて、生存者もなかった。飛行機のジャイロコンパスが壊れていたのではないかと話し合った。機首を僅かに反らせば、タルトキアナの峰を迂回できたのである。

アニュイカに数人ずつ乗って出掛けたタルトキアナの峰の取りつきまで、船外機を最大出力に上げて溯上したが、モスクワという船外機は故障が多くてしょっちゅう停まってしまい往生したという。

現在、アニュイカは板を五枚合わせた舟になっているが、バットの形は受け継いでいる。シャベル型嘴状突起は側板で囲った形にして舳先を尖らせたが、昔と機能は同じである。板は朝鮮五葉松の七ミリ厚で、造りは板を被せていくクリンカー・ビルト＝鎧張り（clinker-build style. 第Ⅱ部第一章参照。以下「鎧張り」と表記）である。

ウデゲ人は狩猟と漁撈の民である。獲物を狙うのに一人で行動する。一〇〇キロを超える赤鹿や篦鹿を銃で狙うためには獣と同じ敏捷性を備えて、静かに近づくことが必須の要件である。水辺に水を飲みに降りてくる鹿を舟の上から狙って撃つには、自分の思い通りに操れる舟でなければならない。また、

鮭干し小屋の下にある丸木舟・オモロチカ

コクチマスやイトウを狙うには夜間の水辺で一人静かに魚を待つ必要がある。イトウは最大二〇〇キロにもなるといい、アンドレイさんも、巨大な一五〇キロのイトウを釣り上げたことがあるという。この時も一人乗りのオモロチカで出掛け、自分の意志で動いて対峙した。獲物はオモロチカに積まれ、一緒に運ばれたのである。

このオモロチカがアンドレイさんの家の鮭棚の下に置いてあった。全長四メートル二〇センチ、最大幅五八センチ、深さ四〇センチである。

櫂にもこだわりがあり、一人用であることから、握りに彫刻を施すこともあった。舟には二人乗り込むことも可能であるが、原則一人である。オモロチカとはロシア語で一人乗りの謂いである。

鉞でトーポリの大木を伐って一〇日かけて舟造りをしたという。大木を寝かし、刳る部分をはつる。刳り進めるのはドシンクである。アンドレイさんは自分で工夫開発した横向きのドシンクを見

丸木舟を造る道具・ドシンクの各種

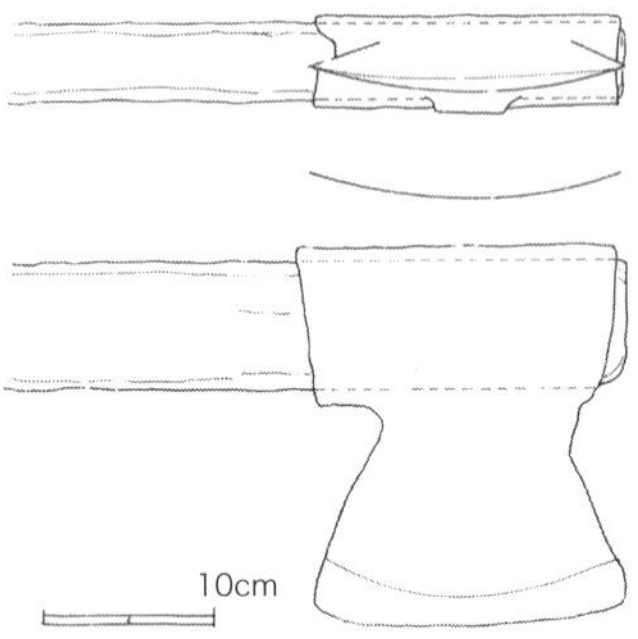

横向きの姿勢で刳る操作ができるように改良されたドシンク（上の写真左）

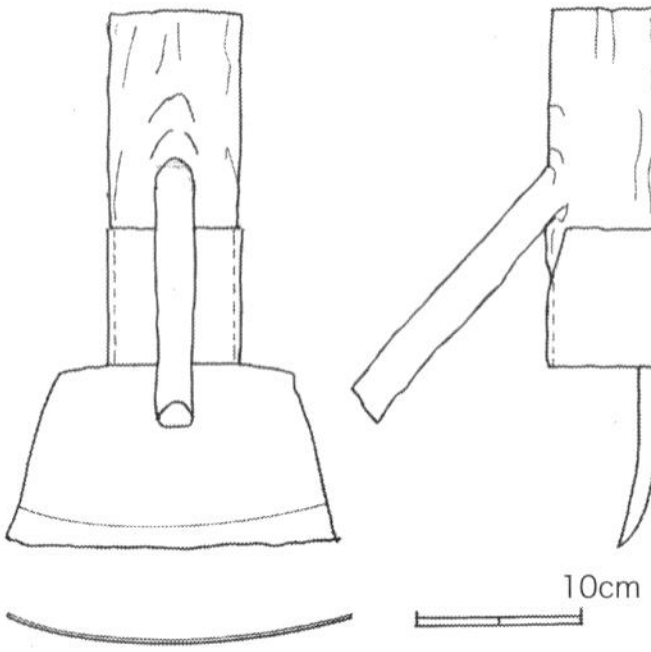

木の股を上手に使用したウデゲのドシンク（上の写真中央）

丸木舟を造る

せてくれた。これが有効であるというのだ。一般的にドシンクは人の正面で力を加えて、自身の方向に削りだして木を刳る。ところが、このドシンクだけでは舟の舳先側・艫側から舟の形を見ながら横向きに整形することが出来ない。この難点を解消するため、ドシンクの刃を横向きにつけたものを作ったのである。これは大変に役だったという。

櫂は全長一一一センチで水掻きの長さ四五センチ、幅一五センチだった。棹はやはり一〇〇センチが二本である。

鮭を乾燥保存させる鮭小屋の下で作業した。オモロチカは出来上がりが近づくと舟の幅や板の厚さなどを整える調整が待っている。自身が使いやすいように幅を広げ、梁棒を作ってこれを挟んで形を整える。この時、バットと同じく次のような作業が行われた。舟の横で火を焚き、ここに大きな石を入れて熱する。石が赤く焼けると、これを棒で持って丸木舟の刳った部分に放り込む。そして、川から水を汲んできてここに入れるのである。焼けた石で水はジュウジュウと熱湯になる。この時、丸木舟の側の板が柔らかくなって、幅を広げることが出来た。石を焼いて放り込む作業は二回三回と繰り返して行った。オモロチカの幅を取る作業は念を入れて行ったというが、一人乗りで喫水の浅い舟である。浮力を確保する方策であることは、直ちに推察できた。

一人の操船では櫂で進んだが、水掻きが巨大なシングルブレードパドルは支流域に特徴的でアムール川では水掻きの幅がぐっと狭くなる。急な流れのあるアニュイ川では広い水掻きの櫂で掻かないと舟が進まない。一方、二本の棒を川床に突いて水音を立てないで舟を進める方法があった。水辺に来ている赤鹿などを獲る場合、一メートルの棹二本を両手に持って、杖のように川床を突いて前進接近し、獲物に気づかれないように近づいた。銃の照準を合わせるところまで近づけば、後は高性能のライフルが動物を射抜いたのである。

私たちがお世話になった間、料理には赤鹿の肉が料理にふんだんに使われていた。北緯五〇度のアルセネボ村では、夏の間、夜一〇時過ぎまで暗くならない。夜九時頃の夕食にも、赤鹿の肉のハンバーグが出された。この赤鹿は六月初めに獲ったものであった。二カ月間以上にわたって食べ続けられるのである。獲った赤鹿を運んできたのもオモロチカであったが、八〇キロくらいの獲物は、舟の舳先部に載せて運搬した。

オモロチカの注目すべき点は多々ある。一人乗り用を主目的に造られた舟であり、人が乗る最小の舟であること。舟の規模は人の体に対してどのくらいの大きさの物が実用となるのかという問題を提起し

丸木舟・オモロチカは二人で運搬できる

ている点。アムール川流域で板合わせのオモロチカを造ってきた船大工がいたことも、この舟の分布域の広さを裏づけている。ナナイの人たちは女の人もこの舟を駆って魚捕りなどをしていた。最小単位の舟で、実用となる規模が四メートルというのは物理的検討を必要とする。

環太平洋ではベトナムから済州島にかけて竹で編んだ籠舟がある。同規模で盥を舟にした佐渡のタライ舟がある。円形で浮力を受ける方法が最も効率的であることは分かる。人も二人乗せて周航できる。しかし、問題は推進力である。移動に時間がかかりすぎるのである。少なくとも、舳先を尖らせて、推進力を確保した舟として、浮力も維持しながら周航するには最低でも四メートルが必要であったということではなかろうか。丸木舟を造ったアンドレイさんが、幅を広げるために焼き石を入れて湯を沸かした技術は、日本の船大工の湯ダメ・焼きダメの技術を集約したものと同じで

獲物に近づくときは音を立てないよう，棹をさして静かに近づく

ある。幅を取ることが、舟の浮力維持に重要な要素であったことを彼らは深く理解していたのである。

新潟平野で使われたキッツォという稲束運搬船がある。人も乗れるが、人はぬかる田にいて、稲の束を運ぶ舟として多用された。推進力を考えない箱舟であれば二メートル足らずでも人一人は乗せられた。

推進力を利用し、歩いていけない場所で漁撈・狩猟を行ってきた彼らにしてみれば、人が活動できる範囲を超えて行けたのは舟のお陰である。厳しい自然条件の中で舟の機能が鍛え上げられてきたことが分かる。舟のあり方を検討する際に樹海や寒冷の低湿地は舟を育て上げた故郷であると言えるのである。

オモロチカは最小の舟が、人の行動範囲の延長上にあることを示している。足回りが良く、人力が直接舟に伝わるものがふさわしい（第II部第二章）。

シングルブレードパドルで川を遡るアンドレイさんの弟

オモロチカはこの条件を満たすことのできる舟として、完成された形のものがアムール川の船大工によって造られ続けてきた。丸木舟から板合わせ舟になっているが、ウデゲ人の使用してきた技術はすべて伝えられている。

造船工程での焼き石で舟の幅を取る技術は多くの注目点を開陳した。

木を刳った内側に焼け石を放り込み、水を掛けて沸騰させ、舷側の幅を取る技術の深い機能性が注目される。

第一に、考古学の研究では、丸木舟を刳り進める段階で、内部で火を焚き、木の組織を柔らかくして削っていくことが指摘されてきた。誰も見たものはいない。この定説が出来たのは、丸木舟の内部に焦げた組織が確認されたことによる。私はこの説に長く反対であった。

状況を勘案したとき、丸木舟の内部は高い水圧を受けるため、木の組織を壊しては舟として長く使えないのに、この理屈に反するような焚き火を、舟の内部で本当にやったのだろうか、という疑問が拭えないのである。

舷側の幅を取るために焼き石を放り込み、水を張って板を曲げやすくしたというのであれば、焦げ目が丸木舟の刳った部分（内部）につくことはあるし、従来の発掘事例の検証で重大な背景説明とすることは出来る。この方が信憑性が高いのである。

第二に、焼け石で水を沸騰させたり、焼け石を生活の各所で使ったりする基層文化があったと仮定すれば、考古学的に都合の良い説明の数々が可能になる。鉄鍋の導入が日本より遅れた北方文化では、調理に際し、どのような道具を使っていたのか議論が続いている。白樺の樹皮で出来た器を火にかけて水を沸騰させる技術はあるが、火からの取りだし際《ぎわ》を間違えると、器の口縁部が焼けてしまい、使い物にならなくなる。石を焼いて調理することはできる。

焼け石を使った文化は広く大陸では一般的だったのではないかとさえ考えるようになった。調理、サウナ、暖房と、石を使う日常生活は随所に見られた。火にかけても割れない石の採取も厳密に行われていた。今後の調査が待たれる分野である。

石器時代の文化が細石刃文化として、バイカル湖周辺から日本に入ってきたとする説があるが、土器もまた、北方説があるくらい北の文化の位置は高い。中でも、初期の土器に、樺皮の器によく似た四角い土器がある。このことから、先史、北の文化を縄文時代の魁《さきがけ》の一つとする考え方もある。

今回、刳り船の内部に焼け石を入れ、水を張って沸騰させる技術が顕現したことで、料理もこのようにしていたのではないかという確信が私の中に閃いた。

アルセーニエフの『デルスウ・ウザーラ』に、肉を焼くとき焚き火の下に穴を掘って蕗の葉で包んだ肉の塊を入れて、上で焚き火をすることで、表面がパリパリで肉汁が包み込まれた美味しい肉料理が出来ることが記されている。

鉄の鍋がない時代と場所で数多高度な調理方法を駆使していたことを考えると、焼け石で湯を沸かして調理する方法などは、もしかすると船造り以前の基層文化として存在したと考えることもできるのではなかろうか。

新潟県北、粟島にワッパ煮という料理がある。杉の器・ワッパに入れた魚介類と湯の中に焼け石を入れて沸騰させる。環太平洋に分布が指摘される調理法であるが、北の大陸文化との関係も視野に入れる必要が出てくる。

従来、焼け石利用を指摘した論は、暖を取るための事例などがあるが、積極的に調べれば、生活の各層で使われていたことは明らかとなってこよう。

第4節　板合わせのアニュイカ

丸木舟のアニュイカ（バット）がトーポリ（ポプラ）や菩提樹の巨木不足で板合わせに替わった。丸木舟のふんだんに良材を求める性向から、推移の成り行きを当然と考えがちであるが、事実は相違する。森林資源の枯渇から、いつかは駆逐されていく丸木舟とその技術であるが、深い樹林に囲まれたこの地では、最上の水上交通手段として今も絶対的な信頼感がある。

ウデゲ人のアンドレイさんは再び丸木舟を造りたいという。頑丈で一〇年以上も使える舟は、そうざらにはないというのだ。板合わせ舟では一〇年保たないのである。

「今はチェーンソーがある。あれで荒削りして、舟の内部もあらかた刳ってしまえば、簡単にできるじゃないか」。

この発言の背景には、板で鎧張りして作っている今のアニュイカが、造りが簡単ではないわりに、十分な強度を保てていないことを暗に述べている。

そして、船外機についても面白い見立てをしていた。モスクワという国産船外機が入ってきて、板合わせのアニュイカに取りつけた。故障が多くて最初は使い物にならないくらいだった。人の手で棹を使って安定的に航行するには丸木舟の方が確実だというのである。何よりも、アニュイ川の急流でも安定しているのが良いという。

板合わせが丸木舟より優れた舟であるという認識は、アンドレイさんにもレオンチさんにもなかった。アニュイカに使われている板材は朝鮮五葉松である。紅松ともいう。日本の赤松よりも木肌が赤く出るところがある。この材の信頼度は樹海に生きる人々には定着していた。アムール川の交易船ムウも朝鮮五葉松で造られる。丸木舟に匹敵する板合わせ舟には、粘りのある良材を供給した針葉樹の紅松の存在が不可欠であった。

アルセネボ村ではアニュイ川で鮭捕りをしたり、狩りで上流に向かう人たちは、すべて自分の舟を持っている。船着き場には多くの舟が置いてあるが、どれをとっても、一つとして同じものはない。何のことはない、自分で造るから使い勝手がいいように寸法がずれるのである。中には、板の曲げる場所を極端に減らした箱形の造りのものさえある。

面白いことに、ロシア人のアニュイカとウデゲ人のアニュイカも寸法が異なる。ウデゲの人たちのアニュイカの方が、全長が長く、舳先部の突起が際立っていて、重厚感がある。丸木舟バットの後継舟としてあるのだ。舳先のシャベル型突起こそ板で被って尖らせているが、機能性は継承されている。

使う頻度も高く、アンドレイさんはコクチマス

板合わせのウデゲのアニュイカ

アニュイカでアニュイ川に出て魚を捕る（手前は通訳のリーさん）

を捕るために奥さんと漁に出る日が多くなる夏には、毎日のように稼働していた。

製材所で板に挽いて貰い、日陰に乾燥させておく。六カ月も乾燥させた材を五枚使って舟を造る。台に船底材を据える。七ミリ厚の板は、船底の曲線が刻まれているが、大きく板を曲げるのは舳先側と艫側の二箇所。次に側面に二枚の側板を取りつけるが、三〇センチ間隔に丸釘を使って板を被せて打っていったという。鎧張りである。現在はねじ釘を使用。二箇所の板曲げは、万力で押さえたり、水を掛けて湿らせることで容易になると言う。艫側の一箇所を固定すれば、三〇センチ間隔に打っていく釘が曲面を固定できる。二枚目に建ち上げる側板も同様に鎧張りで留め、舟の内部の板曲げをしたところに梁を入れて、しっかり固定する。この部分に板を入れて隔壁としたものもある。より一層丈夫にする目的と、波を被っても水を一定の区画に入れたまま、他の箇所には影響なく安定して舟航出来るようになっていた。

鎧張りで問題となるのが板の繋ぎ目が稠密でないために起こる水漏れである。接合部分に何を塗ったのかが問題となる。ここは、朝鮮五葉松の樹脂を板の合わせ目に塗っている。現在はボンドを使用しているというが、朝鮮五葉松の樹脂に対する信頼感も極めて強かった。

かつてはどのような道具で舟造りをしたのかレオンチさんに聴くと、彼は大きなドシンクを持ってきて見せてくれた。錆びてはいるが刃先は平らで平面板を調整したものである。この道具一つで板の舟を造るのは大変な作業であったことは推測できた。

丸太にくさびを打ち込み、材を分割し、この材をドシンクで削っていくのである。板にする工程にかなりの時間と労力がかかることは見て取れた。

アンドレイさんは丸木舟を造るのに一週間あればできるという。やはり、丸木舟こそが樹海に生きる人たちにとってはふさわしい乗り物であったのだろう。

アニュイカは最も使用頻度の高い舟で、漁・猟・交易・移動手段として多用された。現在のアルセネボ村では鮭捕りや狩猟に従事する人たちは漏れなく舟を一艘持っているが、連れ合いに先立たれた独り身のおばあさんなどは、舟を持っていない。

捕れた魚や肉を分けて貰っている人たちも増えて、昔のように各家族が一斉に舟を出すという光景もあまりなくなっているという話であった。

第5節　朝鮮五葉松（紅松）

アルセネボ村のロシア人、鮭の共同漁場には見事な建物三棟が河畔に建っていることは記した。樹海のただ中にどのように資材を運び込んだのか、最初は疑問に感じた。ロシア人は紅松の群生するところに番屋を共同で造ったのである。紅松は日本の赤松や五葉松同様、山中の土壌栄養分の少ないところにしっかり根を下ろしていた。

建物の横に立っているまだ切られていないこの樹木を観察すると、多くの松笠が重なり合って茂っている。松の実は動物の貴重な餌となり、栗鼠が食べ、これを狙う黒貂が集まる。猪が集まれば虎が来る。熊も大切な食糧にしている。

アンドレイさんはこの松の実が豊作の年は獣の成長も良いため、猟も順調であるという。ところが、

「今年（二〇一〇年）は松の実が全く入らない年で、秋以降の動物が心配だ」という。紅松は日本のブナやミズナラのように動物を養う樹木なのである。

朝鮮五葉松の重要性についてはアムール川流域から河口を出て、サハリンのシラヌシ（白主）まで来て交易していた山丹交易船・ムウが朝鮮五葉松で出来ているという松田伝十郎の記録に接して注目していた。一三世紀頃から記録にある山丹舟が、この松によって支えられていたというのが、私の心に引っかかっていた。

沿海州・ウスリー地域の動物を養い、建築材・船の良材となっている植物の実態を求めた。アルセネボ村周辺は白樺やシナの木が多い闊葉樹の森となっている。紅松はやはり、尾根筋の栄養分のない高台に多く、河畔ではいつも流れによって削られる砂利の多い場所に生えていた。

アムール川はウスリー川でシホテアリン山脈を中心とした大樹海、松花江には大興安嶺の樹海と、深い森に営まれた人の生活を包んで流れ下っている。森は人の生活の沃野であった。

この樹海に魅せられ、満州からウスリーの森を舞台に文学を打ち立てたのがロシア人のN・A・バイコフである。『樹海に生きる』（今村龍夫訳）には次のような文を載せている。

大昔から満洲は野獣の多いことと狩猟でその名が広く知られていた。野獣のすみかである広大な森林は今も尚、スンガリー河（松花江）と興安嶺から東へ朝鮮国境までの広大な地域にわたって昔のままに残されている。この森林は紅松（朝鮮五葉である）・モミとカラマツを主体とした針葉樹林である。清朝の満洲領有までは、この森林のなかで遊牧民族のツングース人たちが狩猟と毛皮猟を生業としていた。クロテン・リス・アライグマ・キツネ・カワウソ・シベリアイタチ・袋角ジカ・虎などの毛皮用の野獣を狩猟するほかに、生命の根、朝鮮人参を採っていた。イノシシ・アカジカ・ノロジカ・ヘラジカ・クマなどの野獣は彼らの食糧となり、また衣服や住居を造るために欠かすことができない材料となった。その後、満洲は北中国からの移

漁場の番屋は朝鮮五葉松の樹林に建てられた

白樺林の中に針葉樹が交じるアルセネボの山

住者による入植化が進み、やがて南満洲地方では農耕が行なわれるようになり、野獣の住む森林は伐採され、また草食動物の餌場である原野は畑に姿を変えた(2)。

軍人・学者・文学者・狩人であった彼が力を込めて描く樹海の姿がある。紅松に関するところである。『ざわめく密林』(新妻朗訳)中の「森の王者」に、こう記している。

東清鉄道建設当時から、多くの林業家が(吉林省東部の)この森林に注目し、鉄道沿線に多くの林区を設置した。こうして満洲の森林伐採事業が創始されたのであるが、就中貴重なのは紅松(朝鮮五葉)の類であって、この山脈ならびに支脈の北側に広大な地域を占めていた。……当時の多くの林業家中、最も有力とされていたのは、細鱗河、代馬溝、葦沙河、烏吉密及び帽児山等に林場を擁するロシア人、スキデルスキイであった……

彼が所有する葦沙河林場の高さ五十三メートルに達する紅松の話は前に紹介したとおりである。ロシアの公的・私的資本による満洲の森林資源調査はきわめて近代的で、近代林学を駆使した優れたものであった。日露戦争以前のことになるが、V・L・コマロフ教授が黒龍江省、ウスリー地方、吉林省、北朝鮮、遼東地方にわたる地域を苦労をなめながら画期的な調査をしたのは一八九五年から一八九七年にかけての三年間であった。この大調査の苦心の結晶が、有名な『満洲植物誌』全三巻である。「満洲植物区は朝鮮松植物区と呼ぶのが正当である」といったのは、このコマロフ教授である。

バイコフは一八七二年キエフで生まれた。親はロシア帝国貴族で陸軍法務官。地理学者N・ブルジェヴァリスキーと出会う。著書『ウスリー探検記』を贈られ、満洲の動植物相に強い関心を抱く。ちょうどロシアが満洲領内に鉄道敷設権を取得、東清鉄道敷設に着手している頃である。一九〇二年、東清鉄道が開通し、二月にバイコフは満洲経由ハルピンへ来る。鉄道東部線警備の第三旅団勤務を志望する。軍務の傍ら東満各地の動植物の調査や狩猟を行い、資料は科学アカデミーへ送り、論文、報告をロシア諸雑誌に発表した。功績によりアカデミー通信員の称号を受け、ウスリー地方の土地五〇〇ヘクタールをニコライ二世から下賜されている。

V・L・コマロフ教授はバイコフの満洲赴任より早い一八九五年から三年間、満洲地方から黒龍江（アムール）地方、ウスリー地方、吉林省、北朝鮮、遼東省にわたる地域で詳細な調査を行った人物である。東北植物研究『満洲植物誌』全三巻に結実した。

朝鮮五葉松について「朝鮮では全南以外の全道、主に智異山、金剛山、北朝鮮諸道に分布。更に東満洲、鴨緑江沿岸地帯、中国東三省、アムール、ウスリー沿岸地からハバロフスクに分布し、大体温帯中部より寒帯中部を郷土とし、北緯五一度までに及ぶ」ことをまとめた。

バイコフの文学では樹海の主として朝鮮五葉松を積極的に登場させる。黒貂の毛皮を盗んだ中国人が朝鮮松の巨木に縛りつけられ、虎に襲われる場面では、この木そのものが山の霊を鎮めるために虎を祀った廟であることまで設定されている。猪狩りでは松の実が堆積しているところに集まる獣を描く。いつも、朝鮮五葉松を舞台にしたステージ展開が、戯曲のように行われている。

峠の分水嶺上に、一本の紅松の巨木があった。誇り高い頂きは空高くそびえ、小さな森の茂みの上にかすんで見えた。嵐も、春の暴風もこの植物の王・密林の勇者である紅松の巨木を打ち負かすことはできない。花崗岩の割れ目にその力強い根を食い込ませて、山の荒野に一本だけ威容を誇っている。

これは、児童文学にも翻案されている樹海の王者、虎を描いた『偉大なる王《わん》』（長谷川濬訳）の一節である。

バイコフの想像力の泉となった樹海と朝鮮五葉松の世界を訪ね歩くことは樹海の生活に触れることであり、一〇〇年後の現在も、感性の追体験が可能である。なぜバイコフはこれほど朝鮮五葉松にこだわったのか。

今回の旅で樹海について私がバイコフを追体験し、感得したことが二つある。

①樹海という大自然の中で、とかく人の主体性が自然環境に呑み込まれていく中で、人として主体化される行為（獣を獲る・家を造る・舟を造る等）は朝鮮五葉松の存在なしにはありえなかった。

②樹海の中での人の生存の確保は朝鮮五葉松の樹林を中心に行われた[3]。

白樺を中心とする樹海の中で、動物は朝鮮五葉松の実を求めて、この樹林に集まる。なぜなら餌の供給があるから。ここには、小動物を捕らえようと多くの肉食獣も集い、熊・虎の庭として樹海の中で特別な場所となる。

アルセネボ村も実は朝鮮五葉松の稠密な樹林の場所にあるのだ。樹海の中で人が生存を確保するには食糧の確保がすべてに優先され、有用材の存在が補強する。

樹海を切り開いた一本道を三時間も走り続けて到着するアルセネボの村は、鮭の産卵場と朝鮮五葉松の樹林が人の生存の確保を承認したのである。一本道を車で走っていると、しょっちゅう栗鼠が横切る。そして梟や鷹が突然舞い降りる。開かれた一本道は隠れる場所がなく、栗鼠のように小動物が猛禽に狩られる狩り場となっていたのである。人が樹海に寄り添って生きることは前提であるが、人が自然を変えてしまったところには、新たな動物の営みが湧き起こっていくのである。

樹海の中の村は、ちょうど新たな自然の営みが起こっているところであった。

同時に、人の容喙を許さぬシベリアの厳しい自然の中で、家を造り、舟を浮かべて生活を確保する人の営みを支えた材料が朝鮮五葉松であった。

混沌とした樹海の世界が人を誕生させた話がある。白頭山裾野斜面の中国側、カラマツの樹海の中に院池という小さな湖がある。この湖畔に降りた天女が赤い実を摘んで食べるとみごもって、生れたのが清朝の開祖ヌルハチ（太祖）だという神話伝説である。樹海の水辺が創世神話の舞台となるのは、フィンランドのカレワラやアイヌの神謡にもみられ、興味が湧く。

一九四〇年、北朝鮮と中国国境に聳える白頭山（二七四四メートル）に登った梅棹忠夫たちによるチョウセンマツの記録がある。植物生態学者、吉良竜夫との「長白山はウスリー世界」という対談である。[4]

「長白山（中国側）の高度植生帯」（趙大昌、一九八〇）の図に植生の垂直分布図が載っている。

海抜五五〇メートルまで　　モウコナラ二次林
五五〇〜一一五〇メートル　　チョウセンマツ落葉広葉樹混合林

一一五〇〜一七〇〇メートル　エゾマツ、トウシラベ林
一七〇〇〜二〇〇〇メートル　ダケカンバ林
二〇〇〇メートル以上　高山帯

アムールランドの樹海について触れている多くの記述にはチョウセンマツ、シベリアマツ、ベニマツと、それぞれの特徴に沿って記述されている。この植物こそが、葉のつけ根から五枚の葉が出る朝鮮五葉松であった。梅棹忠夫と吉良竜夫が長白山の森の垂直分布から高緯度のウスリーの森を推測しているように、私が歩いてきたアニュイ川流域などはチョウセンマツ落葉広葉樹混合林である。中国東北部興安嶺からアムール川流域にかけての広大なアムールランドは、朝鮮五葉松の有用材によって恩恵を受けてきた樹海地域であった。

『韃靼漂流記』にも、朝鮮五葉松の記録が散見される。

一六四四年（寛永二一年）、越前三國浦新保村の船頭竹内藤右衛門、その子藤蔵、国田兵右衛門ほか総勢五八人が松前交易で三艘の船に分乗して四月一日三國浦を出帆し、五月一〇日佐渡出帆の際から大嵐に遭遇、海上を漂流十数日、現在のロシア極東・沿海地方のポシエット湾の一角あたりに漂着した。生き残った一五人は捕虜となり、捉えられた抑留地から後の奉天（瀋陽）に護送される。

三十五日路の間に、田は一切無御座候。粟稗其外雑穀は、日本の如くにて候。山路ばかりにて其内に深山も有之候。大木共大かた日本に有之木にて、但し松は五葉にて候。(5)

人の営みや自然を冷静に見守っている。樹海から産出される物品も当時の日本にとっては珍しい物であった。

朝鮮人参や海松子（朝鮮五葉松の実）は、女真人が生きる、樹林が生み出す富である。彼らの物産は、黒貂を最上とする様々な毛皮類、淡水真珠、木材、蜂蜜、茸、海松子、麻布、馬匹などがあった。

既に記したように、アンドレイさんが赤鹿や篦鹿、熊、栗鼠、黒貂などの動物を慮るのは、貴重な餌となる朝鮮五葉松の実が成っていない樹林で、人はどうすればよいのか、考えあぐねているからであった。

第6節　ウデゲのシャーマン

アンドレイさんの伯父さんはシャーマンであった。一歳の時に母親が亡くなって伯母に育てられたアンドレイさんは伯母を母だと成人するまで思いこんでいた。伯母の連れ合いがシャーマンだったのである。アルセネボ村へは一緒に越してきた。家族としてともに暮らしていたが、伯父も伯母も一〇年ほど前に亡くなった。生きていてくれれば、もっとウデゲのことが分かり、ウデゲの言葉も伝えられたのではないかと残念に想う、と言う。ウデゲには文字がない。言葉だけが自分たちを証明し誇りを持ち続ける頼りとしてあったのに。

奥さんのリディアさんも、現在進行しているウデゲの言葉の消滅に危機感を持ち、ウデゲの文化を伝える教科書を作ることを夢見ている。

アニュイ川流域から分水嶺を越えるとホール川流域に達するが、流域深部にあるスクナイ村ではウデゲの言葉を伝承するために教科書ができていることを見てきた。また、この下流にあるグワシェギ村はやはりウデゲの人々の村で、学校でウデゲ語を教えている。

七月一八日、日曜日にハバロフスク州の少数民族フェスティバルが開催された。アンサンブルというナナイやウデゲの各集落ごとの芸能組織が、ふだんから練習している伝統芸能を披露する大会である。皆が民族衣装を身に纏い、合唱曲を発表したり、太鼓を叩いて火の周りで踊るシャーマンの姿などを芸能として披瀝するのである。グワシェギで大きな大会が開かれることは、少数民族の村々に伝わっていて、アルセネボ村のリディアさんにも心躍らされる出来事であったのだ。

リディアさんはアルセネボ村からアンサンブルを出したこともあったというが、アルセネボ村では、ここに嫁いできたとき、ロシア語しか使ってはならないという同化の政策が強く出されていて、伝統の言葉が消えていった姿を目の当たりにしていた。日常生活でも学校でも使えないということは、次代に託す夢をなくすことであった。リディアさん自身はシカチアリャン村で生まれ育ったナナイ人であるが、ウデゲ人に嫁いで、伝統文化を伝えようと心に期するものを持っている。

同行の通訳ジーマ君は、彼女の姿勢を「エリート」と表現した。

リディアさんも夫の伯父が早く死んだことが悔しいと語る。生きていれば、最後のシャーマンとして、もっと多くのことを学び取ることができたはずなのである。

アンドレイさんの家に入って最初に話題となったのが伯父が持っていたシャーマンの太鼓と腰蓑形の宗教衣装ヤンパであった。

シャーマンが腰につける衣装・ヤンパ（音を立てる金具の間に熊の牙四本が入っている．熊に守られている者の意味がある）

壁に架けられていた太鼓は、盾を持つように、太鼓の中心部に渡した紐を握り、斜め下に向けて構える。叩く棒には栗鼠などの毛皮が張りつけてある。太鼓の革は野生山羊のものと決まっていた。太鼓の革は湿気を含んでいると響かな

ヤンパを腰に太鼓を打つアンドレイさん

い。室内に置いてあった太鼓を叩くとき、ドライヤーで数分間熱風を吹きかけて、革をしっかり張った。見違えるほど響くいい音が出た。アンドレイさんは三カ月かけて作ったこの太鼓について、丁寧な説明をしてくれた。

野生山羊の皮を鞣す。太鼓の枠はアカシアの木を削って作った。この木はスキーの板にも使う粘りのある性質がある。スキーには大鹿の毛皮を張って滑降の時は毛が流れるように、歩くときは毛が滑り止めとなるように先端から後部にかけての方向で張ってある。太鼓の枠は一本の角材を隅丸になるように四箇所で曲げてあり、留めたのは楕円形の円周上最も長い部分である。皮を張る工程が難しいらしく、ここは時間をかけて解説してくれた。アカシアの木枠に巻きつけて野生山羊の鞣した皮を張るが、接着剤には鮭の皮からボンドを作ったという。膠《にかわ》のことである。乾燥した鮭の皮を剝いで、これを長時間煮続けることで膠が浮き出て来る。これを接着剤として使用しながら皮を張ったのである。

スキー板に張る大鹿の毛皮は、角と骨をボイルして出てくる接着剤だと語る。骨を煮るのは骨髄を食べるときに行うのであるが、この後煮続けると接着剤が油状に浮かんでくるという。

鮭の膠は水に濡れると取れるが、乾くと接着力が一段と強まるという。太鼓はかつてシャーマンしか叩くことができなかった。しかし、今はアンサンブルなどの芸能が盛んになって皆が持つようになって大会で叩いている。

アンドレイさんは、そこが不満であるという。声を張り上げた。

「ヤンパ、シャーマンスキー」

シャーマンの家系である自分こそが、ヤンパという腰蓑をつけて太鼓を叩くのにふさわしいと宣言しているのである。もともと、太鼓を作ったのもシャーマンだけであった。

アンドレイさんが覚えている伯父のシャーマンが行った儀式を語ってくれた。ウデゲのシャーマンはナナイのシャーマンより強い霊的力を持っているものとして遇された。息子がよちよち歩きをしていた頃、アンドレイさん一家はリディカという村にいた。息子が体調を崩して困ったことがあった。黒い布と黒い鶏を持ってシャーマンのところに出掛けた。シャーマンに息子の状況を語ると、彼は祈り、神の言葉として伝えてくれたのは、「息子の頭に蛇が憑いている」ことだった。そこで帽子を買って息子に被らせるよう指示され、その通りにすると良くなった。

当時のシャーマンの教えで特徴的なのは、病気を追い出すというのは、別の世界に悪霊（病気）を届けることであるという。儀礼の時、シャーマンに言われたのは、「悪霊に贈り物をして、別の世界に行ってもらう」ために、焚き火の中に贈り物を入れることだった。

彼らは祈りの時、聖なる広場のまん中で大きな火を焚く。炎が高く上っていくとその中に精霊の姿が現れるという。

川で遊んでいた近くの子供がひどい風邪をひいて治らず、シャーマンに祈りを頼んで子供の病気回復の願いをしている場面を見たことがあるという。この時も、贈り物を火の中に入れたが、川にも贈り物をした。

贈り物の意味は深い。自分たちを支配する大自然の神々（各精霊や悪霊）にまず贈与するのである。この贈与が、裁可を戴くことなのである。サンクションがあって初めて感謝（サンキュウ）に繋がる筋道が現れる。

精霊（悪霊）に対する贈り物がすべてに優先する道筋がみられる。

秋、九月・一〇月、獣猟や鮭漁に出かける前に村の広場で火を焚いて、シャーマンが儀式を行った。狩猟に出かける前には広場中央で火を焚き、獣が捕れるように捕りたい獣の木彫りの像を聖なる小屋（集落の広場に聖なる場所があった）に入れて祈る。

この聖なる小屋は幅五〇センチ×高さ六〇センチ位の大きさで、左屋根面の上に被さるように右屋根面がせり上げて取りつけられていて、壁面は正面だけが開いていて三面は塞がれた小屋になっていた。中に入っていたのは木彫りの男女像一対で、向かって右側に女像、左側に男像が並んでいた。女像にはガラス玉が取りつけてあり、男像にはコインがついていた。男女像の前の台は獲りたい獲物の木彫り像を置く場所で、黒貂や鼬など、狩りに行くまでに造った各自の願いの木彫り像が所狭しと並んだ（二三二頁の写真参照）。

木彫り像が間に合わなくて獲りたい動物が出た場合、禾本科の草でその動物の像を作って間に合わせることがあった。時に、熊などが出没した際には、木彫りが間に合わない状態で狩猟に出かけなければならないことがあり、大急ぎで二〇センチほどの熊の像を草を丸めて縛って作った。熊の猟には、このような緊急時であっても、ウデゲの正装で皆が儀式に出た。

シャーマンは伝統衣裳を身に纏い、腰にはガラガラ鳴る腰蓑・ヤンパをつける。鉄製の円筒円錐状鳴り物は一〇本近くあって四箇所には熊の牙が取りつけてある。これを腰につけて振りながら太鼓を手に持つ。太鼓を火で焙って最高の音が出るように調節する。そして、太鼓を叩きながら広場を回り、狩猟の無事と大猟を祈る。この儀礼の際、必ず聖なる小屋の前の祭壇に鶏の雄とパンを生け贄として捧げる。

この行為について、アンドレイさんは「神様に満腹になって貰うため」だ。と説明してくれた。そして、「神様への贈り物である」ともいう。

ここでの神様の観念は日本のそれとは異なる。聖なる小屋にいる男女の木彫り像は狩猟と漁撈を司る精霊の住処と考えられている節があった。像に熊など、動物の姿が意匠化されていたのである。精霊は動物の姿で顕在化し、精霊をまとめることができるのは熊であった。

ナナイ人のシカチアリャン村では、春先、アムール川の氷が融けて流れ出す頃、白樺の器にご馳走を山盛りにしてアムール川に流した。ご馳走が沈んでいけば鮭は沢山上がって来るという。贈り物が届いたからである。

ここアムールランドでは贈り物を神に捧げるのが最初なのであろう。この思惟はわが国の「送り」の儀礼と表裏一体となっていることを私は直感した。

日本の、鮭や熊の魂を水神や山の神の元に「送り」、慰霊する心意は、獲物が現実の物となってからの行為である。授けてくれた神に正対して感謝する行為である。

一方、獲物が現実の物となる前には生け贄を捧げて供犠を差し出す（「贈り」）ことで神に獲物が手に入るように頼む。

「送り」と「贈り」は人の願いの段階に応じた言葉で同義語であったろう。あらかじめ「贈る」のか、実物の前で「送る」のか。

そこで問題となるのは、ウデゲの狩人が獲物を獲った時のことである。獲物の魂を神の元に「送る」ことがあったのだろうか。

これについて、アンドレイさんは、大鹿を獲ると「解体時に肝臓を生のまま口に含み、山・森の神（精霊）に感謝した」という。そして、狩りのために泊まる山の家には必ず神を祀っていたという。日本のマタギが熊の皮を裏返しにして「センビキトモビキ」をする同様の行為こそないが、事前の「贈り」の段階で事後の「送り」を含めたと考えられる行為は、日本の狩人の思惟と共通する。

日本の狩人が里に戻って感謝の慰霊を捧げることを話したところ、同じではないが、と前置きして、次のような注目される話が出た。集落の東の端に聖なる木として大きな朝鮮五葉松の木が聳え、ここから奥の森に入ってはならないという話が出来上がっていた。動物の骸骨がいつも一〇個くらいはついていたものであったというのである。

集落の真東、太陽が昇るところに朝鮮五葉松の巨木があった。村の森との境に立っていた木でとにかく図抜けて大きかった。狩りが終わって獣の頭骨が各家から出る。赤鹿・篦鹿・野生山羊・熊・黒貂・鼬。狩りの獲物の頭骨はこの木に守られるように堆積していた。子供の頃はここが怖くて、近寄る子供はいなかったし、大人もそれで良しとしていた。

頭骨を山の神に返すとする越中・越後の伝承と深いところで重なるのである。

もしかすると、頭骨を朝鮮五葉松の木に捧げることが魂の「送り」であったかも知れない。ここでは、あらかじめ「贈る」行為が、神の見返りを隠喩としているのであるから、獣の魂の「送り」は含まれると考えてもあながち間違いではなかろう。ただ、最後の慰霊の行為と考えられる朝鮮五葉松の木に捧げ

聖なる木が生えていたところ．アンドレイさんの案内で現地に行く

る行為の方が、日本で行われている「送り」の思考に近いことは間違いない。アンドレイさんの話を聞いた後、翌朝現地に立ってみると、朝霧の立つひんやりした空気の中、朝鮮五葉松のあった場所から太陽が昇って空気が霞んできたときは、日本の山の神の在所である東が強烈な印象となって私の頭を支配した。フィンランドのカレワラにも熊祭りで食べ尽くした熊の頭骨を、

　お前が出かける旅路がある。この小さな巣から
……
高い山の方へ
茂った松の木へ
……

と、頭骨を山の峯の松の木に架けて天上に「送る」場面がある。天上、そして東というのは、魂

の寄り集まる場所であったのだろう。

アイヌのイオマンテでも最後に熊の魂の「送り」を執行する。東の股木に熊の頭骨を架け、花矢を東の天上目がけて放つ。

類似の思惟は北方文化の日本への確かな道筋を示していた。

マルセル・モース『贈与論』を持ち出すまでもなく、物を「贈る」行為は精霊の「送り」に収斂する。

ウデゲの若者には通過儀礼として最初の獲物に対する儀礼があったのをアンドレイさんから聴くことが出来た。イニシエーションである。若者が最初に獲った動物を記念として剝製にすることがあったという。親戚一同が剝製にして祝ってくれたのである。ハンターとして一人前になったことを意味する記念でもあった。魚についても、最初に釣った魚は、皆で食す儀礼があった。

第7節　熊・森の伯父さん

ウデゲ人は狩って人のものとなった熊の頭骨を、森の白樺の若木に掛けるといわれてきた。アルセネボ村では村の最東端にある朝鮮五葉松の樹に掛けて送った。他の動物の頭骨も、この樹に掛けられていたという。熊だけでなく、多くの動物の魂を大切にして、頭骨を送る世界観は、アムールランドには古くからあったのではないか。この中で、熊に対する強い信仰がふだんの生活の中からも垣間見ることができる。熊が動物の守護者として遇され、人も熊に特別な態度で接している。

なぜ、熊だけに強い信仰が残っていくことになるのか。特に、日本にまで達する熊信仰の萌芽がここにあるように感じられるのである。

ウデゲやナナイの人々の世界観に、熊が人を含めた多くの動物の霊の守護者であるという共通認識を事例に沿って考えてみる。

アンドレイさんは、「熊は聖なる動物だ」といい、リディアさんは「女性が熊の肉を食べることは決して許されないことであった。しかし、飢えなどで時には、主人たちが食べた後の残りを食べることは許された」といい、「熊の毛に触ったり、跨いだりすることは許されなかった」ことを淡々と述べてくれた。そして、夫が狩りに行く時、必ずどこに行くかを丁寧に説明していくものであるが、熊を獲りに行くときだけは、決して何も語らずに出ていくものであった、という。そして、熊という言葉を使ってはならないものとしていた、と言うのである。


兄が狩りに出掛けた後、妹が家で留守番をしていると虎が来た。虎は夜になると立派な若者に替わり、妹と結ばれた。妹は、虎と共に森に行ってしまった。


リディアさんが語ってくれた、ウデゲの口承文芸である。実は、虎は熊とすべきものであるが、熊という言葉自体を使うことが出来ないために虎で語り続けていることが言外にほのめかされていた。

リディアさんに熊の胆や血が日本では薬とされ、とても大切に扱われている話をしたところ、ここでも同じですと頷くばかりで、早く話を切り上げたいという態度に終始した。熊について語ってはならないのであろう。ただ、血や胆、毛皮は、中国人が来て買っていくことが多かったという。

聖なる動物として、熊の言葉自体が使えないことは、日本の東北地方の狩人、北海道アイヌの人たちに同様の伝承がある。「熊」の言葉さえ使ってはならないという地理的分布は広く、かつてはロシア全域に及び、ユーラシア大陸の北部に広がっていた可能性が出てきた。というのも、今回の見聞で、多くのロシア人も熊に対して同じような感情を抱いていることが分かってきたからである。

アルセネボ村の人々が認める森の王者として虎がいる。各家で二匹以上飼っている犬は虎が近づくと一斉に吠えたてて、主人に虎の襲来を知らせる。人の力を超越したものとして遇された。数年前には、村の外れの家の犬が一頭虎に食われたことは既に記した。アルセネボ村の犬が一斉に吠えたてて、闇夜が騒然となるまで人は虎を認識できなかった。

一方、熊はこれと少し違う。温かい笑いや親しみの感情がこの動物には伴うのだ。アンドレイさんはアルセネボ村で本当にあった話として、語ってくれた。

村一番年寄りのおばあさんが、夏の盛りに村を貫く一本道で下を向いてとぼとぼ歩いていた。おばあさんは目が悪く、おまけに猫背だったために、道の外れから黒い服を着た人が来ることに気づかなかった。ちょうど目の前まで来たときに、挨拶をしようと顔を上げたところ、それが熊であることに気づき、たまげて道から転がり落ちた。

ロシアの小話風で後日談もいろいろあるようだが、熊の人との関係は近い。こんな話もあった。鮭漁の時期に隣の家の外で、ごそごそ音がするので見に行ったところ、積んであった鮭を熊が食べていたという。

話を通訳してくれたジーマ君は、領事館にも勤めた言語のスペシャリストであるが、そういえばと言って面白い話をしてくれた。

ロシア語に「熊」を指し示す独自の名詞はないというのだ。

一般的にはМЕДВЕДЬ（ミドベッド）で通じるが、この言葉は二つの言葉の複合語であるという。МЕД は蜂蜜を指し、ВЕДЬ は知るの謂いである。つまり「蜂蜜を知る者」として作られた言葉だというのである。ロシアではむやみと熊の話をしてはならないという民間伝承があるともいう。

熊の冬籠もりの穴のことをБЕРЛОГА（ベローガ）と言うが、БЕР で一般的には岸を指し、ЛОГА は魔界を意味する言葉であるという。

日本でも崖の冬眠穴を此の世の境界と考え、女性の陰部に例える山言葉がある。共通の思惟が流れていることは、間違いない。

そして、ナナイ人のシカチアリャン村で拝見させて貰った赤子の揺り籠が想い出される。赤ん坊を揺り籠に留めておく幅広の紐の端に、熊の木彫り像がついていたのである。なぜなのか理由を聞くと、赤ん坊は魂が離れやすいので、それを守ってくれる熊がついていると言うのである。熊の木彫り像は人の守り神としてマーファ、マーバ（мафа, мапа）と呼ばれ親しまれていた。

伯父さんを意味することが多い熊の木彫り像は各家の部屋の隅にも鎮座していた。家の魔が溜まる場所が各隅で、最も溜まりやすい隅は熊の支配する場所であった。

この話は、ナナイ人のトロイツコエ・シカチアリャン・シンダの各村で聴いた。話を始めると、皆、顔を輝かせて、「あったものだよ」と語ってくれたのが印象的だった。現在、魔の溜まりやすい家の隅には各家それぞれの工夫があった。トロイツコエでお世話になったロシア人、ガリーナさんの家では居間の隅、マーファの場所にイコン（ロシア正教の聖画）が架けられていた。

アルセネボ村のアンドレイさんが見せてくれた狩りの装備に熊の毛皮を使った沓があった。アンドレイさんは「熊は貴い動物でこんなことに使ってはならないのだが」と、前置きしながら語った。熊の背中の毛皮は腹部に比べて厚くなっている。ここを使った狩用の沓であった。毛皮の内側を外に出し、黒い毛が内側で脚を包む。この沓は軽くて雪がつかず最高のものであるという。足の底にはハイクタという禾本科の植物を乾燥させて、ここに敷いた。なぜ、聖なる動物の毛皮が狩りに使われたのかについて、アンドレイさんは、「本来、虎は獲っても肉も食べないし毛皮も利用しないで鞣しただけだ。しかし、熊は貴い動物で人から親しまれていたが、人が飢えてどうしても肉が必要なときには獲って食べることが許されたし、毛皮も、ふだんは敷いておくだけであったが、必要に応じて、使うことは許された」と言う。

熊に対してだけ、柔軟な対応が見られる。人に対して許容の幅が広いのである。

熊の沓で狩りに出かけると、軽くて温かく、疲れないという。五〇キロ歩いても大丈夫だという。水に入っても周りの雪が氷となって沓につくこともないという。三〇センチほどの沓の上部には雪が入らないように布が立ち上げてあるが、深い雪であればスキー板を履いて行くことになるし、二〇センチの深さを想定すればよいのである。難点はただ一つ、滑りやすいという。

ふつう、ウデゲの人々は猪の毛皮から沓を作っている。熊から作るというのは、アンドレイさんがシ

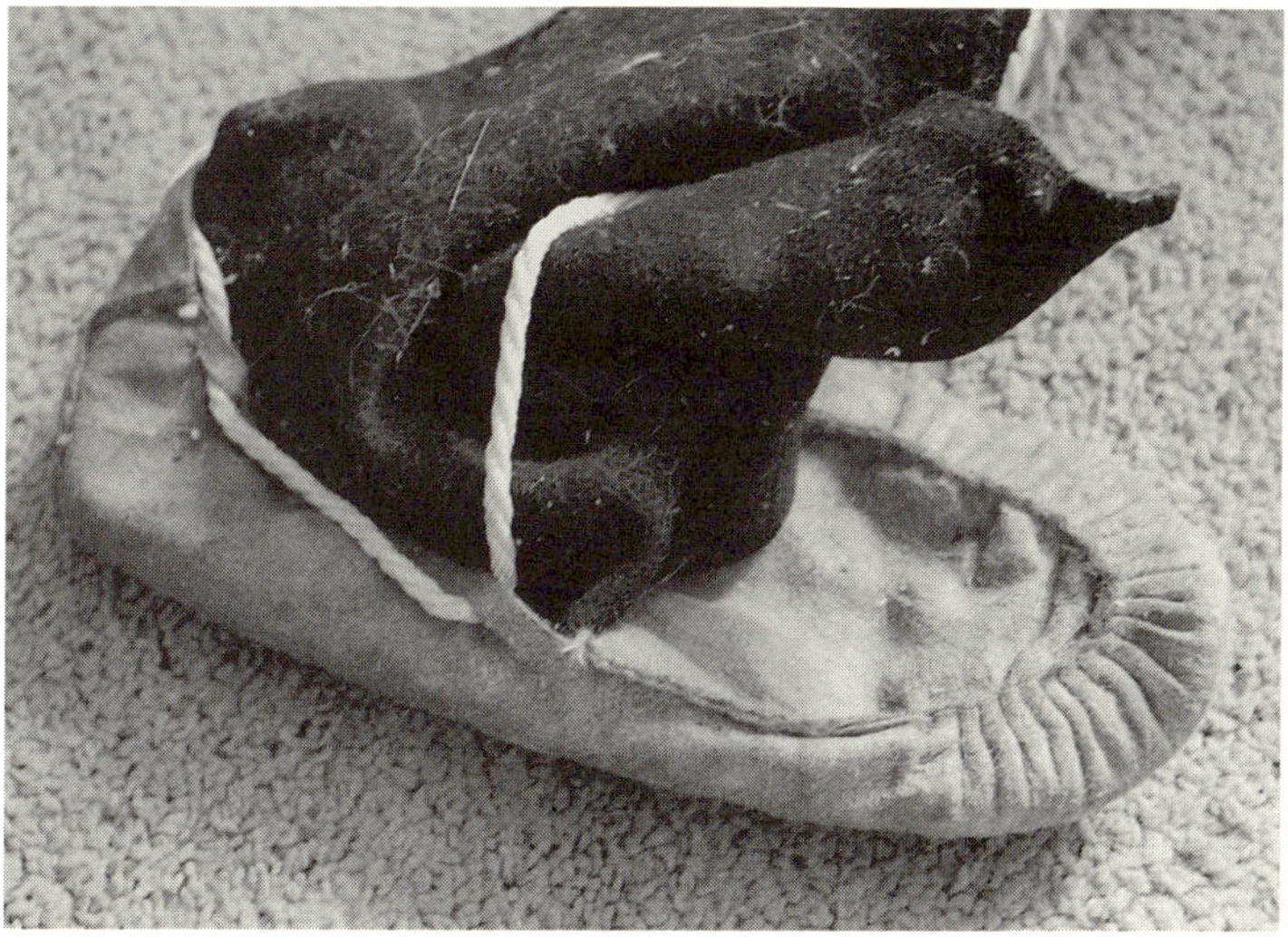

熊の毛皮（バックスキン）で作った沓

ャーマンの末裔だから許されたものであったのかも知れない。

　狩猟に生きてきた彼らだけあって、毛皮の鞣しには、注目すべき技術の集積があった。

　日本国内で皮鞣しについて調べた私の僅かな記録は狩人の聞き書きである。羚羊の場合で見てみよう。①獲った羚羊の皮を剝いで各箇所を引っ張って板にピンと張る。一週間でごわごわに乾くまでが目安だった。②この毛皮を室内に持ち込み、毛皮を床側にして肉のついていた方を上にして、ここに割り木を敷いて、この上から踏む。踏むときは必ず口に含んだ水を霧にして吹きつけた。③この動作を二日も続けていると割り木に脂が吸収されて皮が柔らかくなって来る。柔らかくなった皮を両手に持って一塊になるくらいまでこなれていれば鞣しの終了である。

　狩猟を生業としてきたウデゲの人々の鞣し技術は規範である。ここを中心に日本の技術がどの程

皮を鞣すときに使う道具

度なのか考えることが大切である。鞣しは女性の冬の仕事であることをリディアさんは語っていた。そして、鞣しの器具を出して見せてくれた。

獲物を獲ってくると、板に四肢をピンと伸ばした状態で張りつけて一週間ほど乾燥させる。日本の①と同様である。ごわごわに堅くなる工程は共通である。次の工程が大きく異なってくる。ウデゲは毛皮を二週間水に入れっ放しにする。鞣すときに引き揚げて毛皮の裏表両側をカインクウという握りの両側に鉄の鉤がついた道具を持って、腕全体で弧を描くように一時間も撫でる。皮が柔らかくなってきたら押し切り状の鞣し器具の間に、丸めた毛皮を挟んで扱《こ》き、どんどん柔らかくしていく。

鞣していくと、毛皮が熱を持つという話は日本の②の工程でも指摘されていて、毛皮が切れてしまう原因になることを聴いていた。この点に関してリディアさんは、「鞣していると毛皮は必ず熱

カインクウ（腕に沿って握り，毛皮の表を上下にならす時に使う）

くなってきます。そうしたら霧吹きで水を掛けます」。毛皮と皮の間に堆積している脂の層がこなれてくる段階で熱が発生するのである。日本でもその対処として霧を吹くことが行われていた。ウデゲが毛皮を水に二週間も漬けておくというのは、この脂の層に対する処理の前段階なのであろう。

鞣しの完成を手で持ってこなれるまでに柔らかになった状態としたリディアさんの言葉は、そのまま日本のそれと同じであった。

第8節　鮭の川、アニュイ

アニュイ川がアムール川と落ち合うナイヒン村からアムール川河口まで六〇〇キロメートル。ナイヒン村からアルセネボ村まで七〇キロメートルある。アムール川を溯ること六七〇キロメートルまでケタと呼ばれるシロザケ（以後、「鮭」）が溯上してくる。

そして、樹海の中に開かれたアルセネボ村を中心にしたアニュイ川が鮭の産卵場になっているという事実を知った。

鮭の産卵場に人が村を開いたのである。この地に初めから居たのはナナイの人々とされている。この地に集落を築いたのは、鮭という安定した食料確保の可能な場所であったからであろう。この産卵場を活用するために、人を集め、村を開発したものであったのかも知れない。

アニュイ川のロシア人鮭漁場は、アルセネボ村からアニュイカに乗って二時間ほど溯った場所に開かれていた。朝鮮五葉松の群生している場所に番屋が建てられた。小屋が三棟並んでいることは朝鮮五葉松の利用とともに語ってきた。漁期にはここに寝泊まりして鮭を捕るのである。

アニュイ川は闊葉樹の樹海を幾筋もの大きな流れが離れたりくっつき合ったりしながら森の中を流れ下る清流である。所々にプールのように留まる水は森の中に泉を作っているように美しい。魚は豊富で、八月に入るとアムール川本流からイトウ、コクチマスが産卵に上がり始める。春先にはカラフトマスやサクラマスも溯上が見られる。巨大なイトウは、ロシアばかりか日本でも釣り人の間で大きな話題になった。二メートルを超えるものがいる。イトウは産卵しても死を迎えることがなく、生き続けることで大型化していく。

釣りで訪れたアニュイ川は急流の箇所も、水が合流した幅広い湖状の場所も、それぞれの場所に応じて魚が棲息していた。各相は流れの速さによって姿を変えていたが、川床はいずれも握り拳大の石が散乱している。水の溜まり場にはバイカモが生え、白い花を水面から出していた。

しかも、水が泥で濁る形跡がなく、透き通った清流がどこまでも樹海の中を切り裂いて走る。

日本では、バイカモが鮭溯上河川に多いことを調べている水草研究者に会ったことがある。山形県月光川支流の牛渡川で観察している人と立話をした。日本の鮭溯上河川の多くで、恒常的に鮭の溯上が見られるところでは、バイカモが生育しているという。言われてみれば、岩手県宮古市の津軽石川も水量の少ない中でバイカモが繁茂していた。統計的に説明できることなのかどうかは不明であるが、鮭が生まれて直ぐに刷り込む川の匂いに微量の金属元素が関わっていると言われているが、この植物も微量の金属と関連があるのかも知れないという予測を感じた出来事であった。

二〇一〇年七月一七日には、アニュイ川の支流で水浴びをした。この年ロシアは猛暑で私が滞在していた一週間、気温四〇度の日が続いた。あまりの暑さに、ロシア人の誘いもあって調査を中断して川に出掛けた。森の中を流れる水は泳ぐに心地よかったが、この川床も拳大の石が散乱し、バイカモが流れになびいて生育していた。この場所も鮭の産卵場であることを地元のロシア人から教えられた。

同じ状況がアニュイ川でもある。川床の石の大きさは産卵に適した握り拳大である。

アニュイ川は産卵する鮭の川となっていた。アンドレイさんは、春先になると、川が赤く色づくほど、小さな鮭の卵嚢を抱えた稚魚の群れが川を下っていくという。

鮭が群れて溯上してくるのを利用すべく、ここに孵化場設置が進んでいるという。

ロシア人レオンチさんの家の外壁には、今回も背開きにした大量の鮭が干してあった。シベリアの寒気でフリーズドライとなった干鮭が一面に並ぶ。自分たちが食べる分は貴重な塩を振り、美味しく漬けてある。ここに残った干鮭は、犬の餌になる。ここでもシロザケはドッグサーモンであった。

ウデゲのアンドレイさんの家には伝統的な鮭干し小屋があった。納屋の手前にある幅一五〇センチ×奥行四〇〇センチ×高さ二五〇センチの掘っ立て小屋は下に丸木舟のオモロチカを収納し、犬がここで生活していた。天井を見上げると、背開きにした鮭がぶら下がっていた。やはり犬の餌にするのである。

ここに吊されている鮭は、昨年捕られた鮭で、初めから犬の餌用としてこの小屋で乾燥させたもので

ロシア人・レオンチさんの家の外壁の鮭（背開きにして干す）

ある。だから、塩に漬けることはしないで、自然乾燥のフリーズドライ製品となっていた。

では人が食べる鮭はどうしているのかというと、良い鮭は、塩をして樽に漬け込んでいるのである。人が食べる鮭はそれなりの加工をしていた。薫製製品について聴いたところ、面白い答えが返ってきた。我々の感覚では、薫製にした方が味がよくなるという発想を取る。ところが、「鮭の薫製はどのくらい作ったのか」という、私の質問に、アンドレイさんは怪訝な顔つきで、薫製の製品を作るということはないとして、次のように教えてくれた。煙で燻して保存する鮭を乾燥させるのは、「蠅がたかって仕方がないから、煙を立てたところで鮭を干すのだ」という。日本人的発想はここでは通用しなかった。アイヌの人々が囲炉裏端で鮭を吊している様子を描いた絵図がある。『蝦夷風俗十二ヶ月屛風』（市立函館博物館蔵）なども、煙の立つ場所で保存しようとしていることを意味し

ウデゲ人・アンドレイさんの鮭干し小屋に吊された干し鮭

ているのであろう。

春は鱒、秋は鮭の豊漁で食物に困らなかったウデゲの人たちの自然界から頂いている鮭鱒の量（「生存のミニマム」）については、かなり具体的な数値が出された。

ソビエト連邦時代、ウデゲの人たちは大人から子供まで、政府から一人二三キロまで鮭を捕ることが許可されていたという。中には舟を持っていない人や、夫に先立たれた婦人などがいたが、このような人たちにも、一人二三キログラムの鮭を集落の人たちが分け与える形で、一人一人に保障されていた。溯上してくる鮭を、刺し網を使って村の大人が全員で捕っていたから出来たことである。

この二三キロ規制以前、ウデゲは自由に捕っていたために、直ぐに破綻したという。足りないのだ。四人家族で九二キロあっても、鮭を大切に食べているウデゲの人たちにとっては絶対量が不足するのである。ウデゲの人たちが狩りが上手でも、一〇〇キロを超え、二カ月間、家族が食べ続けられる大鹿を、年間六頭獲り続けられるほど、数が多くはない。鮭は溯上数も多く、安定的食料の一つとして、生存を保障する重要な食料であったのだ。

二三キロという数字がどうして出されたのかは分からないという。東日本の鮭を食べる地方では、やはり一人このくらいの鮭は年間食べているものと考えられる。というのも、大きな鮭として四キロの個体であれば、六本で二三キロの規定を越えてしまう。二カ月に一本くらいは食べている数字である。

足りない分は当然のように密漁となる。この制度自体がウデゲにとっては守れないものであることが判明し、ロシア政府になってから一人五〇キログラムまで可能であるよう改訂されたという。アンドレイさんは、一人五〇キロであれば、適正な数値であることを語っていた。赤ん坊から大人まで一人五〇キロであるから四人家族で二〇〇キロの鮭が確保できる。二〇〇キロということは大型の鮭五〇本に相当する。一週間に一本ずつ食べられる計算となり、安定した食料となる。

一人五〇キロという数字は、伝統を踏まえたしっかりした数字であることを伺わせる。一つの基準として、今後の研究の役に立つものであろう。

アンドレイさんの鮭干し小屋にあった鮭は、犬に食べさせるために、漁期の最後で、産卵を終えた鮭を捕って干していたものであった。一人五〇キロの中には含まれないが、産卵をしてしまったものであれば、このような利用に使うことは資源の有効な活用となる。犬の餌となる鮭は、まだ十数尾干してあったが、一カ月後には莫大な溯上が始まる。

鮭は人も犬も養う豊かな資源なのである。

第9節　初鮭祭

海から六七〇キロメートルもの長旅をして、アニュイ川に鮭が顔を見せるのは九月三日が最初であるという。

最初の鮭はガンツイといって、巨大な雄の鮭だという。使者としての巨大な鮭が一つの群れを率いて上ってくるのが初鮭である。

この話をアンドレイさんがしている間、日本のハツナ儀礼、オオスケ・コスケ伝承がない交ぜになってロシアで語られている不思議に身が震えた。

ハツナ儀礼は最初に上ってくる鮭は屈強な雄が多く、これを捕ったら村の神社に奉納したり、親戚に身を漏れなく配ったりして祝うのが日本の流儀である。

ウデゲのアンドレイさんはナジャロ・ケタ・プラゾニク（Начало кета праздник）と言った。通訳のジーマ君にも確認した。「初めての鮭（ケタ）の祭り」の謂いだ。

日本でも、最初に上ってくる鮭は溯上力の強い雄の鮭でワシザケという地方が多い。ワシザケは早生《わせ》鮭の謂いであろうと考えている。やはり、新潟県でも、九月の中旬が最初に鮭の昇る時期なのである。

鮭に関しては、聞き取りを重ねていると、共通の事項を幅広い地域で各種の語りにしていることに気づく。たとえば、初鮭が最初に昇る時期は、九月に集中する。北海道も本州も、そしてロシア沿海州も。鮭漁獲の最盛期についても、一〇月末から一一月末までで、これも溯上傾向に違いはあっても、共通している。

そして、「送り」(「贈り」)の思惟が環太平洋の鮭・鱒溯上河川流域の人々に共通して広く見られる。鮭の終漁時に取っておいた鰭を川に流して鮭の魂の「送り」をする東日本各地の事例は、ロシア、アムール川流域の人々にも別の形で表出する。鮭漁の始まる時期に樹皮の器に山と盛ったご馳走を水神に捧げることで、あらかじめ「贈る」ことが、終漁の「送り」と対になっているのだ。

初ケタ祭は、例年九月三日というのが相場になっていたが、年によっては一五日頃までずれ込むことがあった。台風が来ると、群れが攪拌されて、河口から一気に群れで上がってこられないからだという。三日から一五日の間に大きな雄の鮭が捕れると初ケタ祭になった。集落の広場に皆が集まり、シャーマンが祈りを捧げているところでこの初ケタを焼いて、皆で食べるのである。鮭が少なくても、必ずこの祭はやっていた。スープにしたり、焼いたりと、その年の捕れ具合で、祭で食べる料理は変わる。鮭のために生きていけることを皆で確認する祭として行っていた。

「終漁はいつか」という質問は、東日本の鮭漁が終わり川塞ぎとなる一二月一五日との対比について知りたかったので質問した。アンドレイさんは、一一月一日にボロボロになった鮭を捕ったことや、鼬や熊も鮭を食べに来ている話をしながら、一〇月半ばから始まる狩りの儀礼に話を向けた。それは、「贈り」の儀礼ですべてを含んでいることを暗にほのめかしていた。

狩りが始まる頃には鮭がいっぱい捕れているし、松の実(朝鮮五葉松の実)や胡桃が一杯集められる。これを捧げて祭壇に置き、生け贄を捧げて狩りの豊猟を祈願した。鮭漁の真っ盛りに行われるこの狩りの祭には、生け贄として鹿を捕ってきて捧げることがあった。

アニュイ川のロシア人鮭漁場

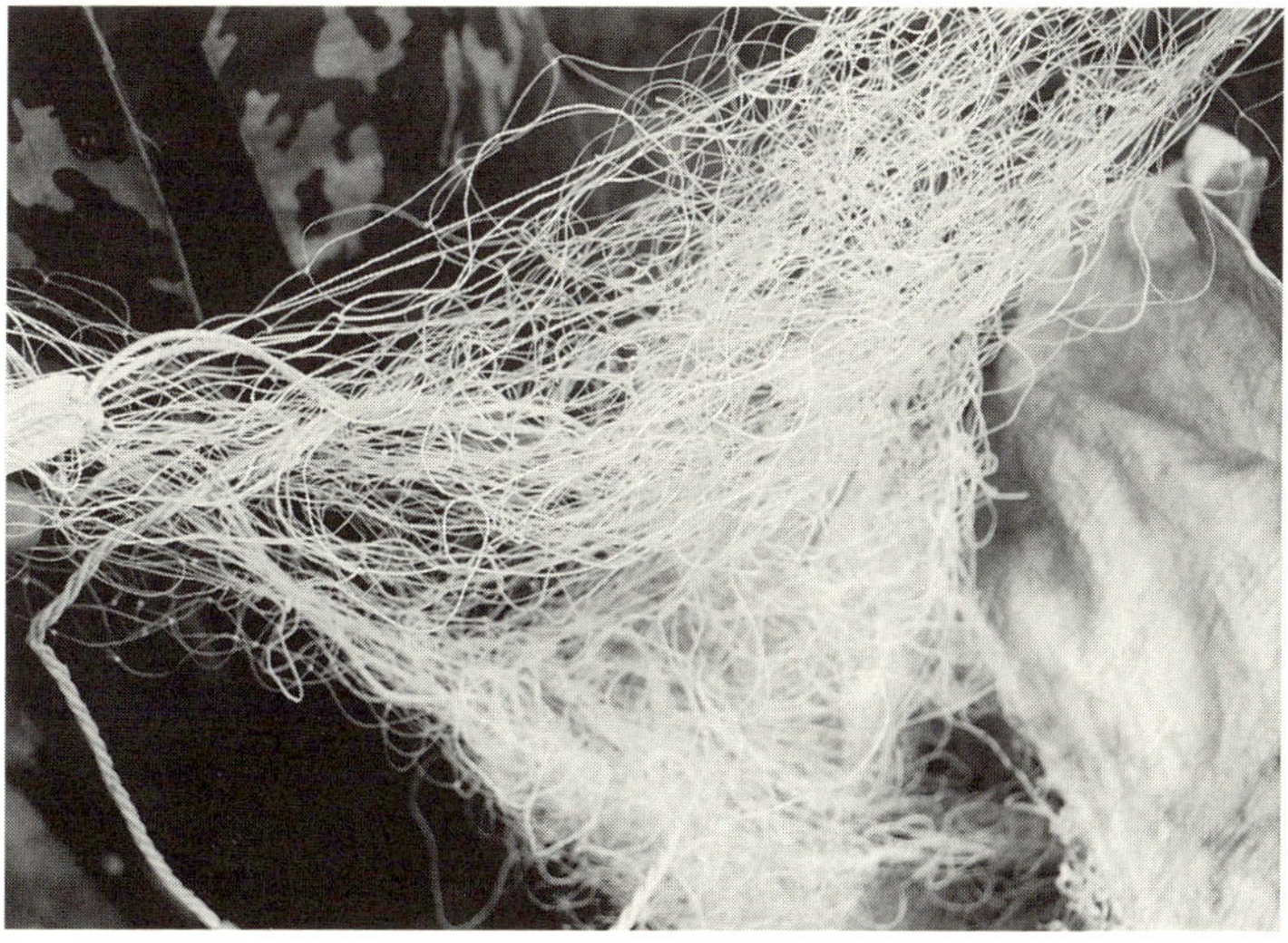

刺し網（繊維はチョマと同類の麻であるエゾイラクサから採る）

鹿の生け贄はこれから始まる狩りの豊猟を願う山の精霊への「贈り」であり、供犠である。狩り小屋に運ぶ食料は干した鮭が主体となっていた。アンドレイさんたちの漁場はアニュイ川の集落近くで、刺し網を設置し、ここに絡めて鮭を捕っていた。八〇メートルの網を四人で刺して、一回一二〇匹捕ったこともあるという。

カラフトマスが七月終わりから八月にかけて上ってくるが、これも貴重な食料となった。

一人五〇キロに設定されたミニマムは赤ん坊も、寡婦も権利として与えられている。八〇人の人口がいるウデゲの集落で、「ウデゲ四〇〇〇キロ」という許可が下りると、皆で力を合わせて鮭捕りに従事した。この量が捕れない場合は一人四〇キロに落とされる可能性があるので、皆が必死だった。

大きな鮭になるとイクラが一キロにも達するものもいた。アニュイ川は、アルセネボ村周辺が産卵場としての適地で、ロシア人の漁場より上は、大岩がごろごろする川床になり、鮭は産卵をしなかったという。ウデゲ、ナナイの漁場は川床に玉石が散乱する適度な産卵床で、鮭が成熟して、卵が大きくなるまで時期をずらして捕ることもあった。しかし、熊や貂などの動物も産卵を終えた鮭を捕って食べるのを楽しみにしており、競合することもあったという。樹海の生き物は、海から溯上してくる鮭を中心に、人と獣が樹海の中で結びついてきたのである。

初ケタ祭は夏を過ぎ、長い冬を乗りきる食糧供給の節目の祭であった。

第10節　人の生存を支えた狩り

アンドレイさんはアニュイ川の上流に複数の狩りの時に泊まる山小屋を持っていた（山の家とか冬の家と表現）というが、現在は一つだけになったという。ウデゲがアルセネボ村に集住するようになって、狩りの範囲を割り振ったことがあるという。その時から、減らされたというのであるから、アンドレイさん以上に狩りの山を必要とする家族がいたことは間違いない。

大祖国戦争後まで、毛皮の価値が高く、アメリカ人もビラまで交易に来ていたという。中国人は直接アムール川を下って交易に来ていた。価値の高い毛皮は黒貂、ミンク、川獺、鼬、栗鼠、熊などで、柔らかい毛のふさふさしたものほど価値が高かった。

かつて、最も価値があったのは黒貂である。アムール川に面したトロイツコエ村には役所があって、契約書が出来ていた。猟が終わったときにどのくらいの量を渡すのか政府と結んだ書類であった。ここに毛皮を持っていって伝票を貰い、この伝票を持って店に行き、必要な鉄砲玉などを手に入れた。

アンドレイさんが最もよく獲ったという年は次のような成果であり、めったにこれほど獲れることはなかった。

黒貂……………一〇
栗鼠……………三〇
ミンク…………一〇

黒貂（ハバロフスク動物園にて）

鼬…………五
狸…………二

若い頃、契約書分だけでなく、自分の分も欲しくてビラに獲りに入ったことがある。この時は、いつもの年の三倍も獲れたことがあった。

中国人から虎の皮を用意してくれないかと持ちかけられたことがある。アニュイ川から山の嶺を越えてホール川に出る、最も近い場所は、昔からウデゲの交通路として知られて道が出来ていた。この道を舟を曳いて越え、ホール川に出てグワシェギまで行った。ここもウデゲの集落であった。この時、中国人から虎の皮の話が出されたのである。グワシェギでもこの要望に応じた人がいたかどうかは分からない。ただ、虎は山・森の神であり、獲ることは許されず、仮に間違って発砲して命を奪った場合は、それなりの許しを請わねばならなかった。毛皮は鞣すだけで保存し、肉は決して食べてはならなかった。

狩りの期間は一〇月一五日から二月一五日までである。

アンドレイさんの山の家には、一〇月の最初に食糧や塩などの必需品を運び込む。鮭の干したものは塩をしたものと、ただ乾燥したカラサケと両方運び込む。アニュイカに家族と犬二匹を連れて出かけるのである。食糧は一冬の必要量であるから、干し肉なども相当の量になり、川岸から山の家まで運ぶのに二匹の犬が橇を引いて頑張った。シベリアンハスキーの二匹は私たちの滞在期間、暑さのせいもあったろうし、歳を取っているせいもあろう。いつもぐったり寝ていた。ところが、この犬が山に入ると全く違う姿を見せるのである。犬なしに山の家での生活は出来ないことをアンドレイさんは語っていたがさもありなんと感じたことである。

大鹿が捕れると一頭二〇〇キロもあるため、肉は莫大で食料は潤った。こんな時には、肉をまとめて保存し、骨だけを大鍋に入れて水で煮続ける。煮こごりのようになり、塩味にしてスープとして飲みながら狩りを続けた。

獲物の骨煮を絶えず作っておき、これを飲みながら狩りを続ける話は東北地方飯豊山麓の狩人が、厳寒期の羚羊狩りで、獲った骨だけを煮続けてみそ味にしてスープを飲みながら次の狩りに出掛けた話と同じであった。

骨の髄も割って食べるのは共通する。塩だけで味を出すのであるが、煮続けることでゼラチン状のものも出て、それは美味しいものであったという。

貴重な塩は物々交換で手に入れていたという。鮭の内臓を取り出して串刺しにして焼いた身をまとめておく。これをナイメクテといった。ナイメクテが物々交換で塩の入手に使われたのである。

狩りの季節が終わると獲物は山の家から降ろされる。アンドレイさんは息子と二人で狩りが出来ることを喜んでいたが、子供が小さいときは一人で山の家にいることが多かったという。山の家では獣の罠を手入れして、そのやり方を息子に教えたり、ライフルの使い方を指導したりと、教育の現場になるのである。

注

（1） В. В. Подмаскин, ДУХОВНАЯ КУЛЬ ТУРА УДЭГЕЙЩЕВ, Владнвосто́к институт исрии, 1991.（www.geocities.co.jp/Bookend-Soseki/7526/udege2.htm 参照）

（2） ニコライ・A・バイコフ『樹海に生きる』（今村龍夫訳）中央公論社、一九九〇。以下のバイコフの作品はすべて樹海を舞台に描かれている。『虎』（長谷川濬《しゅん》訳）満州日日新聞社、一九四〇／『偉大なる王《ワン》』（同前）新潮社、一九五二／『牝虎』（同前）満州日日新聞社、一九四三／『我等の友達』（香川重信訳）文藝春秋社、一九四三／『満州猟人日記』（長谷川濬訳）満州新聞社、一九四四／『ざわめく密林』（新妻二朗訳）文藝春秋社、一九四二／『バイコフの森――北満州の密林物語』（中田甫訳）集英社、一九九五。

（3） アルセーニエフ『デルスウ・ウザーラ』（長谷川四郎訳）東洋文庫五五、平凡社、一九六五、一一六頁。
　この本に「シホテ・アリニの斜面」という項目があり、「この山の東側の斜面には針葉樹の混成林が生えている。主としてシベリアマツ、トドマツ、カラマツ、カエデ、それから、むく毛のある黄色い樹皮のカンバである」と記されている。アルセーニエフの調査行では、植物の分布も調べて生活できる場所を確認していた可能性がある。シベリアマツが朝鮮五葉松のことを意味する。

（4） 梅棹忠夫・藤田和夫編『白頭山の青春』（朝日新聞社、一九九五）には、白頭山の植物垂直分布から類推して水平分布にした場合、朝鮮五葉松がウスリーに繋がる植生であることを述べている。

（5） 園田一亀『韃靼漂流記』東洋文庫五三九、平凡社、一九九一、二〇～二一頁。

第二章　ナナイの村々

ナナイの人々にお会いしたのは、一九九二年、最初のロシア訪問の際であった。ソビエト連邦が崩壊して間もない頃で、ハバロフスクの市内には外貨の両替で日銭を稼ぐ背広姿の群れと、物乞いの人々が目立った。自由市場には品物もあまりなく、鋭い眼光でたむろする男たちの群れに気後れしながら歩いた。

ガソリン価格が高騰している中、専用に手配された旅行社の車（トヨタの中古車タウンエース）でシカチアリャン村に出掛けた。

地方都市が大変な経済状況になっている以上に、少数民族の村は困難な中にあった。昔の生活用具が集められている学校は古い木造校舎で、ここで説明してくれた先生はナナイの婦人であった。漁撈用具や狩りの道具などをつぶさに観察させていただいたとき、和装婦人意匠の壁掛けがあった。日本人から贈られたという。「アムール川を越えて南には、天国のような国があると聞いています」という説明には、胸を圧し潰されるような辛い感覚に襲われた。同じモンゴロイドとして、ロシアの中で踏ん張って欲しいという勝手な想いが浮かんだ。

外に出ると、集会所に入るよう誘われた。ここでは十数人の村人が木彫りの玩具や毛皮の手縫い土産品を作って並べ、観光客に売っていた。何点か購入した後、外に出ると、中国銭を持った老婆が、買ってくれと行って私の所に寄ってきた。外観は四角い穴あきの宋銭であるが、裏面にアルタイの文字が刻まれ、中国の辺境支配の証拠品であることが見て取れた。僅か五ルーブル程度ではなかったかと思う。求めると、嬉しそうに「スパシーバ」と笑う。生活の大変さがふっと私の心を過《よ》ぎった。別の集会所では、子供たちが伝統の踊りを披露して、やはり入場料を取っていた。子供も明るく踊りながら、生活を助けていた。

ところが、二〇一〇年、村の学校は鉄筋半地下式二階建ての立派な校舎になり、博物館が地下に併設され、広いホールに人が集っていた。子供たちの表情は明るく、活気のある姿が現出していた。少数民族としての誇りを示す活動をして熱心であったこの村に、アメリカの援助が届いて、自らの民族をアピールする各種の活動がここで始まっていたのである。シカチアリャン村は二〇〇五年の訪問時には、森の中に昔の生活集落が復元されて、ここを巡り観るテーマパーク風の一画が出来ていた。この場所で、少数民族の伝統芸能フェスティバルが開かれ、国際的に舞踏集団が集合したことがある。日本からも新潟県荒川町の獅子踊りが参加した。

ナナイの人たちが言う、アンサンブルという各村の芸能集団が、ハバロフスク州だけでも膨大な数、結成されていて、毎年、いずれかの少数民族の村を巡ってフェスティバルを敢行している。二〇一〇年七月一五日はホール川上流、ウデゲの集落、グワシェギが会場であった。トロイツコエから行ったアンサンブルの人たちが一六時間バスに乗って帰ってきたと聞いたときには、その強い心根に感心した。民族としての出自を誇りにして、これを次の世代に伝えようとする彼らの行動を、苦難を伴うものとなろうが、やらねばならないという気持にした動機はどのようなものであったろう。

シカチアリャンは、近隣の少数民族の人たちにとって成功例として認識されよう。

しかし、ナイヒン、シンダ、トロイツコエ、ダーダとナナイの村を駆け足で巡った感じでは、各村ごとのアンサンブルも、各村の人々の考えも、それぞれ乖離がある。シンダでは我々未知の訪問者にも笑顔で挨拶が返ってくる爽やかさを経験した。トロイツコエではナナイの青年と日本の文化について語り合った。

シカチアリャンを羨む声や、人や国を責めて自分の正当性を訴える言動には一度として遭遇しなかったのは救いであった。

それぞれの村のそれぞれの行動が、ロシア極東・ロシア全国で新しい生活の姿・主張の姿を描き出す日も近い。ナナイの村訪問は希望を見出す旅でもあった。

第1節　受難の歴史と取り戻す誇り

トロイツコエで泊めていただいたナナイの御家族は、ロシア訪問の日本人研究者の多くが泊めていただく所であった。多くの日本人研究者の名刺を見せられた。

この家の祖父は日本人シベリア抑留者の確かな記憶を持つ八〇代の方であった。ナイヒン村には日本人捕虜収容所があり、ここからトロイツコエ村に来て、道路建設などの仕事をしていた。多くの交流が生まれた中に、ナナイの女性を孕ませ苦しめた一兵士の話が出た。この村に生活している日本人兵士の子供さんにとって、六〇年後に訪ねた日本人の姿はどのように映っていたものであったろう。

ハバロフスク市民の中からも、飢えた日本人兵士のためになけなしのパンを与えた語りも聴いた。旅人の視点は現地の方々の深い分別を弁《わきま》えない。それが良い面でもあるし、欠陥でもあるのだが、ロシアを旅して感じるのは、現地の人々の生活の慎ましさである。

自国の民にさえ耐乏生活を強いたソビエト連邦政府。自国内が侵略と迫害の歴史で血塗られてきたからであろう。

しかも、一九九一年、国がなくなるという経験をした人たちである。私たちがトロイツコエ村の友人宅を頼ってゆっくり休養した日、運転手のビクトルさんが、裏にあるジャガイモ畑を観て、「この畑のお陰でみんな生き延びたんだよな」と、語ったことがあった。経済がまわらず、品物が手に入らない状況の中でも、ロシアの人々はほとんどがダーチャ（畑つき別荘）でジャガイモを作っていた。国に裏切られても生きていけるだけの知恵を備えていた彼らに、羨望の眼差しで私も応えた。日本人だったらこのように自立して生きていけるだろうか。

シンダ村はハバロフスクから車で三時間。アムール川下流右岸にある。良質の土が出て中国の技術を使った煉瓦工場が出来た。アムール川沿いに移出する商いが盛んとなり、多くのナナイ人がこの工場で働いている。この地もご多分に漏れずナナイの地にベラルーシのロシア人が移住させられて来た。一九六八年、シンダとナイヒンのコルホーズが合併するまで共に住んでいたが、もといたナイヒンに戻ったナナイ人もいる。現在はロシア人とナナイ人半々であるという。

上　ナナイ人のアンサンブル（シンダ村）
左　学校で教えているナナイの紋様・虎．上下にすると人（右）と虎（左）が交互に現れる．

　案内を買って出てくれたのがマリナ・アナトリアさん（ロシア人）で、民泊させていただいたのがエッマ・コリャエブナさん（ナナイ人）である。エッマさんはシンダ村の小・中学校長（義務教育九年）で、ナナイの伝統を受け継ぐ教育を実践していた。カリキュラムの中に、ナナイ語やナナイの伝統衣裳作製・伝統芸能演習などの時間が組まれ、学校を会場にして地元の人たちとアンサンブルを作ってナナイの歌を練習していた。昼にこの芸能を観せていただいたが、皆、自分の家系を示すナナイの刺繍を縫い込んだ衣裳に身を纏い、合唱と踊りを披露してくれた。

子供たちに伝えている重要な学習内容に、ナナイの紋様がある。神と仰ぐアンバ（虎）の紋様は、切り紙細工にして教えていた。別れ際に戴いてきたが、上下を逆にすると、人の顔と虎の顔が入れ替わるように巧妙に出来ていて、相当熟度の高い紋様を教えていることが知られた。切り紙で紋様を作るのは彼らの持っている独自の紋様を次の世代に伝えたいからであり、この紋様こそが、出身の地を表すものだからである。

ナナイの人々の所に必ずある「命の木」にも、出自が隠されている。シカチアリャンでは小鳥が留まっている図柄である。小鳥は子供の魂の謂《いい》であった。シンダ村では左右非対称の図柄になっていた。教室の正面に飾られた命の木にはシンダのナナイとベラルーシのスラブ紋様が左右に分けて描かれているからである。各種族にはそれぞれの命の木の伝承があり、それぞれの紋様が出生の標となって表出している。生きてきた彼らの拠り所であり、魂のまとまる場所でもあったことが分かる。命の木の図柄は広くユーラシア大陸の各種族に伝わっていて、大切に守られてきた。トロイツコエには村外れに命の木と呼ばれる朝鮮五葉松が聳えている。ここには猟の御礼の動物の頭骨や、狩りに出掛けるときに置いた贈り物などが堆積していたという。もちろん、図柄として、トロイツコエのナナイを示す命の木もあった。

これを研究して集大成する人がいないものだろうか。

伝統料理でもてなしてくださったが、魚料理が中心であった。鮭の干したものを刻んで玉葱と混ぜてサラダにしたものや鮒をまるごと煮込んで塩で味つけしたもの、そしてお粥状の穀物ペーストが並んだ。

日本人にとっては違和感のない美味しい食事であったが、通訳のジーマ君は参っていた。魚ばかりで、肉料理が一つもないのに堪えられなかったようである。

第2節　アムール川の民

シンダの村に舟大工がいるという話をマリナさんが届けてくれた。ユーイセラさんである。七月一六日は暑い日であった。アムール川では夏休みに入った子供たちが男の子も女の子もパンツ一つになって泳いでいた。ロシアの学校は夏休みが三カ月ある。七月は最も日が長く、夏至の頃には夜一〇時頃になってもまだ明るい。そして朝は五時頃には明るくなる。夏時間のロシアはとにかく長時間の活動が可能なため、疲れることこの上ない。

シンダの村のナナイ人は、自分たちが最初に住み着いた場所を記念していた。集落から三キロほど下ったところにある岩場の高台であった。

この場所に出掛けたのは、マリナさんの息子さんがボートで送ると言ってくれたからである。心地よい川風を切って向かった場所には、水面から一〇メートルほど立ち上がった一枚岩のある場所で、岩面にはレーニンの横顔が彫刻され、大祖国戦争勝利の記念碑が彫られていた。シンダ村出身の英雄たちの名前が彫られてある。

この上部が草地になっており、灌木がひょろひょろ生えていた。シンダの人たちは、この場所を聖地として、上るものではないことを子供に聞かせてきたという。「上には鬼がいる」という言い方で。

ナナイの人たちが塗炭の苦しみを味わったのは、日中戦争当時、中国側に住んでいた人たちであった。ナナイの人たちはアムール川の流域に集落を構え、上流部松花江（スンガリー）からソビエト領ハバロフスク周辺にまで、広く居住していた。戦争当時、中国満州ではホジェンと呼ばれ、赫哲の字があてられていた。ソ満国境に居住し、同じ民族として歴史的に繋がってきていたことは、言語を共通にし、同じ価値観で動くことを意味していた。このことが、日本軍には我慢ならなかったのであろう。ソ連と繋がっているスパイであるという嫌疑がかけられ、いわれのない迫害を受けることになる。街津口での聞き取り調査に、

一九四一年のことだった。晩秋の寒い日に日本の特務たちが川辺の部落にきた。春節のあと、六台の馬車とトラックが部落に入ってきた。銃をもった日本の特務が沢山降りてきて、各戸を回り、「移住だ」といった。「お前らはロシア語がわかり、親類が一万人以上もソ連にいる。もう何人もソ連へ逃げた。だから移住させるのだ[1]」

アムール川は戦略上極めて重要な交易の道であり、国同士の緊張関係が直接表出する場所である。もともとアムール川は下流域まで、清の領土であり、一八五八年のアイグン条約、一八六〇年の北京条約の確定でロシアに渡った経緯がある。

日本軍の侵略による苦難を歌った『シダリ・モルゲン』という歌が伝えられている。

わがホジェンの人々は、日本人が侵略してきたとき、「三部落」まで追い払われた。婦人たちは子供を背負い、老人たちは杖をついて故郷をあとにした。

沼地を渡るときに深みに足を取られて這い上がれない婦人がたくさんいた。いくら老人が泣こうとも婦人が叫ぼうとも、天も地も誰も助けてはくれなかった。食べるものといえば木の実や皮しかなく、体はむくんでしまった。日本人はわれわれにアヘンを吸わせた。「三部落」では、人が死んでも外へ運ぶこともできず、一家族一家族と次々と死人が出たので、遺体を積み上げて燃やしてしまうしかなかった。(2)

日本軍が恐れたのは抗日勢力とソ連が結びつくことであった。大祖国戦争の間、シンダ村、トロイツコエ村でも日本の軍隊の話がよく話題に上り、親戚が中国側にいる人たちは気が気でなかったという話を聞いた。

トロイツコエのナナイの集落を訪れた際、戦争を知る古老から、当時の話を幾度となく耳にした。中国ホジェンの方々が受けた苦難はアムール川流域のナナイの人たちの所には真っ先に入ったという。スパイ容疑を受けたのは日本軍からばかりか、ソ連軍からも嫌疑がかけられたといい、孤立無援の状態で辛い立場で過ごしたことが語られた。それが影響したのかどうか定かでないが、大祖国戦争への従軍や手柄の記念碑が目についた。

ジャリ集落からは、大祖国戦争の英雄が輩出した。現在、ロシア政府も少数民族保護に動いていて、ナナイの人たちの集会所に立派な伝承館が建てられていた。この施設は、鮭皮衣の伝承を後世に伝えるため、ナナイの伝統技術の保護に向けて作られたものであるが、展示物の中には大祖国戦争の英雄となった将軍の出身地として、多くの写真記録や戦勝記念の勲章などが展示されていた。

大祖国戦争の英雄は、数多く輩出したらしく、獲物を狩る嗅覚が、軍人としても発揮され、軍隊生活で役だったことを語り伝える人もいた。ナナイは漁撈を中心に、冬は狩りをしてきた人たちである。漁撈や狩猟の生活は彼らの寿命を伸ばすことはなかった。ジャリ村の最高年齢の年寄りは八二歳の翁であった。

ナナイの特徴を中国では、魚の皮を着た人たちとして認識していた。アムール川の魚から取った魚皮衣を製作して春から秋の普段着として着用してきた人たちである。漢族から魚皮韃子《ユイピーダーズ》・魚皮套子《ユイピータオズ》と称された。最も作りやすい魚の皮はイトウであるという。大きいから、面積が沢山採れるのと、厚手になっているからである。

現在、魚皮衣の製作技術を伝える婦人がいて、伝承技術を教える仕事をここで行っている。カムチャツカからも指導を希望する人たちが来場し、技術の伝播は広域に広まりつつある。

私も、魚皮製作技術を学んで帰った一人である。

第3節　アムール川のオモロチカ

シンダ村の舟大工、ユーイセラさんの話は、日本の舟大工が出職して現地で舟を造るときの方法と極めてよく似ていた。舟大工の家はシンダ村にあり、ここでは居職でオモロチカを造った。造船小屋も父

ダブルブレードパドルを持つ舟大工
ユーイセラさん

ナナイ人の使うオモロチカ

親から譲られてある。全長四メートル強のこの小舟は、アムール川流域で最も需要の大きかった舟である。一人乗りで全長五メートル前後、幅六〇センチ、深さ五〇センチ。丸木舟から板合わせに移行した一人乗り舟である。板は船底材と両舷側二枚の三枚造りで、舳先も艫も尖っている。ロシア人が一人乗りの謂いでオモロチカと言ったのが、現在通称となっている。

シンダ村には、現在二艘が残っているだけで、後は皆船外機つきのアルミボートに変わっていた。この傾向はアムール川流域どこでも共通し、木造船そのものが姿を消しつつある。ちょうど日本の三〇年前の状況に似ている。

この舟の造船について、日本の板合わせと共通する技術の過程がいくつも現れていて、興味は尽きなかった。

ユーイセラさんも、丁寧に、図まで描きながら私に教えてくださった。

舟造りは二人で台造りから始める。太い杭を前後二本入れて、梁を渡す。梁の高さは膝くらいで、台にする。この上に船底材を据える。先と艫が尖り、最大幅が〇・八メートルくらいに膨らんだ凸レンズ形である。板厚は四・五センチ。

この船底材に朝鮮五葉松の四センチ厚の板を整形して取りつける。舟大工が最も気を使う板曲げについて聴いた。板は生の方が加工しやすかったのでそうしていると言う。板が届くと直ぐにアムール川の水に漬けてから整形し、一人が舳先側にうちつけた板を保持して、一人が船底材に沿って取りつけながら力を入れて曲げていくと、自然に板は曲げられたという。このようにして両側の板を打ちつけると舟は出来上がる。板を乾燥させてしまった場合の方がむしろ大変で、一日中アムール川に漬けておいてから曲がるのを確認して舟造りをした。最初に側板を固定する舳先部はロープで縛って、木を打ち込んで固定する。整形の最初の基準となるので、ここはしっかり固定したという。船底材に側板を打ち込むのは、かつては木釘を使っていたが、今はボルトにしている。この方が簡単だからである。

側板の整え方として、板を台形に刻んだ後、長辺を上に、船底材に取りつける。この際船底材に取りつける側板の両側に切り込みを入れて上げる。舳先側を四センチ、艫側が二センチである。これによって板の形はより丸味を帯びるが、この状態から板曲げしながら船底材に固定していくと、程よく取りつけることが出来たという。

この技術は、日本の舟大工が「持ち」と呼んで、舟の中心部・腰当てからどのくらい舳先と艫を上げるかという舟の反りに関する高度な技術である。アムール川の一人乗りの小さな舟でさえ、持ちと同じ発想があることに驚かされたが、それを実現する技術の単純さに、感心した。

日本の舟大工は敷材（船底材）を折るという操作をする。艫側の敷材を上げるために、船底材に鋸目を入れて、折り上げるのである。この技術はアムール川の交易船ムウの折り敷にも例があり、舟大工の普遍的な技術であることが分かってきた。フラットな敷板だけでは波の荒い場所を乗り切ることが出来ないために、舟の反りを考えた結果なのである。

白樺の樹皮で作った樹皮舟は、シンダでは早くに姿を消したという。というのも、舳先の船底部にシャベル型突起を持つ丸木舟が船外機をつけて航行するのに都合がよく、この舟でほとんど用が足り、船外機をつけるなどの応用が利かない樺皮舟は残らなかったというのである。一人乗りのオモロチカで樺皮舟の用も兼ねられ、足りたのである。

それでもユーイセラさんはこの舟のことを覚えていて、造り方を丁寧に教えてくれた。白樺の皮を剥ぐのは、五月で、樹液が盛んに分泌されている時期になる。

直径三〇センチ以上の白樺の樹皮を剥ぐ金物で樹幹に切れ目を入れる。長い柄についた刃先が反った刃物を木の幹の円周に沿って上下二箇所切り込みを入れる。併行する上下二箇所の切り込みを直角に結ぶ縦の切り込みを入れて樹皮を剝がす。こうして幅五〇センチもの樹皮を取る。

白樺はキノコがついていないで、枝が高いところまで分枝していないものがよかった。一艘の舟を造るには直径三〇センチを超えた六本くらいの白樺の樹皮が必要であった。舟を造るときには剝いで硬くなった樹皮を大きな鍋に入れてボイルする。すると、柔らかみが出て、整形できるようになった。樹皮船の外側は樹皮の内側で、長さを調節しながら枠に沿って皮を張っていく。皮を張りつける際に使う接着剤は朝鮮五葉松のヤニ（樹脂）である。ヤニの採取には葡萄の蔓を使った。ヤニの出ているところに

手に持つシングルブレードパドルでオモロチカを進める

蔓を擦りつけながら採取する。また、蔓を幹にまきつけっぱなしにしておいて、垂れてくるものを蔓に集めた。次に樹脂を採取した葡萄蔓を水に漬け、ネコヤナギの根を刷毛にして樹脂を移し、舟の樹皮を貼り合わせる部分に塗っていく。こうすれば、接着部分が決して割れることはなかったという。

樹皮舟を観察したのはハバロフスク郷土資料館であったが、皮同士の接着方法がどうしても分からなかった。造り方はある程度予測できたが、細かい接合の技術が分からない段階では復元も無理であった。ここまで分かってくれば、一度、復元作業に取りかかる必要もある。

ナナイと同じホジェンの使った樺皮舟が中国黒竜江省博物館に展示されているが、中に巨大な舟があり、この造り方も、丁寧に観察する必要があろう。

朝鮮五葉松の樹脂はムウの水漏れ防止にも、板

ダブルブレードパドルを操るユーイセラさん

合わせのオモロチカの水漏れ防止にも使われていた。この樹木の利用頻度は群を抜いており、信頼性の高さには確実なものがあった。南方の舟では板の接着に漆を使用する。舟の水漏れ防止技術にはそれぞれの文化の粋が詰め込まれている。

シカチアリャン村の博物館にある展示品の中に見事な琥珀の塊がいくつもあった。近くから掘り出すことが出来るものだと言うが、これも、朝鮮五葉松のヤニである可能性もある。実際、白樺林と混交して大木になって生えているこの木には、多くの削り跡があり、ヤニを今も利用していることが考えられた。日本でも、壊れた茶碗を接ぐのにヤニ接ぎがあったし、接着効果は高いものであったろう。

そして、ユーイセラさんから面白い呟きを耳にした。ナナイの舟の技術はニブヒと同じだというのである。彼はアムール川の下流域まで出かけていって舟造りをしてきた。その彼が言うのであれば間違いない。実際、交易に使われたロシア名ムウは、山丹交易を担った舟とされており、アムール川を航行した舟の中で、交易に信頼されたものであった。ウデゲも、ナナイもニブヒもこの舟を使っていたということになれば、アムール川にあったムウは最も信頼度と安全性の高い舟であったということになる。事実、トロイツコエのジャリ村で保存しているムウを観たときには、昔からの形態を維持しつつ、それぞれの流域に合わせて、微妙に各部を工夫した舟であり、流域の人々から絶対的な信頼が集まっている姿を垣間見た。

そこで、アムール川で使われた舟を記録や聞き取りに頼りながら概観する。

ナナイ人が使った丸木舟は二種類。一人乗りの丸木舟の形を踏襲して板合わせにしたものと、二人以上が乗り込む七から九メートルの丸木舟である。どちらも舳先・艫を尖らせている。これに白樺舟と大型板合わせのムウである。全部で四種類が確認できる。

白樺舟は一人乗りであることからロシア人によってオモロチカの名称が充てられているが、もともとオモロチカは一人乗りの船を指し、白樺舟以外の一人乗り丸木舟もオモロチカの名称で呼ばれていた。大型板合わせはムウで、アムール川の交易船として、山丹交易を担った舟である。長い間、流域の民族にそれぞれ同じ構造上の特徴を持って伝承されてきた。

最も早く姿を消したのが白樺舟（樺皮舟）である。これに伴って丸木舟の形を踏襲した五メートル足らずの一人乗り板合わせがオモチロカの名称を引き継ぐことになる。七から九メートルの丸木舟もムウで代用するようになっていき、最終的に残ったのはムウと板合わせのオモロチカであったというのが、シンダからトロイツコエにかけての状況である。この後、アルミのボートが出来て、これに取って代わられるようになっていくとムウもオモロチカもこの船外機つきの舟に替えられて駆逐されてしまう。

ところが、アニュイ川やホール川では四メートル強の刳り船オモロチカが狩りで活躍し、船底部シャベル型突起を持つ一〇メートル程度のバットが、荷物運搬や家族での漁撈で稼働するために残った。アムール川で鮭捕りをしたムウは、ソビエト連邦政府のウデゲ定住政策に伴って消えていった。アムール川で鮭捕りをすることが出来なくなったからである。

このように、支流域では舟底部シャベル型突起を持つ板合わせのアニュイカが最も使いやすいことから発達し、狩猟に必要なオモロチカと二種類の舟が残っている。

ウデゲの人たちを定住化させようとする政策は、夏のアムール川での漁撈から彼らを締め出し、苫を張って船を住居に過ごした形態を消滅させた。ムウを使った一つの場景がこれで終了したのである。

それにしても、舟を取り巻く状況から垣間見えるのは、シベリアが水上交通なくしては、生活が成り立たなかったことである。

第4節　魚皮韃子《ユイピーダーズ》

ナナイの人たちが魚皮韃子《ユイピーダーズ》・魚皮套子《ユイピータオズ》であり、アムール川の魚を捕って暮らしてきたことは前述した。流域ナイヒンのナナイの人たちの集落にあったコルホーズは一九六三年頃合併してなくなったが、やっていた仕事の一つに鮭やサクラマスの漁撈と加工があった。魚の食品を扱うコルホーズはアムール川の魚を捕って生きてきた彼らであったからこそ、成立したものであろう。ユカラというのは、干し鮭のことで水に戻して食べる食品。塩漬けは内臓を除いて樽に塩漬けにする。また、油漬けも作った。

シンダ村でも鮭皮衣はあったが、中国から布が入るようになった戦後はほとんど作っていない。ただ、作る技術は皆が聴き知っているという。訪問時、ハバロフスク地方で話題になったのは、パリ・コレクションに鮭皮を素材にした衣服の出品があったことで、高い注目を集めていた。高い賞を取ったと言うことだけではなく、それがこの地方の技術で出来ていることを誇っているのが話題となったのである。

鮭皮の衣は現在では作る人はいないが、トロイツコエ村のジャリというナナイの集落に一人だけ、製作の全行程を教えている女性がいることをインツアー社のスタッフが調べ上げてくれていて、この方にお会いして技術指導をしていただいた。バレンムナ・ブラドゥミュロナさんである。訪ねた日はちょうど少数民族のフェスティバルがホール川沿いのグワシェギ集落で開催されている日に当たり、ジャリのアンサンブルの一員として出掛けていた。しかし、次の日には帰宅するから待つようにとの話を戴き、一日、トロイツコエで休養して、次の日に会うことが出来た。

鮭皮の加工品はケタ・コジャと言い、長靴・服・手袋などに加工されていた。鮭皮沓をオタと言い、鮭皮製品をソグボマと呼んでいた。ナナイ語を大切にしているジャリでは、ロシア人が碁盤の目のように市街地を作って住んでいるところに埋没することを拒んだ。自らの民族、ナナイとしての伝統と誇りを次代に伝えようとしてのことであったという。西の外れ、森とアムール川に面して住居が並ぶ。

「ナナイ伝承館」とロシア人が呼ぶ、民族舞踊を発表する舞台ホールと鮭皮加工を拠点とした立派な建物は、ロシア政府の援助によって数年前に出来たという。中に展示されている写真の多くは、大祖国戦争で英雄となったソビエト連邦の将軍がジャリ出身であったことから、これを顕彰するものであったり、ナナイの人々の昔の生活写真であったりするのだが、ナナイの人々の祖国ロシアに対する深い想いの表出するものばかりであった。自らの国を愛し、その結果としてナナイ独自の言語伝承や文化の育成を図り、次の世代に伝えるという深慮に頭が下がった。

この伝承館を訪れた人たちの中に、カムチャツカの少数民族の人々もいた。魚皮の制作工程を学び、これを産業としてカムチャツカで興そうという意図である。カムチャツカには大量の水産資源がある。これを利用しない手はないのだ。ペトロパブロフスク・カムチャツキーから飛行機で数人の人たちが来たという。この航路は航空券が大変高いという話をナナイの人たちがしていた。「日本に行くくらい金がかかる」。

鮭皮衣（トロイツコエ）

イトウの皮の衣

考えてみればその日本から出掛けていった私に対しても、カラフトマスを一本用意して、この魚の皮を剥ぐというやり方で丁寧に落ち度なく教えて下さることは、一つの使命感であったのかも知れない。前日のグワシェギフェスティバルへの強行軍をものともせず、朝早くから旅人の要望に応えて下さる温情に深く感動した。

今回の調査はアイヌの人々が利用してきた鮭皮製品や新潟県三面川流域で利用されてきた鮭皮利用技術を踏まえた。アイヌの鮭皮利用製品はケリの名称で長靴として残っている。一方、新潟県では完全に伝承が途絶えている。北海道二風谷では復元のためにヨーロッパに出向いた話を仄聞していた。

ブラドゥミュロナさんの実演工程を記す（これを元に私本人の復元作業を実施した）。

鮭皮製品には鱗を残す方法と、残さない方法の二種類がある。鱗がついたままで良いものは長靴などの製品にしていたが、鮭皮衣の場合は、乾燥させた鱗つきの皮から鱗を取る。昔は鱗をすべて取っていたのだが、技術を変えた。鱗を取る叩き台での加工ではもの凄い匂いが発生し、これが原因で仕事をやりたがらなくなったからだという。この匂いを消すには今も苦労があって、男性オーデコロンと食器洗いの中性洗剤で洗う。この二種類が一番効果的である。

そこで、鱗を残す今の方法を記す。魚を入手してから皮を乾かすまでが第一工程である。使える皮は、鮭（シロザケ）、カラフトマス、サクラマス、コクチマス、鯰、イトウ、カワカマスなど、アムール川にいる魚は何でも使った。この中で最も有り難かったのがイトウである。とにかく魚が巨大なために、一匹獲れれば鮭数匹分にも達する。朝の漁で捕れたという連絡が入ると、必ず駆けつけて、現場で皮を剝がして貰ったものであるという。鮭の溯上時期は多忙になる。現地で剝がして貰うのが原則であったが、最近は冷凍庫が発達してきたので、一旦貰ってきてここに入れ、時間をかけて剝がすことが出来るようになってきた。

［第一工程］皮を剝がして乾燥させるまで

①皮を剝がす場合はすべて腹開きで内臓を取る。頭を右に内臓を取り、氷頭から鰓にかけて一直線に

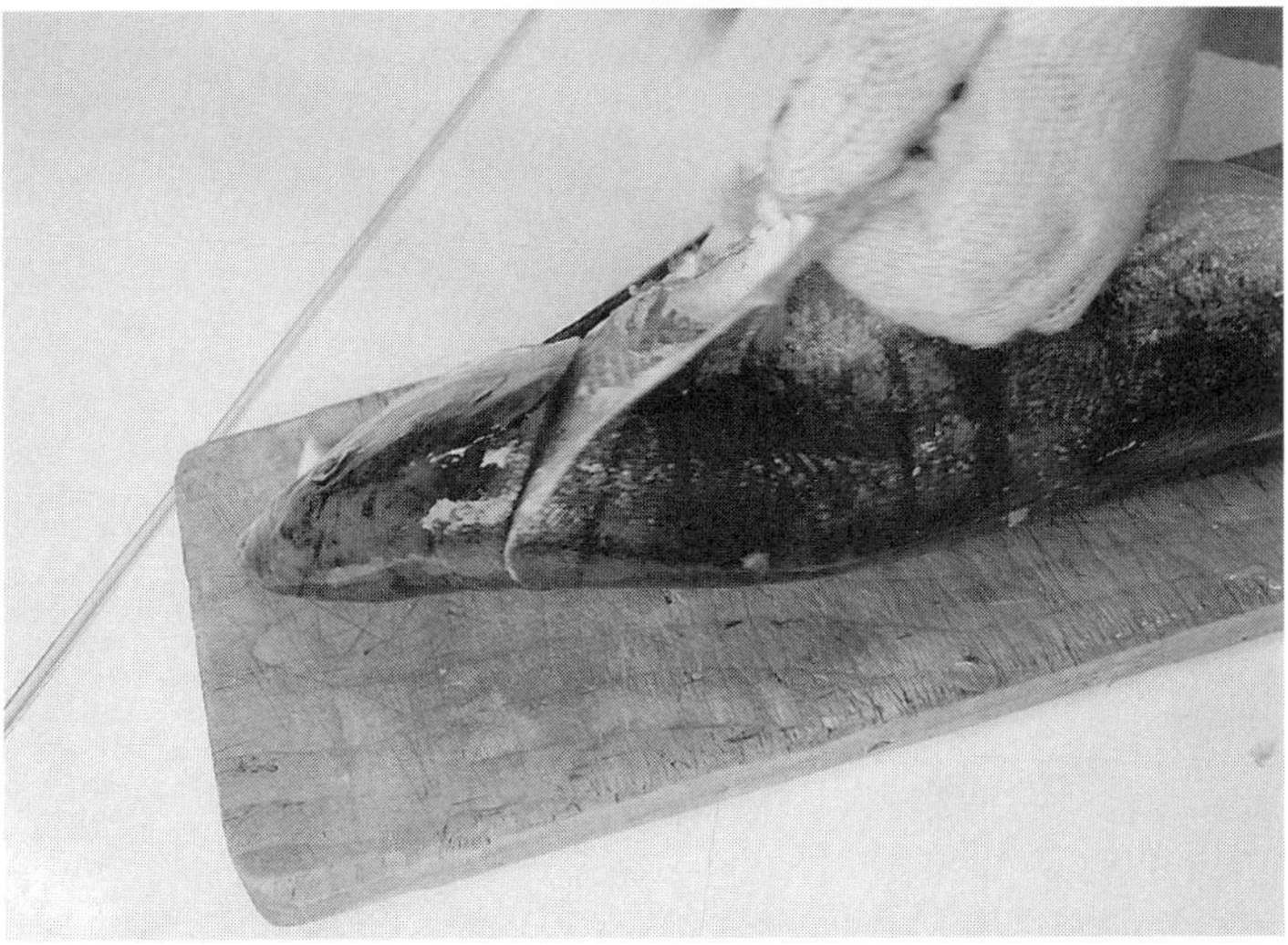

カラフトマスの皮を剥ぐ

ナイフを入れて切る。頭側には胸鰭がついている。

②頭を右にしたまま魚を反転させて、①と同じ箇所にナイフを入れる。

＊ 魚にはかなりのぬめりがあるため、手袋をしたり、専用のタオルで滑らないようにして作業する。

③胸鰭、アブラビレを切り離し、尾鰭の箇所にも切り込みを入れて、皮が剝がれるようにする。

④大鹿の骨を削って作った全長二一センチと一四センチの骨ベラを使って、皮を肉から剝がす。最初に剝がし始めるのは胸鰭のあった腹部切れ込みの端からである。手で皮を引いて肉から離れた場所に骨ベラの先端を入れて、背骨側に広げていく。魚は腹を手前にした状態で、腹側から徐々に剝いでいく。骨ベラは肉と皮の間を交互に動かしながら丁寧に切り進む。

アカシカの骨で作った魚皮剝ぎの道具

＊骨ベラは包丁と違って皮に傷をつけない。骨ベラの膨らみを上にして、肉側は切れてもよいように鋭い部分が入る。この皮剝に金属の包丁は決して使ってはならないという。魚皮が傷ついて破れるという。

⑤両面剝がれたら背鰭の部分を取り除く。また、皮についてくる黒いものは脂肪であり、このような部分は丁寧に骨ベラの鋭い部分でこそげ落とさなければ加工が大変になる。

＊鮭の雄と雌では皮の厚さが異なる。ブラドゥミュロナさんは雌を専ら使ってきたという。皮が薄い方が柔らかく加工できるというのだ。雄は皮が厚いので長靴などにした。

⑥完全に魚皮となったものを三〇〇ccくらいの水を入れた洗面器の中で綺麗に揉み洗いする。

⑦洗った魚皮の肉のついていた方を滑らかな板につけて張る。この時、空気が中に入らないよう、しっかり伸ばしてぴたっと張る。決して日に当ててはならない。このようにして一日乾かす。

［第二工程］魚皮を槌で打ち、梃子を使って柔らかく鞣す。

鮭皮衣を作るのに必要だった鮭の数は四〇尾だった。そして、秋の深まった頃に上がってくる鮭の方が皮が厚くてしっかりしていた。大量の鮭皮を打って鞣すのが第二工程である。

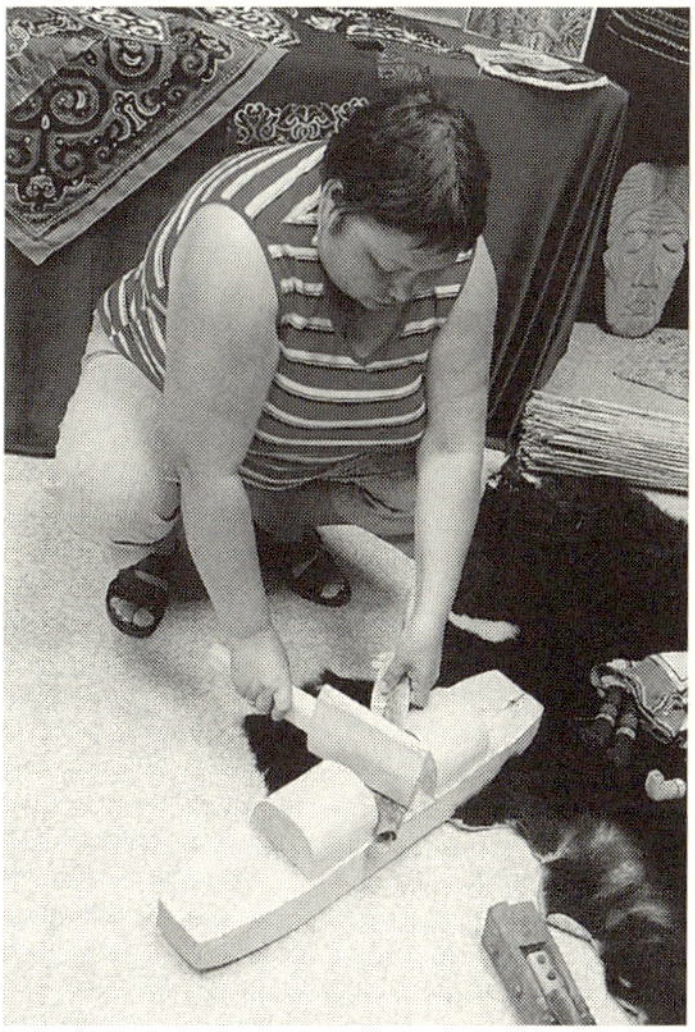

①木槌で叩く

②梃子を使う

鮭皮を柔らかくするブラドゥミュロナさん

①幅七〇センチ×厚さ一三センチの木製の鞣し台は中央が窪んでいて、ここに丸めた鮭の皮を入れて打つように作ってある。木槌はデリナという。鮭皮を打つように出来ている。この槌で、一〇枚前後丸めた乾燥鮭皮を打ち続ける。二時間も続けていると、鱗が飛び内皮だけの鮭皮が熱を帯びてくる。さらに梃子を使って柔らかくしたものが鞣しの完成を意味した。熱くなって来ても、決して水を掛けてはならないとブラドゥミュロナさんは言う。

②鞣した皮は、厚手のビニールのような感じになる。これをまた揉んで、一層柔らかくなるようにする。そして、乾燥した魚皮を紐状に長く切って火に焙る。焙りながら自分の好みの細さまで引っ張ると糸が出来上がる。この糸が、魚皮を縫い合わせるときの糸となる。

③魚皮を縫い合わせるが、柔らかく鞣されていないと、針が通らず苦労する。ブラドゥミュ

ロナさんはこの過程でも、針を何本も折ることになるため、修行が足りないと、なかなか縫い進めるものではないという。

以上が全工程である。

ブラドゥミュロナさんの伝承館では、鮭皮を使ったミニチュア玩具や、携帯電話入れなど、新商品の開発を進めていた。この際に、鱗を取らないままの魚皮がデザインとしても有用であるために、鞣しの第二工程を実施しないものがある。その場合、柔らかく、加工しやすいようにするために部分的に鱗を取るということが行われていたが、この仕事が大変に手間と時間がかかるものであった。

乾燥して硬くなった鱗つきの魚皮は、ごわごわしている。この皮の氷頭側から鱗を取り始める。この部分から始めないと、皮が裂けるという。鱗の僅かな引っかかりに小刀の刃を入れ、一枚一枚剝ぎながら、腹側に斜めに小刀を動かしていく。

第5節　アムール川と日本の交易

アムール川流域の文化が日本の文化と基層で繋がるものがあることは第II部で考察する。この交流を担ったのが舟である。具体的な姿が分かっているのは江戸時代の山丹交易である。樺太のシラヌシ（白主）まで出てきた山丹人たちとアイヌの人たちの交易があった。人を運んでいたのはムウと呼ばれた山丹舟である。

トロイツコエのジャリ集落最高齢のミハイルさんの家には、ジャリで使っていた最後のムウが保管し

ジャリに保管されていたムウ

てあった。

ムウはロシア人の呼称で、ナナイ人はオクダロトカといった。推進に使う櫂が二本の場合は五メートル、四本であれば七メートルと、推進具の櫂の本数によって舟の規模が決まっていたという。この証言は、実に興味を引いた。シカチアリャンにある九メートルのムウはウリチの人々の使ったものであったが、六本の櫂を備えていた。つまり、櫂二本で舟の全長五メートルが基準となり、四本で七メートル、六本で九メートルと、二メートルずつ増やしていったものであったのだ。車櫂の推進で、一人が両側の櫂で推進するのであるが、原則として、交互に掻くのが普通であった。三人乗り組んで六本の櫂を使う場合も、推進方向に対して後ろ向きに座っている掻き手の人たちは、右を一斉に掻き、次ぎに左を一斉に掻くというやり方をしていたという。

この掻き方はダブルブレードパドルの掻き方を

基準としているからではなかろうか。

舟の材質は朝鮮五葉松の板である。厚さ七ミリ。板の接合技術は下の板の上に被せてつけていくクリンカー・ビルト＝鎧張り（clinker-built style. 以下「鎧張り」と表記）である。

春先には、この舟をアムール川に出して、多くの村人を乗せて対岸に渡り、ギョウジャニンニクを採ったものであるという。ジャリではナナイの人たちがかつては対岸に住んでいたことを伝承している。また、狩りにも、漁撈にも、対岸の湿地が大切な場所であったという。

ジャリのムウは村人の共同作業にも使われていた。一人で行う漁撈や狩りではやはりオモロチカを使っていたのである。

船底部に湾曲面をつける折敷は、この舟では特に顕著に現れていた。ミハイルさんの説明によると、二箇所で敷きの面に切り込みを入れて船底部を曲げているという。一つは舳先部の波切りがスムースにいくよう、先から約三メートルのところに切り込みを設け、船底部を持ち上げている。もう一つは船尾から約一メートルのところでも折り敷にして船尾を持ち上げている。この二箇所に折り敷を入れて舟を造る技術は日本の海船と同じである。日本では持ち上げる割合を腰当て部（中央最大幅）を基準にどのくらいの割合上げるか（「持ち」と言う用語で示す）によって海船の形までもが決められていた。

これについてミハイルさんは、舳先から三メートルの場所に持ち上げる箇所を設けたのは、アムール川を航行するのにジャリから下流部ではこの値がとても適していたのだという。しかも、艫の部分を持ち上げたことによって、波に乗って走る傾向が強くなり、誠によく速度の出る船として評判であったというのである。シカチアリャンにあったムウは後部の折敷きはなく、舳先部の持ち上がりの割合も小さ

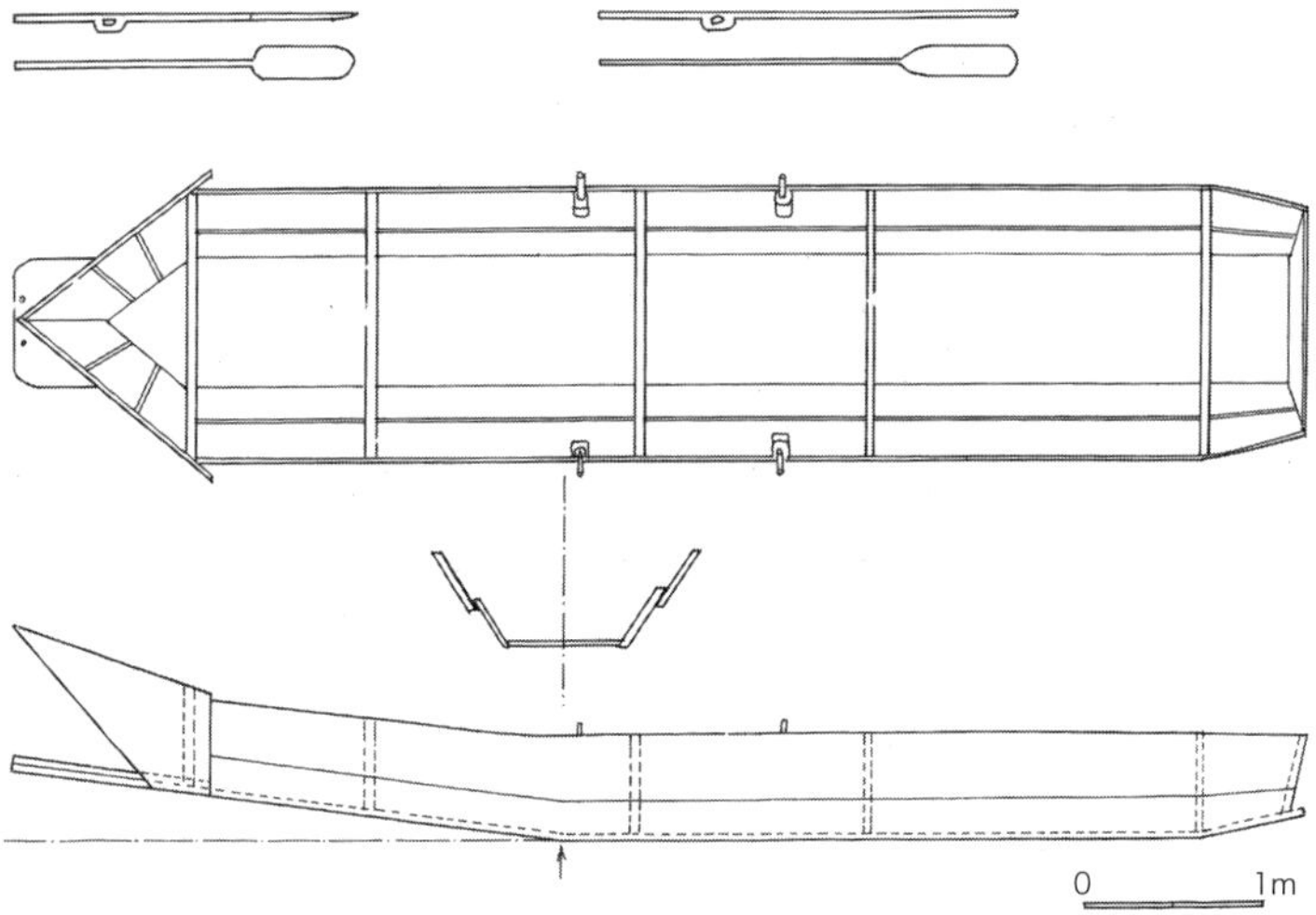

トロイツコエのムウ（材は朝鮮五葉松）

い平らな船である。アムール川が滔々と流れている場所であればこれで十分であったろう。しかし、ジャリから下流は波が立つことが多く、海の船と同じような、船底部の湾曲部が必要であったのだ。

　ミハイルさんの保管していたムウの造船について聴いた。やはり、平らな場所に杭を打ち、この上に板を載せて船を造っていったという。板を曲げた部分は、折り敷の箇所である。側板も舳先部に合わせて湾曲させる必要があった。この際どのようにしたか聴くと、アムール川に板を沈めて、水を吸わせてから、みんなで圧して曲げたという話であった。「板曲げは舟大工の命」と言われ、焼きダメ、湯ダメ、ボイルと三種類の技術を駆使していた日本の舟大工から見たら、「何と簡単な」と思うであろう。本当に簡単に作ってしまったようなのだ。一七人が五日がかりで作ったという話であったが、道具も、鉞とドシンク、それにハンマーと丸釘という、日本の船大工の駆使する技術とは大きく離れた道具で造船が行われた。側板は下の板の上端に釘で打ちつけられていたが、内部に貫通した釘は上手に一八〇度回転させて元の板に入っていた。釘の間隔は三〇センチ、丸釘である。板の間の水漏れ防止には朝鮮五葉松の樹脂が使われた。

カラベル・ビルト＝平板張り（carvel-built style. 以下「平板張り」と表記）の技術で、船側外板を重ね合わせず、板の断面同士を平らに張る構造の日本の船では、水漏れを防ぐために舟大工は最低三種類のスリアワセノコギリを用いて、接合面を貼り合わせることに神経を使う。ところが、ムウは鎧張りで、このような造船の苦しみを放棄している。

換言すれば、特殊な技術を用いることで造られる船よりも、誰にでも造れて、頑丈な船が必要であったということなのであろう。特に、舟の耐用年数を聞き出したときにそのことを感じた。日本では三〇年使える舟を造れなければ一人前の舟大工として認められない。つまり使う人一世代の稼ぎに使う舟としての三〇年なのである。ところがムウは一〇年保てばいいという。アムール川の流氷がぎしぎし流れ、障害物にあたりながらも稼働している船である。朝鮮五葉松という立派な材で作っても一〇年しか保たないというのである。

ジャリで最高齢のナナイ人・ミハイルさんは面白いことを言った。「ナナイ人は漁撈に狩猟、長く生きられないよ」。つい三〇年ほど前まで、みんな四〇歳くらいで死んでいたのだ。過酷な自然の中で、あてにならない自然の獲物を追って生きてきた彼らにしてみれば、一〇年間は、長い区切りであったろう。

注

（1）林郁『大河流れゆく——アムール史想行』朝日新聞社、一九八八。

（2）市川捷護・市橋雄二『中国55の少数民族を訪ねて』（白水社、一九九八）には、全四〇巻に収録された中国五五民族の民間伝統芸能を探る旅の中で、出合ったホジェン族の貴重な歌の歌詞が紹介されている。志賀勝『アムール中ソ国境を駆ける——満洲・シベリア鉄道紀行』研文出版、一九八六、一五四〜一五六頁。

第II部

日本海をめぐって

第一章　大陸（北）の伝統造船技術の北太平洋への張り出しと南下

――アムール川から日本海へ

アムール川の河口はサハリン島に蓋をされたような地勢となっている。アムール川の水はサハリンの蓋で分けられ、北に進めばオホーツク海へ広がり、南下すればタタール海峡を経て日本海に達する。これを北太平洋という視点で見ると、サハリンの蓋は環オホーツク、環日本海を分ける分水嶺に位置しているのである。しかも、オホーツク海は多くの水産資源揺籃の場として、豊かな養分に包まれた豊饒の海として存在してきた。日本列島生まれのシロザケ（鮭）が二年目にオホーツク海で生育してベーリング海に乗り出していくことが解明されたり、カムチャツカ半島西の海が莫大なマスを育てる海域であったり、シュムシュ島西の海が根つけ鱒の一大繁殖地であったりした。

一方、対馬海峡や津軽海峡が塞がっていた氷河期には日本海が内海となっていた。日本海に養分が供給されたのは北からの親潮である。列島周辺で最も深い海峡として宗谷海峡が北の海流を導いた。ユーラシア大陸から日本列島に達する北からの道はアムール川とオホーツク海からの道でもある。

第１節　環日本海をめぐる二つの伝統造船技術

日本の船について、その形態分布、技術の系譜、生業との関わり等について調べてきたが、伝統造船技術では「大陸（北）の伝統造船技術」と「海洋（南）の伝統造船技術」が錯綜していることが分かってきた。しかし、歴史的に編年が未だに組めない状況である。同時に二つの伝統造船技術の交錯が環太平洋でどのような役割を果たしたのかも解明できていない。大陸の造船技術の解明を私の年来の課題としてきた[1]。

なお、本書では「大陸（北）の伝統造船技術」を「北の造船技術」と表記する。また、第Ⅰ部でも簡単に触れたが、クリンカー・ビルト（clinker-built style）は、船体外板を下部から張り始め、その板の上縁に上部の板の下縁を被せて重ね張りする構造を指し、これは「鎧張り」と表記する。「海洋（南）の伝統造船技術」は「南の造船技術」と表記する。カラベル・ビルト（carvel-built style）は、船側外板を重ね合わせないで、板の断面同士を平らに張る構造を意味し、これは「平板張り」と表記する。

ヨーロッパの大西洋側では北の造船技術と南の造船技術がぶつかり合って一五世紀から始まる大航海時代を開いたとされている。極東でも同様の技術のぶつかり合いが分かってきている。しかし、それが環太平洋海域でいつ頃、どのように生起したかについては、研究が進んでいない。

この研究で私が目指しているのは、次の二つの課題を解決するための道筋をつけることである。

一　日本の船の中世以前の形態や技術的系譜の解明。〔船の編年作成〕
二　環オホーツク海、環日本海、環太平洋域で大陸の船の果たした役割やその系譜の解明。〔船の系譜究明〕

課題が大きいため、幾つかの仮説を用意し、数年ごとに調査を行ってきた。現在、大陸の伝統造船技術である鎧張りの船が海洋に乗り出しているアムール川の事例を調査している。

つまり、アムール川の川舟・ムウに代表される板船が北の伝統造船技術をオホーツク海、日本海へと伝播させたのではないかと考え、第Ⅰ部で記したように現地調査を進めてきているのである。

アムール川流域の造船技術を調べるため、ハバロフスク州のナナイの集落とウデゲの集落で造船技術について調査した。オモロチカと呼ばれる丸木舟から船材を組み合わせた板合わせの川舟や、交易船のムウに移行するまでの過程を調査してきた。

船の構造の把握と船材の組み方。特にムウという、板を組み合わせた舟になるまでの、技術的移行の姿をしっかり把握しておかなければ日本の船の技術との比較が出来ない。だから、船造りの道具までも調査し、平板張りの船大工道具と比較検証した。

日本海伝統造船技術の系譜

Ａ　二つの大きな断絶　船の技術から生起する形態差（分布）を調べると、秋田県八森を境に船の技術的系譜が変わる。特に陸奥湾を中心に栄えたムダマとかホッチと呼ばれる船の接合技術は、南から北上してきた技術とは、はっきり一線を画している。北海道の胴海船、アイヌのイタオマチップ、ヤラチッ

16 世紀に日本海側海域を席巻した一本水押のサンパ

プと、技術的に極めて近いのだ。八森を境に陸奥湾をカバーして北海道を包含した線を引くと、このラインから北側の造船技術と、南側の造船技術に分かれる。それぞれ、「北の造船技術」、「南の造船技術」と呼んできたが、前者が大陸の伝統造船技術、後者が海洋の伝統造船技術であることが明らかとなってきた。

北の造船技術は鎧張りで、推進具は櫂。推進は舷側上部にある軸に填めて、漕ぎ手が進行方向を背にしてオール式に漕ぐ車櫂が特徴的である。

南の造船技術は平板張りで、推進具は櫓と櫂。櫓は舷側上部あるいは船尾にある櫓軸に載せて、漕ぎ手は進行方向を向いて練る。

あと一つの断絶は歴史である。一六世紀初頭に棚板構造の船が和船として全国を席巻していく。これ以前は、複材型刳り船の時代である。

・一六世紀以前は「ドブネ型刳り船」が日本海側で優勢であった。推進具は櫂である。

・一六世紀以後はサンパ、テント、カワサキなどの一本水押《みよし》の板船が優勢となる。推進具は櫓となっていく。

この断絶の要因には大陸の造船技術が深く関与していることが考えられるし、断片的にその証拠もいくつか挙げられるようになってきた。

B　日本海伝統造船（日本海基層の船）　中世の日本海で稼働した主たる船は「ドブネ型刳り船」である。船材を填め込み木釘のタタラと、接合剤のリボン型鎹《かすがい》・チキリでとめていく。

チキリ、タタラ接合は日本海側の船にのみ伝承されてきた技術で、紀元前一八五〇年のエジプトの船に源流がある。

この接合技術は、シルクロードを辿って日本海に入ってきたらしい事が分かってきた。七世紀、中央アジアの中国、ホータンの遺跡から出土した棺桶にチキリが使われている。また、中国、西安の近く、秦の始皇帝陵上部の石を留める部材にチキリが使われている。

日本で最も古い証拠は、一三世紀新潟の馬場屋敷遺跡出土の船板転用の井戸枠であると考えられてきたが、考古学の発展で八郎潟埋没丸木舟の年代測定により中世前期まで溯ることが明らかとなった(2)。現在も、新潟県三面川、秋田県雄物川の川船に使われている。日本海のドブネ型刳り船、沖縄のサバニ、島根中海・隠岐を中心に栄えたソリコに使われた。

ドブネ型刳り船の技術的特徴はチキリ、タタラ接合である。船底と舷側にかけて、ここの部材を繋ぎ止める。ここは船では最も重要な部分であるが、ここに刳った部材が入る。オモキ（重木）と呼ばれる。船材を板の断面同士でつなぐ複材型刳り船の分布は、秋田県八森を境にこれ以南に分布する。

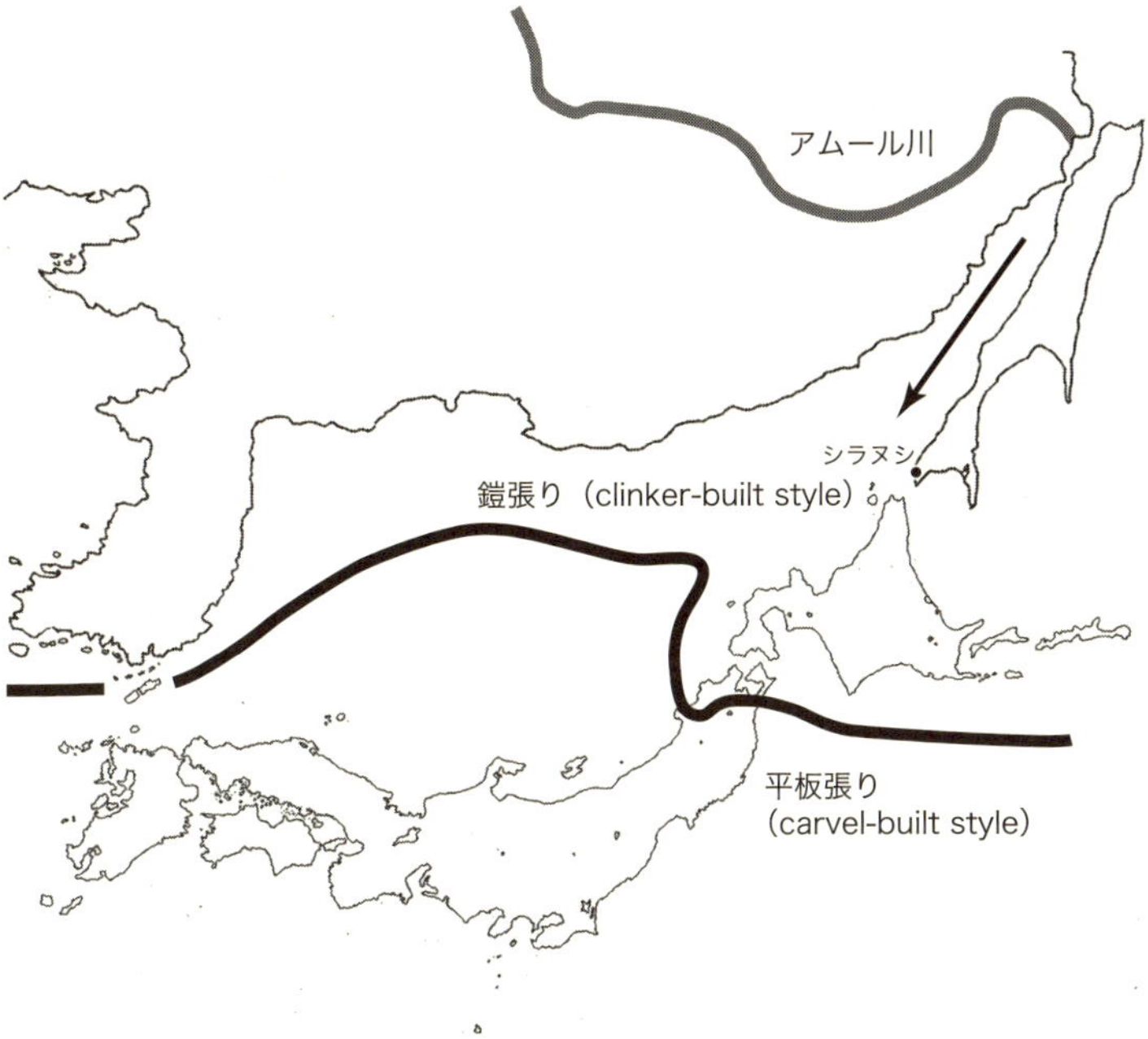

北の造船技術は，秋田県八森から陸奥湾を通る線まで南下している

C　一六世紀、棚板構造船の登場　中世の主たるドブネ型刳り船の海域に入ってきた板を合わせるだけで造る、棚板構造の船は、サンパを嚆矢とする。サンパは北上を続け、一八世紀北海道の留萌で記録されている。

サンパの登場によって、日本海側の船は棚板構造船に席巻される。近世初期に本格化する砂丘の村開発を担った船として、一六世紀頃から日本海側各地に入っていく。地曳き網の導入とセットと考えられる。

若狭湾から北上した能登半島の西海岸はサンパ同様二枚棚で一本水押のテント船分布域である。加賀テントの名称で近世はじめ頃から稼働するようになっている。この棚板構造の船は水押が垂直近く空を向く形を取り、独特の

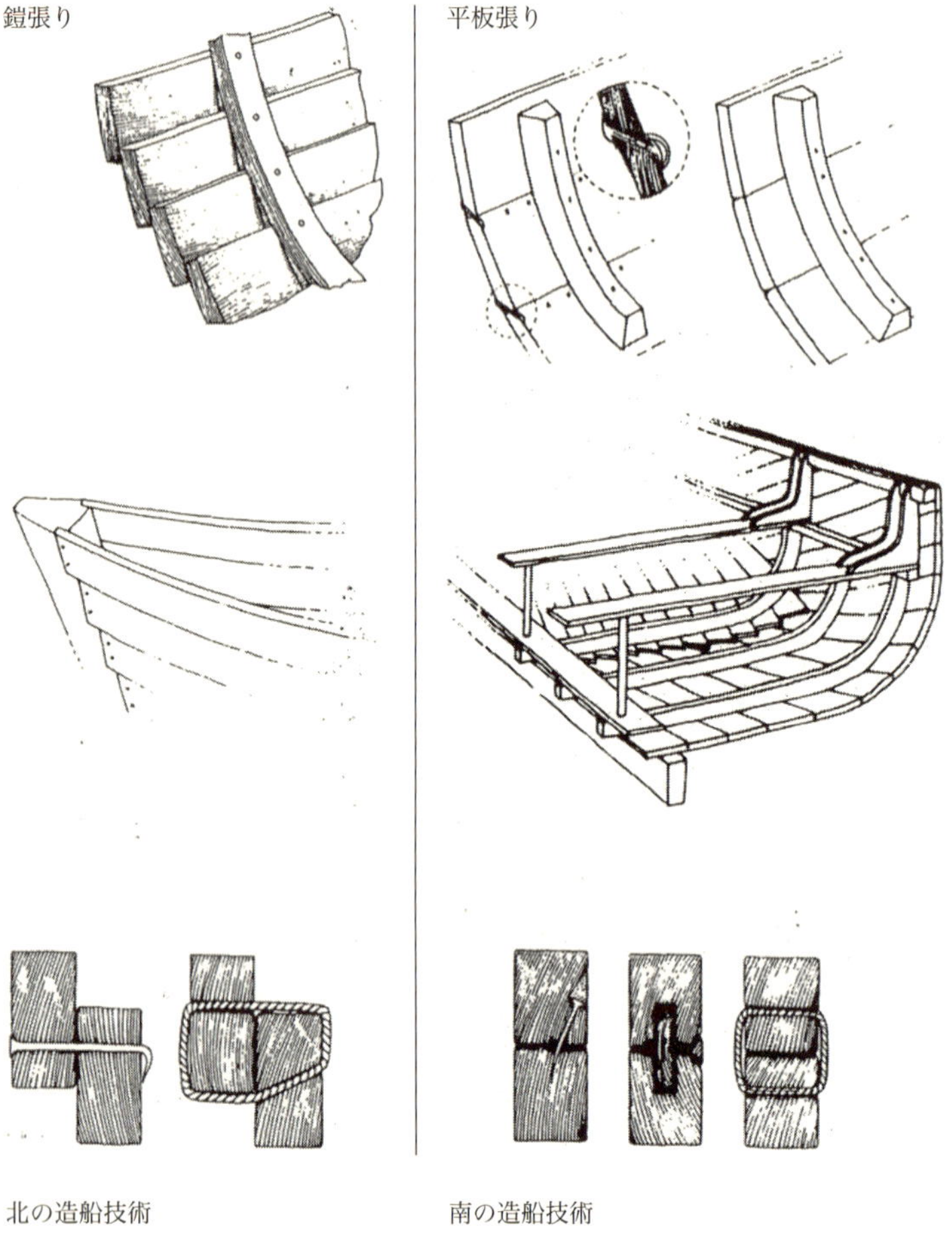

北の造船技術と南の造船技術（Alfred Dudszus & Ernest Henriot: *Dictionary of Ship Types*, 1983 より）

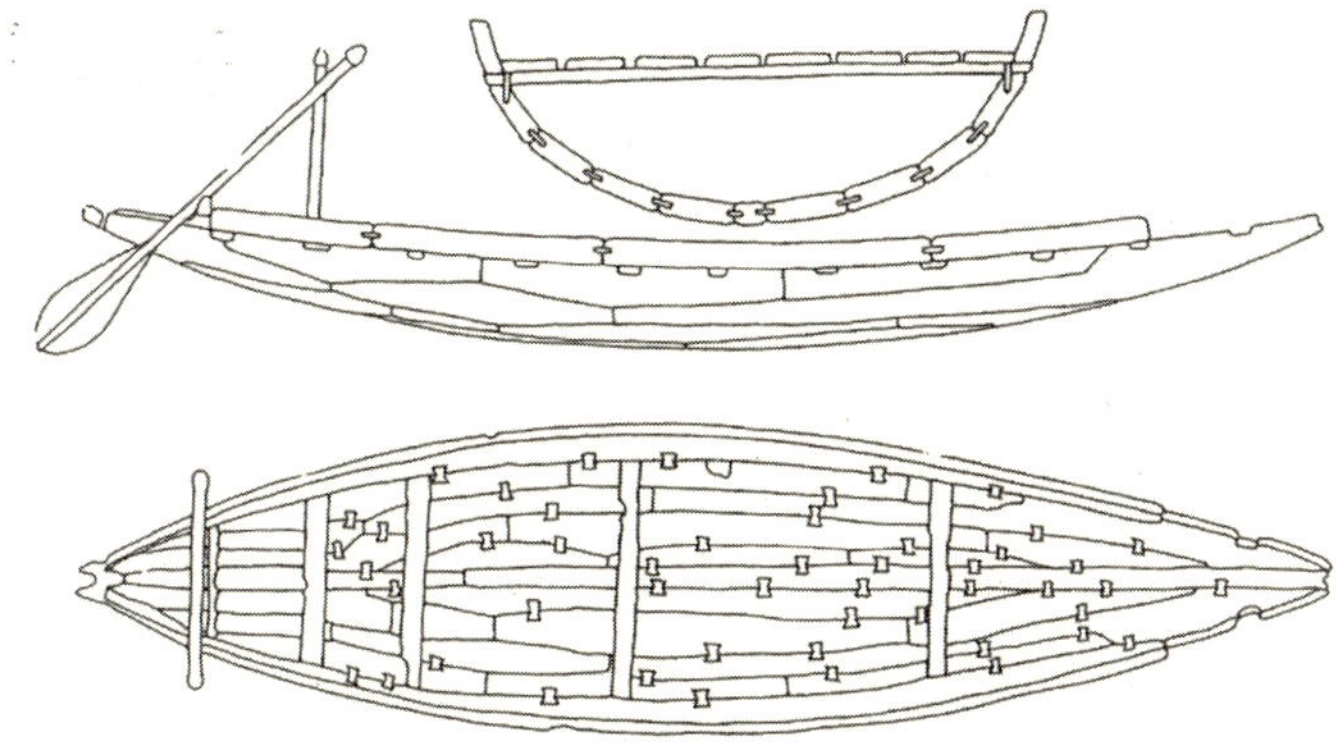

紀元前 1850 年エジプトで使われた船（チキリ，タタラによる接合）

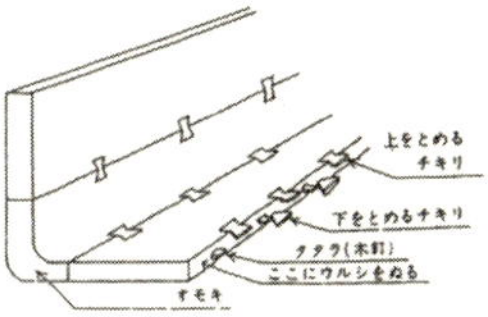

チキリ，タタラ接合

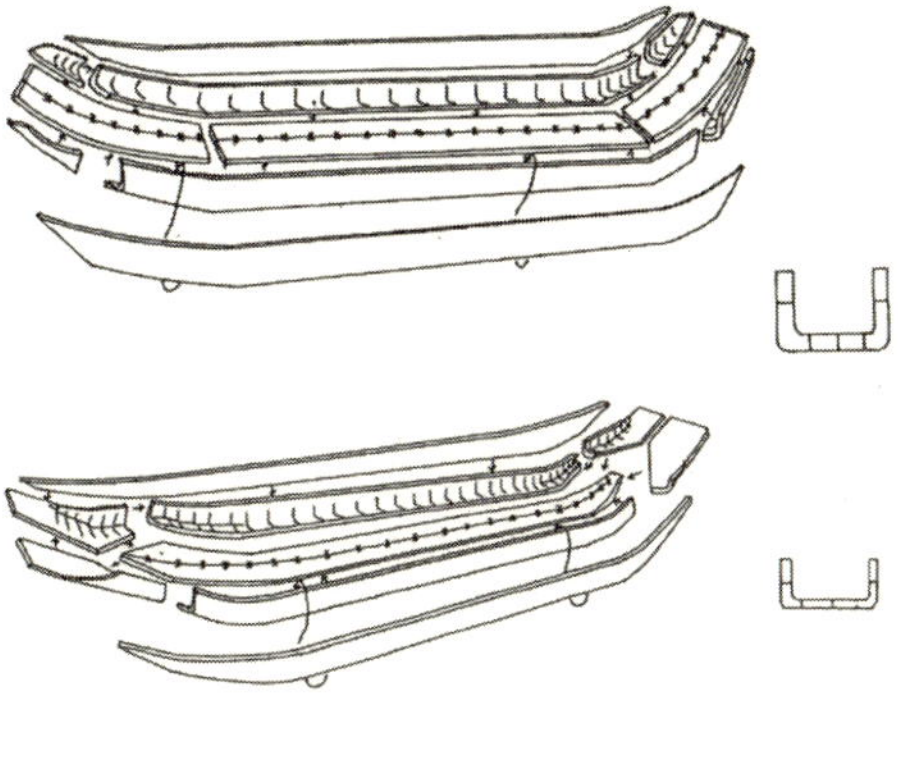

日本海側に残る船材の接合方法（チキリ，タタラ，漆で接合）

南の造船技術が日本海では優勢であった．チキリ，タタラ接合はエジプトの造船技術と繋がる

形が日本海側各地で有名となり、加賀テント別名カガテンと呼ばれた。

一方、日本海の沖船は二枚棚で一本水押のカワサキ（川崎）船である。佐渡金山の金を運ぶ護衛の小《こ》早《ばや》がその原型である。金井町の船匠加藤家の文書から解明されたのであるが、和歌山県新宮市の小早の船匠が佐渡に招かれて、軍船としての小早を作ったことが分かった。

この船が佐渡金山の金を運ぶ幕府の御用の時に、佐渡海峡を渡って伝令をし、凪の良いときに金積載の御用船の護衛をした。この任務に当たったのが出雲崎三五軒の雇用人で、彼らは夏の間幕府の御用を勤め、冬になると、この船で鱈漁に出た。現在も鱈場株三五軒は健在である。

カワサキ船は、鱈場開発の船として一六世紀から徐々に北上し、鱈場を開発していく。最後は明治四〇年、カムチャツカ半島とロパトカ海峡で接するシュムシュ（占守）島に達している。

もともとこの船は小早であった関係上、国境など辺境地帯に配備されてきた。たとえば、宗谷海峡を乗りきる船として、稚内—樺太大泊間で使われた。樺太探検の松田伝十郎の『北夷談』にも小早で海峡を渡るより、アイヌの船で渡った方が樺太の人たちの受けがよい事が記録されている。

離れ島を結ぶのも、小早から出発したカワサキ船であった。佐渡と出雲崎、飛島と酒田など。推進には一二丁櫓で水主《かこ》の数二四人である。船の構造は二枚棚、剣先水押。

カワサキ船が太平洋側の鰹船や鯨船と似ているのは、同じ小早が原型だからである。船材の接合はいずれも平板張りである。

北から南下してくる大陸の造船技術

Ａ　ムダマ船、ホッチ船の接合技術　陸奥湾を中心にムダマ造りと呼ばれる船がある。部材を刳って船底材を造り、この部材の外側から板を被ってたちあげる造りの船である。長い間、日本海側の複材型刳り船との違いが解明できなかったのであるが、極東ロシアの調査やアイヌの船などの調査によって、北方の技術であることが分かってきた。

この技術による船は、ムダマ船、ホッチ船、北海道胴海船、アイヌのイタオマチップ、山丹舟などである。板を繋ぎ止める技術が北の技術と断言できるまで明らかになってきた。

大陸の船、特にユーラシア大陸北部の船について、レーピンとポタポフの『シベリア歴史・民俗学図解書』から、有益な情報が得られた。重要な記述を抄録する。(3)

○エニセイ川流域

［ケット人］の船

ИЛИМКА（イリムカ）　平底に垂直に近く側板を立てる。尖った船首と甲板がある。船底材は数枚になるものもあり、舷側板も数枚を繋ぎ止めていた。甲板の上には細枝のアーチ型枠の上に白樺の樹皮を掛けて屋根にし、ここに居住する。全長一五メートル、積載量四トン。鎧張り。一本マストに帆を掛けて推進。棹、曳き船、パドルで推進。

［ヤクート人］の船

丸木舟　↓東シベリアの丸木舟と同じ形であるが、舟の深さを稼ぐために、舷側上部から細い継ぎ板（ナボイ）を立ち上げた。木の根で縫われたり、釘で打ちつけたりした。鎧張り。

ВЕТКА（ヴェトカ）　小型の丸木船や板を接合した舟を指す。エニセイ川以東では同じ名前で呼び、以西・北東シベリアでは板を接合した舟を呼ぶ。合成舟とも言うべきもので、三枚板から構成される。一枚は船底材でこれと直角近く立ち上げた側板で造る。接合部は木の根で縫い合わせ、接合部には天然樹脂が塗られる。鎧張り。

○レナ川、コリマ川流域
［ユカギール人］の船

СТРУЖТК（ストルジョク）　トーポリ（ポプラ）の木の幹を刳り抜いて船底部を造り、これに舷側板を取りつけた。

КАРБАС（カルバス）　刳り底と継ぎ板（ナボイ）からなる。船底と下側のナボイはトーポリの木で、上側に継ぎ足す板はカラ松の木で造られた。継ぎ目は白樺の細枝で縫われ、継ぎ目は苔で塞がれた。鎧張り。

○アムール川
［ニブヒ人、ナナイ人］の船
МУ（ムウ）　アムール川からタタール海峡で稼働した。トウヒや朝鮮五葉松の板六枚で造られる。船底に一枚、ここから両舷に板を立ち上げる。船首は鋭角に位置する二枚の板から造られ、舷側と

船底につなぎ合わされている。板の一部は木釘で固定される。ほぞ穴は苔で塞がれ、さらに薄板を打ちつけてタールが塗られた。船首部のシャベル型突起は大波や岩場での衝撃から船を守る役を担った。シーボルトや松田伝十郎が山丹舟として記録している。鎧張り。

これらの船の造り方が、陸奥湾で栄えているムダマ船、ホッチ船と同じ接合方法と推進方法を取ることから、北の船の技術の南下は、陸奥湾まで達していると判断できる。

B　山丹舟　アムール川のムウ（MY）が山丹舟であろう。

間宮林蔵『北夷分界余話』の山丹舟の図やシーボルト『日本』の中の山丹船の図にも独特の形が掲載されている。

また、松田伝十郎『北夷談』には詳細な記録がある。

　山丹舟は五葉の松をもって製造し、船の敷は丸木を彫るなり。釘はことごとく木釘なり。故に大洋あるいは波風の時は乗り難し。

　白主へ交易に来るときには七～八人で車櫂(4)……

また、松浦武四郎『蝦夷訓蒙図彙』に「山丹人舟の図」という項目がある。

　是は、スメレンクル、山丹人満江辺の浪の穏やかなる処を乗るのさま也。櫂は車遣ひにて、一人

にて左右を掻き行也。(5)

ムウがアムール川から出て、タタール海峡を樺太の南端、白主まで交易に来ていたときの記録は松田伝十郎の記録に詳細にある。従ってこのムウをさしてシーボルトも山丹舟としたものであろう。

この舟は、船底部嘴状突起が特徴であることから、日本での同形態の舟を調べてみると、ドブネ型刳り船と、久宝寺遺跡出土古墳時代の舟が浮かぶ。

決定的な違いは、山丹舟が鎧張りであるのに対し、ドブネや久宝寺の舟は平板張りである。

朝鮮半島に達している北方の造船技術

北の造船技術・南の造船技術による舟をそれぞれ北方船・南方船と短く記述する。

北方船の南下は秋田県男鹿半島北浦から陸奥湾を包み込む線より北側まで。一方大陸ではどこまで南下しているのか分からなかった。

ところが、朝鮮半島南端の済州島にトッパンペという鎧張りの船があることが分かった。北方船である。

朝鮮半島は、中国と黄海を挟んで立地しているので、中国のジャンクの影響を強く受け南方船の範囲と思い込んでいたが、北方の造船技術がその主流であったことが徐々に分かってきた。南方船と北方船の技術が入り交じるユーラシア大陸の一画は朝鮮半島西海岸、多島海・黄海であった。

A　済州島調査から　北と南の造船技術の入り交じる朝鮮半島西海岸および済州島での調査から、次

北の造船技術で造られたトッパンペ（済州島）

の事実が判明した。

済州島では、船として四種類が挙げられる。トッパンペとテペ（筏船）、サンパン、風船である。

トッパンペとテペは朝鮮独自の船として誇りを持っているのに対し、サンパンは和冦で日本人が乗ってきた悪い船であるとするイメージが残る。日本から来る東風のことをニッポンカゼ別名セッパラミといった。倭寇がサンパンに乗ってきた悪い風であるという話を聴いた。

サンパンは平板張りで、南の造船技術である。船側外板を重ね合わせないで、板の断面同士を平らに張る構造で、足回りがよく日帝時代（日本が植民地支配していた時代）に船大工を伴って入り、朝鮮半島の漁船を駆逐してしまったという。船自体は小さいのであるが足回りが良くて漁場開拓に優れていた。トッパンペがサンパンに取って代わられた要因は、値段が安いことと、漁場での足回りの良さであったという。全長八メートルの一本水押の舟で日本でもサンパと呼ばれる舟である。

風船は中国から入った船のことで、漢字のまま中国読みされた。ジャンクである。この船は南の造船技術による船である。

ソンサンポを控えた吾照里《オジョリ》の船主で漁民であった李さんに聞いたところでは、この三種類の船の中で、最も信頼感があり誇りを持っていた船はトッパンペであった。「これこそが私たちの船」という言い方をした。

サンパン、風船は南の造船技術である。北の造船技術で造られたトッパンペにこだわる理由は、朝鮮半島自体が北の技術が優位な場所であったからであろうか。

B　朝鮮半島の船　歴史的に朝鮮半島は大陸の造船技術によって船造りがされてきたところであった。まず、歴史上の船を確認する。

莞島船（Wando-ship）は木浦近くの多島海海底から発見された船で、水中考古学の発掘品で高麗青磁が大量に出ている。船は戸立て造りで箱形、舳先部に碇巻き取りの器具を備えたジャンクの形態を踏襲しているが、板の接合は鎧張りである。出土遺物から一〇～一四世紀と推測される。

新安船（Chinese-marchant-ship）は西海岸多島海で発見された船で、中国の交易船と見なされている。航路は日本海にのびている。ジャンクの特徴である艫に箱形の居住区を設け、水押部はV字型をとる。船体構造で特筆すべきなのは、ジャンクのように隔壁とキールを中心にしているにもかかわらず、板の接合は鎧張りで、北方船の技術を使っている。出土遺物は高麗青磁を中心に優品が多く、一〇～一四世紀と推測される。日本の物では「至治三年」と「東福寺」と読める木簡も出土している。牡丹文灰釉瓶と

南の造船技術で造られたサンパン（済州島）

下駄が出土。

高句麗と日本が新羅と唐の水軍と戦った白村江の戦い（六六三年）では、日本側が惨敗を喫している。水軍の船の違いによるものと考えられる。

文禄・慶長の役では日本の水軍が、日本では亀甲船と呼び、韓国では亀船（Turtle shaped War-ship）と呼ばれる軍船に打ち負かされる。この船の板の接合は鎧張りである。

一五世紀から二〇世紀初頭までの李氏朝鮮時代の船は、漕運船、板屋船、朝鮮通信使船とも鎧張りで、北方船の技術を用いている。

近代に入って、伝統漁船として使われた船も、北方船の技術を用いている。

・可居島（Gageo-do）伝統船舶は二本マスト、朝鮮帆、鎧張り。水押と艫部は立て板を繋げた構造で、『蒙古襲来絵詞』に描かれた船とよく似ている。同時に、琵琶湖のマルコの立て板造りと似ている。

・珍島観梅島（Gwanmae-do）　漁船は二本マスト、朝鮮帆、鎧張り。船首及び船尾部分は、横板を繋げた構造。

・江華島（Kanghwa-do）　漁船は上記漁船と技術的には同様。

以上のように、朝鮮半島独自の技術として伝承されてきている船は北方船の技術になる船である。韓船というカテゴリーで分類できる船の技術は、

①船側材鎧張り

②幅広材の船底（船底を造船の基準とする）

③隔壁による船体強度の維持

④船首、船尾の戸立て造り（材は縦横二つのケースあり）

の四点にまとめることが出来る。

今後の調査が明らかにすること

大陸の伝統造船技術である鎧張りの実態は、あまり知られてこなかった。

しかし、幸いなことに、アルセネボ村で川舟を大量に保持しており、造船工程について聞き取りや測定ができた。アニュイカと彼らが呼ぶ一〇メートルほどの五枚合わせの川舟はホール川やビキン川でも共通しており、アムール川流域に観られる技術を内包している。

丸木舟のオモロチカは、板船に変わっていく様子が分かってきた。日本の川舟の変遷を踏まえても面白い資料である。

Ａ　船造りの道具を比較する　船側外板を重ね合わせないで、板の断面同士を平らに張る平板張りの構造では、木の接合面をスリアワセる工程が必要となり、三種類以上の鋸で両断面を密着させる技術が入る。鋸の多用による造船工程が特徴である。

一方、鎧張りでは、接合面が下の板と重複するため、ノコギリの使用はなかった。ドシンクという大型チョウナと、鉞でほとんどの板を接合している姿は、荒削りの造船技術と感じるが、むしろ、日本の舟大工の道具の多さの方が特異に感じられるほどであった。

大陸の船造りでは、鉄の道具が極めてシンプルである。

Ｂ　鎧張りの船の特性を比較する　鎧張りでは、船が重くなることで凌波性に優れるという説がある。バイキングの舟がこの例にあたる。川から外洋へ進出するのに船の重量は重要な要素であったろう。この船を推進させる車櫂は、北方の技術であると認識している。

平板張りの船では、櫂に三種類の使用法がある。テガイは船に座り、手に櫂を持って水を掻く。ウチガイは櫂を舷側に縛って、推進方向に向かって立ち、後に掻く。ネリガイは櫂を艫に挿し、８の字に掻くことで推進力を得る。しかも、南方舟の推進具の櫂には水掻き（ブレード）が比較的小さいという特徴を感じる。北方船ではシングルパドルのブレード（水切り刃）は極めて大きく、人の顔くらいの面積を持つものさえある。

そして、北方船の特徴として、パドルの種類が多く、ダブルブレードパドルのような特徴的な推進方法が発達していた。

帆はあまり発達していないが、これは厳しい北の自然と関係するものである。ただ、必要なときには帆を用いることがあった。ムウの推進にも帆が使われた。

C　アムール川流域から外洋に出た技術　ムウの造船技術である鎧張りは、日本海を南下し、陸奥湾にまで達している。これに付随して車櫂も南下し、佐渡にまでこの技術が達していることが指摘できる。

樺皮舟の技術も、北の技術である。白樺の樹皮を剝いで船を造る方法については、聞き取り調査が出来たが、複数の樹皮を鍋で煮て、皮を張る作業について実際に行った伝承者は既に消滅している。ハバロフスク郷土資料館、黒竜江省博物館にある樺皮舟はいずれもアムール川や松花江流域の技術で出来上がっており、類似する。

これらの舟が、カヤックやバイダラと造り方が似ていることから、技術的なつながりを想定している。獣皮を外側に張る舟の製作は、樺皮舟の発想と同じであり、アムール川流域の技術的背景を指摘できる。また、推進方法のダブルブレードパドルはシベリアで育まれ、海に出て花開いた技術ではないかと考えられる。

第2節　北方船の南下——済州島での調査から

日本海をめぐる伝統造船技術の編年を作製することを課題として取り組んできたが、南方船と北方船のせめぎあう陸奥湾での状況と類似の地域が大陸側にあるはずだという漠然とした問題意識を抱いていた。大陸の伝統造船技術は頑丈な鎧張りで板を接ぎ合わせた船である。この技術がどこまで南下しているのか明確にすれば南方船との接触の地点が特定できると考えていたのである。朝鮮半島は一二世紀には既に北方船の伝統造船技術が強く席巻していた所である。多島海・黄海が北と南の技術が混淆している場所であった。

しかも、東シナ海の暖かい済州島にまで北方船の南下が見られた驚きは、感動でさえあった。そして、南方船の伝統が色濃いところで、どのように北方船が使われていたのか興味が尽きない。トッパンペという北方船を中心に、南方船の専売特許である船王《ペソナン》信仰や海辺の生活などを背景説明として記す。

済州島東端の城山邑《ソンサンウプ》は、吾照里《オジョリ》のラグーンにつながる城山浦《ソンサンポ》の港を抱えた漁村である。二〇〇三年、ここから調査を開始した。この地で城山邑吾照里に船大工はおらず、船もＦＲＰ（強化プラスチック）の機械船になっていた。ところが港近くのラグーンにテペ（筏船）が放置してあり、実測調査が実施できた。その後、オジョリにサンパンと呼ばれる日帝時代に朝鮮半島の船として席巻した日本の船大工が造った最後の一艘が浮かんでいるとの証言を得て、実測調査に向かった。

同時に日本の船霊《ふなだま》信仰と類似のペソナンについて、比較研究のための調査を実施した。ペソナンの祀り方や繋がる信仰について、また、周辺類似の信仰についても実施した。

海の道を辿った船については、テペ（筏船）、トッパンペ（板重船）、サンパン（剣先水押の漁船）、風船（帆掛け船）があったという共通の伝承に接し、これらの具体的構造を調べる調査を実施した。サンパンと風船は平板張りである。トッパンペは鎧張りであった。

トッパンペは国立済州博物館に置いてある実物を実見することができた。しかも、この船の復元を済州島の船大工に頼んでデータを集積した済州大学の高光敏氏と会うことができ、詳細な話が聞けた。

済州島は南方船のメッカであるとばかり考えていたのは、暖かい南の海のイメージが強かったからである。朝鮮半島を南下する北方船の技術は、済州島で袋小路にはまった存在として残されていた。元寇の船が脆弱であったから台風で沈み、日本は侵略から免れた。とする教科書の記述がある。大きな間違いである。北方船は元寇の時代に既に大型化を遂げていた。

南方船が棚板構造を取ることで大型化していった流れは、北から南下する技術の流れよりも遅れた可能性がある。

そのことは、船に祀る神の類似性が朝鮮半島から日本に到る海域でよく似ており、伝播が一時代の短期間に起こったことをうかがわせる。南方船は一気に北上して環太平洋を席巻していった船である可能性があるのだ。

じわじわと歴史を辿りながら南下してきた北方船は南から上がってくる船にあちこちの地域で侵食され、寸断されたかのように、斑模様に残存している。

船に神を祀る南方船を手がかりに、日本の船霊信仰と極めてよく類似する朝鮮半島の船王信仰から考える。

船に祀る神・ペソナン

城山浦《ソンサンポ》の港は夏過ぎに捕れる太刀魚の水揚げでごった返していた。漁船は一〇トンから二〇トン位の機械船で、ＦＲＰ（強化プラスチック）製である。

海に向かって左側（西）の外れに、三色（赤・白・黄）の旗を、先端に枝葉のついた竹の竿に結びつけて、なびかせた船があった。日本の大漁旗より一回り小さな旗（一五〇×一〇〇センチほど）であるが、竿

ペソナン（船王）を祀って旗を掲げた船

が一〇メートルほどある長いもので、五〇艘余りの船の集団の中にあっても際だっていた。

夜の太刀魚釣りに出るための準備をしていた隣接する船にいる人に聞くと、船の外装を新しくしたために、ペソナンを祀ったのだという。ペソナンはペ＝船と、ソナン＝王、の複合語で、船王を意味する。船に王がいて、漁を恵んだり、また船人を荒ぶる海、自然から守ったりするという意味での船の神である。日本の船霊信仰に相当する。

「船を新しくしたので、大漁を祈ってペソナンを祀りなおした。」

「竹竿の旗はペソナンを意味し、高く掲げることで祀りを周知した。」

旨の話を聞いた。

竹竿に旗を掲げて神霊の依代《よりしろ》としているのは、日本海側の善宝寺信仰などにみられる。同じ心理が働いていると感じたのは、何のために旗を立てるのか聞いたときである。

「ペソナンを祀るのにサンシンが関係している。」という意味の発言である。通訳の張大石さんを通していたが、サンシンの言葉は私にもよく聞き取ることができた。サンシン（朝鮮半島の山神）がペソナンと取り持つ関係については、後に考察する。

済州島の南側、西帰浦《ソギポ》の港で、ペソナンの祭りを終了する寸前のところに遭遇した。五トンくらいの漁船の一段低くなった胴・中央部、屋根のついた場所にシンバン（巫女）三人が座り、舳先側に向かって祭壇を築いていた。打ち鳴らしていた鉦、大小二組。供物は三キロ袋の米が開けられ、舳先に向かって一番右側にあり、中央部には西瓜・野菜などが供えられていた。巫女は最後までこの祭を仕切っていた責任者と思われる人が白い衣装の上にピンク色の薄生地の衣装をまとっていた。残りの二人は白い衣装のままで、責任者の指示に従っていた。舞いながら鉦を叩き祭りを行ったのである。

米を海に撒くなどした後、祭りが終了する間際、終了の儀礼として棒鱈を両手に一本ずつ尾の部分で握り、船の右舷・舳先側・左舷で棒鱈の頭同士がぶつかるように二回ずつパンパンと叩き、最後はこの鱈そのものを海に投げて終了した。

「ペソナンか」との私の日本語での問いかけに、この巫女は頷いて「ペソナン」と応えていた。終了後は三人の巫女が着替え、供物を分けていた。

船主は一貫して船の背後の機関室に腰掛けたままで祭りを見ていた。船には赤・青・ピンクの三色の旗が一〇メートルほどの竿につけられて船の頭上に翻っていたが、旗の真ん中にハングルでソナンの文字がくっきりと見えた。

機関室にいた船主に、日本語で「ペソナン」と聞くと、大きく開かれた機関室のエンジンを指さした。

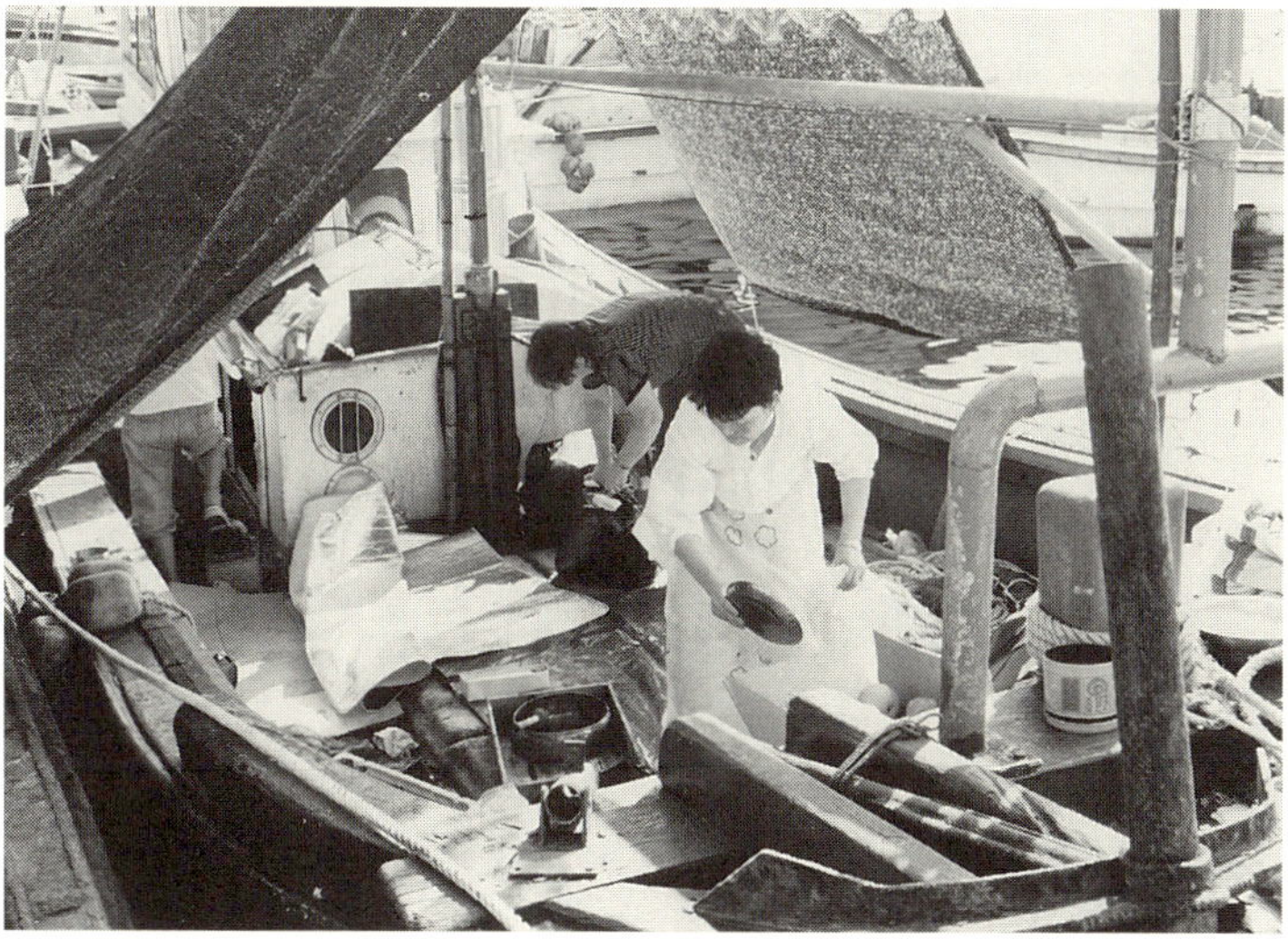

巫女がペソナンを祀る

つまり、エンジンを入れ換えた事によるペソナンの祭りであった。

棒鱈は明太（スケソウタラ）であるが、朝鮮半島南端のペソナンの祭りに登場してくる意味は大きい。東海岸ではペソナンの御神体としても登場している冷たい海の魚、明太が済州島のペソナンの祭りで、重要な働きをしている。

西帰浦、城山浦ともに、船の一部であっても新しくしたり塗り替えたりしたことでペソナンの祭りが行われていたことは、海に出ていく船に対する信仰として、しっかり日常に根を下ろしていることが見て取れた。同時にこれを祀る巫女という聖職者の存在は、信仰の裏づけとして、それを支えてくれる頼りになるものである。

城山浦では韓国各地から来た船が太刀魚を捕ってここで水揚げしていたが、このなかに舳先を挟んで、大きな目玉を描いた船があった。船に目玉を描く事例は台湾、沖縄、南西諸島、鹿児島などにも例があり、遠く日本海側の越後の船にも設けられている。

城山浦で韓国の船乗りに聞いたところでは、この港に入っている目玉のついた船は、韓国西海岸、ソウル近くの忠武、通営から来ているものばかりであるとのことであった。しかもこの二カ所は海軍の港として発展した場所とのことで、古くから海に乗り出す人たちのいた場所であることが理解できた。

海に面した港町・城山浦は、ラグーン後背の吾照里ほど古い村ではない。そのことは、吾照里の海女が、ラグーンの海への出口・城山浦を通って外の磯の占有権を握っていることでも明らかである。吾照里の人口は一一〇〇人、三四〇世帯、海女一〇〇人という大集落である。船主は三八人いて、二〇トン以上の機械船に乗る人たちは日本海の漁に出かける。太刀魚、甘鯛を主体に、日本への鮮魚輸出を行っている。

老人会長サイ・チンギさんは昭和三年生まれで、日本の植民地時代に受けた教育によって日本語もわずかにできる。吾照里長・康梧鳳の紹介で話者となったサイさんから聞き取りした内容はラグーンでの生活、船の話、そしてペソナンの祭りであった。

船王神はペソナンという。船が小さいから祀らないという日本海沿岸のような事例はない。ペソナンの御神体は韓紙（白紙）、色つき（五色か三色）旗、糸である。船を作ったときに「ソナンをあげる」という、船王を船に納めた。ソナンは漁がよくないときが続いたり、よくないことが起こった場合には、シンバン（巫堂、巫女）を頼んでク（祭り）を行い、入れ換えてもらった。御神体の一つ、糸は長いので長寿を意味する。

特筆すべきは、日本海側の伝統造船になる無動力小型漁船で広く行われていたフナムカエ（船迎え）

という行事と酷似する祀りを行っていることであった。

吾照里の船主は、一日と一五日、家で整えた膳に、リンゴ、御飯、焼酎、魚を供物として船に持っていき、船の中で祀った。供物の魚は必ずつけなければならないものとされ、その時捕れた魚を中心に持参した。イシモチ、赤鯛などで、鱗のある魚を供えるものとしていた。魚の種類は特に決められてはいなかった。船に捧げた供物は祀ってしまった後は海に投げて龍王にあげた。

朝鮮半島の漁民文化に詳しい亀山慶一氏の調査によれば、このように月に二回ソナンを祀るのは済州島の特色で、済州市を中心とする北部では一五日と三〇日が、南部では一日と一五日に祀る例が広く行われていたことが分かる。

日本では、このように供物を船に供える事例が日本海側に集中して現れ、最も色濃く出ているのは、山形県庄内地方から北は秋田県入道崎、南は北九州まで広がっている。その方法は、船主が御膳に御飯、御神酒、煮染《にしめ》、頭つきの魚を載せて船に持っていき、胴の間で水押側を向いて御膳を供え、御神酒を盛って祀る。御神酒を海に垂らすところもある。フナムカエをするのは、節句（一日と一五日）、水神様の日（一二月一五日）、船霊様の日（正月一一日）、集落の祭日等である。

太平洋側の船霊様の御神体を持つ地域では、正月一一日にのみ供物を供えることを行っている。御神体を持たない日本海側の船霊祭りの本態はフナムカエであり、日本海側の方が古い形態を残すものであるという説が牧田茂によって出されていた。日本海側で船霊の御神体を祀るのは北前船のような大型帆船のものばかりで、手漕ぎの無動力船には御神体を入れないでフナムカエをするのが通例であった。

一方瀬戸内から太平洋側にかけての船霊の御神体は、一般的に次のように共通化しているようにみえる。

人形（男女一対）、銅銭一二枚、サイコロ二つ、女の人の髪の毛

太平洋側での船霊の御神体は、広い範囲で同じような伝承を持つだけ、異常な一致を見ていて、ある時期に一気に広がったことが考えられる。

朝鮮半島では東海岸で明太の干したものが御神体として使われて、特色になっているが、一般的には三から五色の旗・糸・韓紙というのが圧倒的に多い。西海岸で林将軍の旗というのがあるが、これなどは北部日本海側の善宝寺の札を祀るのと似た心理状態である。

済州島でのフナムカエは、朝鮮半島のどの範囲まで広がっているのか不明である。しかし、フナムカエが色濃く残る庄内・越後海岸と済州島との間には、点々と同じ行事をしてきた浜がつながっているのである。

・秋田県男鹿半島、船川
・山形県庄内地方全域
・新潟県岩船地方　→特に岩船神社の周辺
・新潟県佐渡地方　　ここまでが今も残るフナムカエの集中区
・福井県若狭地方
・京都府丹後地方
・島根県隠岐
・福岡県宗像郡鐘ヶ崎

・長崎県西彼杵郡茂木町

そして、太平洋側にも、同様の事例が古くからあり、御神体を持つ船霊信仰の広がりの方が明らかに限定的かつ画一的であることが推測されるのである。太平洋側では三陸海岸で多くの事例が見られる。宮城県雄勝町船越ではカツオ船が帰港した際、船元の主婦が船霊に供える膳（お船霊膳）を持って船まで行く。これらは船が神の乗り物とする思惟である。南方船には色濃く残る信仰の一つである。

船の技術的系譜

済州島に昔からあった伝統的な船はテペ（筏船）、サンパン、フウセン（風船）、トッパンペの四種類であったことは述べてきた。現在はＦＲＰ（強化プラスチック）の五から二〇トンクラスの大型動力船となっているが、無動力時代はいずれも帆を掛けて東シナ海を中国や朝鮮半島へと出かけていた。また、日本から入った技術の船としてワセン（和船）という言い方があった。

済州島は地理的に中国、朝鮮半島、日本の影響を受けていることが推測される。しかも海流と風は西から東の方向がつよく、中国のジャンクの影響を強く受けている。実際の調査では、ユーラシア大陸・北の技術がトッパンペという船で顕在化し、中国のジャンクは風船という帆掛け船の謂であった。そしてサンパンが和船である。筏船が南の技術として海流に乗ってきたことで、この島には東西南北すべての方向からの技術の流れが見て取れた。

筏船は吾照里でトウイと呼ばれ、済州島に古くからあったテペの地方名として、全島的に分布する広がりの船であることが分かった。テペについては宮本常一も巨文島など朝鮮半島南側に広がる多島海に広く分布していることを既に述べている。海流に乗って日本海に入れば、対馬にもある。日本本土では越前の左右海岸にワカメ取りの小さな筏船が稼働していた。日本での筏船の分布の北限がここに当たる。

一方、南に目を転じれば、中国本土では桂林に竹の筏船があり、ベトナムには竹を編んで籠にした籠船もある。済州大学の高光敏氏によれば、竹を素材とした船は、インドネシアのパガ、沖縄のパギそして済州島のパゴンジュと、太平洋に向かって分布域の線が引けるという。東南アジアからの分布の張り出しは、済州島を橋頭堡として広がりを見せているのである。

吾照里に残っていたトウイの現物は、素材が杉であるが、済州島には杉の巨木がないために、対馬から運んだものであるという。私が調査したこの筏船は、干満の差を利用したラグーンの奥に放置してあったものである。日本まで航海した筏船であった。日本との航海を目的として造られたというが、杉は対馬産で、樹齢はちょうど三〇年、末口の太さ一八～二一センチである。末口側を舳先部に並べ、根元部分は艫側に並べられて二五～二八センチの太さの材で幅を舳先側より広げている。丸太は一〇本を並べたもので、両端には、三〇年の杉材の中で最も生長の良い太いものを入れて、他の八本を留めている。各丸太は舳先から二三六センチと、艫から一〇〇センチの二カ所で全丸太に穿った閂で水平方向に留められている。各丸太材を離れないようにしているのは両側の太い丸太同士を結ぶ横材である。

全体の大きさは、舳先部の幅一九九センチ、艫側の幅二四〇センチ×全長六三六センチである。船の上部には、棚が設けられ、全長五二〇センチの帆柱もある。推進は櫂と帆、操舵は筏船の艫中央部に梶穴が設けられている。

干満の差が激しく、干潮時には岸に置き去りになるラグーンでの筏船の使用は、多くの生き物を育む潟の漁業に使われてきた。

トゥマン漁法は直径四から五メートルの円形の枠に網を張り、支柱で吊って漁場に運び、これを筏船の側面から出す。網の上には小海老を餌として載せて、海水面から沈める。暫くするとチャリと呼ばれる小さな鯛が海老に引かれてこの網の上に群がってくる。するとこの円形の大網を水平に持ち上げて小鯛を掬い取るのである。網が巨大なために、掬い取るときの動作を早めたり、網の強度を補助するために、円形網の中央部には紐がついていて、大量の漁獲に対しても底が抜けないようになっている。

この漁法は、日本にもある四ツ手網に似たもので、筏船の安定性が絶対条件であった。サンパンでも実施したというが、トゥマン網の経を小さくしていた。こうしなければ大漁の際、船の安定が保てない事は容易に予測できる。

チャリは塩漬けにして発酵させる。塩辛と同じ魚醤である。黒っぽく漬かったものはかなり塩辛く、御飯には良く合う食べ物であった。食べると鱗がガリガリと気になるが、済州島ではなくてはならない副食であるという。「チャリとキムチはなくてはならない食材」なのである。

筏船の使用法の一つに、繁茂しすぎたワカメなどの海草を採って固めて腐食させ、畑の肥料として入れる際の採集の船というものがある。海面を素早く移動する船と違い、どっぷり浸かっていることで、海女が潜水漁業で取った海草を運ぶこともできた。

筏に編んだ丸太は、かつては済州島に生えている木を使用したものであろう。済州島民俗自然史博物館に展示してあるテペは、杉ではない。真っ直ぐ延びた木ではなく、節だらけの曲がった木を使用している。

宮本常一は、筏船が日本に存在しなかった馬を運んだという仮説をたてているが、どうであろうか。波の洗う筏の上に、つがいの二頭を載せて、数日間の航海に耐えられたものだろうか。

トッパンペ（板重船）の話は老人会長サイ・チンギさんが、済州島で筏船の次に大切な船として話をしてくれたものである。済州島独特の船という意味合いがあった。帆の立て方、船の大きさ等、沖縄のヤンバル（山原）船に似ていることから、トッパンペをヤンバルと言わなかったかどうか聞いたが、言わなかったという。トッパンペとヤンバルの違いは、舳先部水押が尖っているヤンバルに対し、戸立て造りのトッパンペの違いがある。船側から舳先部の絞り方はサバニと同じであり、船の舳先部は逆三角形となる。いずれの船も中国大陸との交易船として稼働していた。一〇から一二人乗り。

船持ちでもあったサイ・チンギさんによると、一〇年前にトッパンペを復元して中国の上海で展示するために、台船に載せて持っていったが、中国側が見たことのない船として展示を拒否したという話であった。

船の構造は、板の接合部を下の材の上部に次の材を被せて重ね合わせる鎧張りの方法を取ったこと、釘は木釘で外側から打ちつけていたこと、板材は済州島の松で足らなくて島外から材を集めたこと、などから日本海・東シナ海に一般的な船でなかったことはすぐに理解された。東南アジアの海域から、沖縄・東シナ海を経て日本海側の秋田県八森までの船の接合技術は、板の木口である切り口同士を水平に結びつけるもので、南の造船技術として、地中海のガレー船からアラビア海のダウ、そして中国東南アジアのジャンクまで、一貫している。

舷側を鎧張りにするトッパンペの造船技術は、ユーラシア大陸北の技術として、バイキング船やアイヌの綴じ船と同じ技術なのである。船の実物は国立済州博物館の前庭にあった。船は済州大学の高光敏氏が自らの資財で船大工を集めて復元したものであった。高氏の著書にもこの船について詳細な記述がある。

トッパンペは舷側上部測定で全長九九〇センチ×最大幅二五〇センチ×深さ一一〇センチと深い構造を取っている。二本の帆柱を持ち、前帆が低く後ろ帆が高い形態である。帆は朝鮮帆とよばれる縦帆である。この船であれば済州島の野生馬は二頭並べて二列に入る容積があり、野生馬の寸法と合う。

トッパンペはハングルでトッが重ねる、パンが板、ペが船の謂いであるという。この船の分布を知りたいものであるが、朝鮮半島にはタタラ継ぎという南の船の技術とされる材の断面同士の接合に使われる技術が広く残っており、南の技術と北の鎧張りの技術が混在していた可能性が高い。

西暦六六三年、白村江の戦いで大敗を喫した百済と大和朝廷の連合軍は、以後朝鮮半島諸国との関係改善を迫られ、大和朝廷は以後、日本という国号に替えて島国に閉じ籠もる。海戦で使われた新羅と唐の堅牢な軍船が、脆弱な日本の船を破った。日本の造船技術の敗北という側面を指摘することができる。つまり、朝鮮半島側には船の強度をあげる技術が既にあった可能性が高いのである。それが、トッパンペに使われている鎧張りの技術かどうかは今後の研究課題である。というのも、ヨーロッパでもバイキングの船の技術（キールを基準に側板鎧張りの技術）である北の技術と、地中海から派生した南の船の技術（キールの上に板を断面同士で接合していく平板張りの技術）が一五世紀に融合して、一九世紀までのヨーロッパの世界的海洋支配を支えたという事実がある。ユーラシア大陸の東西の端で、同じような船の技術のぶつかりあいがあった。朝鮮半島に北の船の技術が何世紀に出現していたかは、世界的な海洋技術の流れの中で注目すべき課題である。

秀吉の朝鮮出兵は文禄の役（一五九二～九三）、慶長の役（一五九七～九八）である。亀甲船が日本の水軍を撃破して、秀吉軍の兵站を断ち切ってしまうことになるが、この亀甲船が、やはり側壁を鎧張りにした堅牢な造りであったことが指摘されている。年代的に一六世紀は、ヨーロッパでも北アジアでも同時進行していたのか、あるいはアジアの方が早かったのか、興味は尽きない。

少なくともトッパンペの外壁を鎧張りにする技術は、一六世紀までに朝鮮半島で存在していた技術の流れと考えている。

もしかしたら、蒙古襲来の文永・弘安の役（一二七四・一二八一）に存在した元の軍船にその技術の流れが見られるかもしれない。頑丈な外板は戦に適合していた。

フウセン（風船）は中国から入った船の名称である。帆掛け船のことで、東シナ海を中心に活躍した。多島海から朝鮮半島西岸の海は、黄河の吐き出す土砂や水で豊かなプランクトンを育み、イシモチなど朝鮮半島になくてはならない魚の豊かな漁場であったという。漁船としても荷船としても使われたこの船は、ジャンクである。帆柱を二つ持ち、縦帆はジャンク独特のものである。船体構造は、側板の断面を平板張りで接合し、船体の隔壁で留められた。

サンパン（剣先水押の漁船）は、日本から入った船であるという。植民地時代（韓国では日帝時代）に日本から導入され、値段では風船より船体が安く、簡単に作れることから一気に風船を駆逐してサンパンが主流となったという。吾照里のサイ・チンギさんもこの船を使ったという。済州大学の高光敏氏によれば、済州島では圧倒的にジャンク系が強かったが、和船（サンパン）が安い値段で入ってから、四六

%はサンパンに変わってしまったという。一九一八年から一九二五年の間が画期であった。このように日本の船が受け入れられたのは、船大工も日本から移住してきて済州島や朝鮮半島で和船を造り続けたからである。

船底材の敷の上に下棚・上棚と上げる二枚棚構造で吾照里のラグーンには一艘残っている（一四三頁写真参照）。

サンパンの名称は通訳の張大石さんによるとサンがサウムと聞こえ、ハングルでサウムパンではないかという。パンは「板」とか「場」で、サウムは「戦い」を意味する言葉であるという。

サンパン、サンパの語源については、この船の名称分布が環太平洋であることが以前から指摘されている。高橋公明は語源を東南アジアに求めている。私は『義経記』のサンパンの記述が板船であることから、杉の幅広の板でできた船であると単純に考えていた。実際、東南アジアでも板船の事を意味している事例が多く、中国大陸の内陸クリークにある小舟もサンパの名称が多い。日本でも三陸海岸でサッパ、日本海側でサンパ、太平洋側では富士川・相模川などの川舟にサンパ名称がつく。

ここで、もし「サウム＝戦い」の説を援用すれば、サンパン語源が戦の船の謂になる。これは説得力のある説なのである。二枚棚構造の和船が済州島近海で活躍したのは倭寇の頃からである可能性があり、トッパンペや風船と比べて船体は脆弱であるが、小型で小回りが効き、剣先水押のスピードの出る形は江戸時代の関船そのものである。

博物館にある高光敏氏のトッパンペの現物も、船側下部がヤキダメして絞ってあり、スピードの出る和船の形をしていた。この部分を指して「このトッパンペは元の形と違い和船の形が入っている」とサイ・チンギさんが指摘していたことを思い出す。
済州島の城山里・吾照里には、日出岬・シュクサンボン（飯盛山）等、倭寇に関する伝説が広く残っており、サンパをワセン（和船）そのものとする済州島民の心理からすれば、この船は戦船の称号がふさわしいのかも知れない。ここで、船のサンパ語源を「戦船」とする、ハングル説を提出して、後の研究に待ちたい。

航海と日和見

済州島でも機械船になって最初に積んだエンジンは焼き玉エンジンであった。ヤキダマという言葉が話者の口から出た。漁船に焼き玉エンジンを積んだ船はポンポンと音を立ててはしるため、ポンポン船という名が日本にはあるが、済州島でもポンポンという言葉で船を指していた。焼き玉エンジンの次は電気着火のディーゼルエンジンとなるが、このエンジンを積んだ船をチャッカ船という。済州島でもチャッカの言葉がこのエンジンを積んだ船を指す言葉として残っていた。

城山里の日出峰が海から一気に一〇〇メートルも立ち上がっている地形から、航海や漁業の目印として使われた事は間違いない。この近海の日和見を海村《ハエチョン》のチョンさんに聞いた。チョンさんは七二歳、城山里から分かれた海村に居を構え、済州島の東・城山里から南・西帰浦までの海域で漁業に従事してきた。

日和見は漢拏山《ハルラ》が基準となっている。この山は朝鮮の有名な信仰の山として、白頭山《ペクト》などと並び称される山である。一〇〇〇メートルを超える山稜は海から絶好の目印であった。

日の出を見て、風・水の様子を見る。海の波が高く風向きと雲の形で判断する。
・漢拏山に三角雲が懸かると風が強くなるため海に出ない。
・漁に出た後、漢拏山に雲が懸かってくると漁をやめて帰港する。

漁業者にとって、最も基本的な日和見は漢拏山に雲が懸かるか否かであった。日本海でも、西の水平線に黒雲が懸かると帰帆せよ。という伝承が基本となっている。

風では南から来る風がパパラミと呼ばれ、良い風と言われていた。日本でも海に向かって吹く風をダシ（出し）と呼び、悪い風の筆頭に挙げ、海から陸地に来る風を良い風とした。日本海側ではアイ（合い）と呼び、ダシの反対の意味を持たせている。済州島でも、南からより来る良い風バパラミに対し、南海上に吹き出していく悪い風をセッパラミと呼び、対立させて意識している。しかもセッパラミに対する意識が強く、東から北までの範囲から吹く風をすべてセッパラミと呼んでいた。中秋節から強くなる冬の風で冷たいものを悪い風の意味で、プクサプンと呼び、東から来る風をニッポンカゼといって嫌った。北東から北にかけてくる風は冬の大陸からの吹き下ろしで、この風では船は遙か南海上に流されてしまう。日本で言うダシである。最も注意を要した風である。
・セッパラミの中で東から来る風は特別にニッポンカゼとも言い、悪い風であった。
・パパラミは海から陸地に吹いてくる。良い風の筆頭であった。パパラミは夜になると弱くなるために、「パパラミと酔っぱらいは夜になると静かになる」という喩えがある。従順な風という意味でナミサプンとも呼んだ。

海に出て自分の位置を知ることをカルン・ハダといい、カルン＝推測する、と、ハダ＝山、の複合語で「山当て」を意味した。

チョンさんが海で稼働した範囲は、東が漢拏山と日出峰がぶつかりあって見える場所、日出峰が海に沈む場所で、手を伸ばしてヤマを立てたとき、漢拏山が人差し指の一節目に見える範囲より沖には出なかったという。一方西では海辺の表善山を手前に漢拏山との重なりで、漢拏山が海に没する範囲である。このくらいの沖は機械船で四〜五時間走ったところである。漁は専ら一本釣りであった。

漁期の中で干満が関係するものがある。月が明るいときは近海で魚が捕れない。このように月が明るいことをサリテといった。一方暗いのをチョグンテといった。

・サリテマンジョウは満月の満潮で、この時は魚が捕れない。
・チョグンテは新月や月の欠けたときで、干潮の時期である。このようなときに魚が捕れた。

船乗りが最も嫌う三角波についての伝承は、やはり済州島でも語り伝えていた。三角波をコンジェニ・チャルとかコンジェニ・パドといい、コンジェニは三角をパドは波を意味した。海域でコンジェニ・パドがたつ場所は牛島《ウド》の一〇〇〇メートル沖で、ここはふだんから三角波のメッカであった。ウドの沖は済州島でもマンビキと呼ばれるシイラのより来る処である。

・コンジェニ・パドが陸地から見えると、台風の来る前兆であった。

コンジェニ・パドが続いて二〜三日すると台風が来る。

三角波を日本海側では兎波とか「兎が跳ぶ」と呼んでいる。また、太平洋側で「馬が飛ぶ」という。ヨーロッパ地中海でもWhite horse, 白い馬と言う呼び方があるというが、このような伝承は済州島にはなかった。

かつての航海者は島伝いに動いて移動したはずである。漢拏山は、東シナ海の最良の目印であったはずである。中国と日本との航海ではこの近海を移動しているのである。城山里の日出峰に倭寇の伝承が残るように、済州島は沖の泊の場所であった。地乗りと呼ばれる山がみえる範囲での移動をしていたかつての時代は、済州島までの間にどこを通ったのであったか。朝鮮半島側は多島海に入り、目印に困ることはなかったであろう。では済州島の東側と日本の長崎との間はどうであったか。日本に行くとすれば西風に乗るしかない。ところが、済州島には西風の呼び名がないのである。逆に忌み嫌われたニッポンカゼは東から日本人を乗せてくる風であった。

注

(1) 赤羽正春『日本海漁業と漁船の系譜』(慶友社、一九九八)に、日本海側の造船技術について記録しているので、参照されたい。ドブネ型刳舟から棚板構造のサンパ舟への移行などの編年を記している。
(2) 鶴巻康志「新潟県における古代・中世の刳舟について――オモキ造りによる川舟・潟舟の出現期をめぐって」『新潟考古学談話会会報』第三三号、二〇〇七。
(3) М. Г. Левина и Л. П. Потапова, АТЛАС СИБИРИ, Издательство Академии наук СССР, 1961. Москва.
(4) 松田伝十郎『北夷談』(国立国会図書館蔵)。
(5) 松浦武四郎『蝦夷訓蒙図彙』(秋葉実編『松浦武四郎選集二』北海道出版企画センター、一九九七)。

第二章　身体活動の延長上にある北方船の技術
――アムール川のムウとオモロチカ

シベリアで稼働していた舟の最大の特色は一人乗りの舟が発達していたことである。オモロチカは一人乗りを意味するロシア語であるが、一人で舟を漕いで、一人で獲物を確保していた生業形態が色濃く反映している。

多くの少数民族が保持している舟は、かなりの頻度で類似点を明らかにすることが出来る。たとえばバットは重量のある造りの粗い丸木舟で両端は尖っていない。ヴェトカは小型の丸木舟や三枚合わせの舟の総称である。アムール川でオモロチカと呼ばれる板合わせの舟と同類である。イリムカは平底と側板で構成された、断面三枚合わせで船首の尖った舟でイリム川が発祥とされている。カヤックはキールを備えた海舟で、反り曲がった船首が特徴である。いずれも一人乗り舟が優越する。

アムール川流域では白樺皮で出来たカヤック状の舟も、板合わせのヴェトカもオモロチカである。シベリアの西、オビ川流域と東のアムール川流域が一人乗りの舟で類似している現状がある。広大なシベリアの豊かな湿地を自由に往き来した舟が、ダブルブレードパドルを推進具にしたオモロチカであったというのは広大なシベリアを人が単独で舟航移動する姿を連想させ、不思議な情景が浮かぶ。

第1節　オモロチカの席巻

一人乗りのオモロチカが丸木舟から出発したことは、ほぼ間違いのない事実である。現在でも、アムール川に注ぐアニュイ川上流域に住むウデゲ人が使用している現状を報告することが出来る。二種類のドシンクで造った丸木舟の形は、アムール川に残る三枚合わせの一人乗り小舟・オモロチカと、ほぼ同じ大きさであった。このオモロチカがシベリア全域の諸民族で最も広く使われてきた形跡がある。そこで、僅かな形態の違いを比較しながら、オモロチカを分類する。

舟の製作に使用する道具は木を切り倒して舟の粗取りをする鉞と、ドシンクと呼ばれる、日本のチョウナ状の刳る道具である。ドシンクには刃先が湾曲してお椀型に刳ることが出来るものと、直線的に刳っていくものと、二種類ある。日本でも丸木舟を造るときに必ず平チョウナと丸チョウナを使用するが、丸チョウナが湾曲部を刳る。テップリと呼ばれる、チョウナを小型にした短い道具も使用するが、日本の道具と極めて類似していることは興味深い。

この丸木舟を造ったウデゲ人のアンドレイさんは、舟の使用では、全長五メートルが最も使いやすいという。現地で拝見した舟は四メートル二〇センチであった。

推進には棹とシングルブレードパドルを使用した。大型の赤鹿など、獲物が水辺に来ているときに、これを狙い撃ちするために、小さな棹を一本ずつ両手に掴み、杖代わりに浅瀬の底を突いて音を立てないように近づく漕法もあった。

オモロチカを刳る

シングルブレードパドルの操船

ダブルブレードパドルはアムール川のような滔々と流れる広大な水面で有効であった。事実、シンダ村の三枚合わせのアムール川のオモロチカが稼働する水面では中心を為す推進具である。

①ハントゥイ人

ハントゥイ人は西シベリア、オビ川流域に暮らす。アムール川のオモロチカとほぼ同類の舟はオブラスあるいはオブラソクという丸木舟である。舟材はヒマラヤスギやヤマナラシ、セイヨウシロヤナギ、エゾノウワミズザクラなどの巨木から造った。舟の全長は四～七メートル、幅五〇～九〇センチ。舟梁は一〇本。舳先と艫が尖り、船底部は幅の狭い瞳形。大きさによって三種類、大型・中型・小型に分けられ、大型は移動用、中型は漁撈用、小型は鴨狩り用である。

カルダンカという船は水上交通に使われた。ヒマラヤスギを刳った船底材に両側から舷側をつけた三枚接ぎの板合わせである。舷側材はエゾマツやヤマナラシの板で、接合には木の根が使われ、接合面は松脂を塗った。板の合わせ方はクリンカー・ビルト＝鎧張り（clinker-builrd style. 以下「鎧張り」と表記）である。一般的な大きさは五メートルである。推進具はシングルブレードパドル。

風雨などで水面が荒れたとき、二艘のカルダンカをお互いの舟梁に渡した棹で結び、舫《もやい》をして安定させた。また、重量の多い物を運ぶ際に筏状に舫うことがあった。

②マンシ人

ハントゥイ人と全く同じ舟を使っていた。丸木舟はオブラス。板合わせはカルダンカである。

③シベリアタタール人

ヤマナラシの木から造った丸木舟を使っていた。ハントゥイ人のオブラスに倣った舟である。シング

棹の操船

ルブレードパドルを推進具や櫂として使った。棹も使用。

④ネネツ人

小舟はハントゥイ人から入手していた。獣皮舟も使われていた。

⑤ヌガサン人

自分たちで舟を造ることはなく、隣接民族から入手していた。ハントゥイ人からはオブラスを、ヤクート人からはヤクートツキエをそれぞれ西東から入手して使っていた。どちらもアムール川のオモロチカと同類である。推進具はダブルブレードパドルである。水鳥の狩りや漁撈に使われた。ハントゥイ人のカルダンカと同じ舟を使用。

⑦セリクープ人

全長四～五メートルで、側板が船底部から一気に立ち上がった小舟で、チェルノクと言った。推進はシングルブレードパドル。北部オビ川に広く使用されている小舟で、アムール川のオモロチカと、同形態を取っている。

⑧ケット人

ケット人はハントゥイ人のオブラスと同じ小舟を使いこなし、エニセイ川まで乗り出していた。推進にはダブルブレードパドルと棹を多用し、シングルブレードパドルも使用。アムール川のオモロチカと同類の舟である。

ケット人は移動に水路を使用したことから、荷船も発達していた。ロシア名のイリムカと呼ばれる。全長一五メートル、積載重量四トンの船は、平底の板船で、尖った船首と戸立て造りの船尾で構成されていた。数枚の板を敷材にして、垂直に近く舷側を立ち上げたもので、苫を備えていた。アーチ形の木枠に白樺の樹皮を上から葺いた屋根で構成されていた。幾家族もがここに寝泊まりして夏を魚捕りで過ごす。推進は棹とシングルブレードパドルである。人や犬が岸辺で船を曳く、曳き舟もあった。

⑨エベンク人

三種類の小舟を持っていた。丸木舟、樺皮舟、板合わせ舟である。ポプラやハンノキから造った丸木舟はハントゥイ人のオブラスと類似し、推進にはシングルブレードパドルを使用。エニセイ川以東のエベンク人が使ったのが、白樺の樹皮で被った樺皮舟である。縫い目にはタールが塗られて水漏れを防いだ。レナ川以東に住むエベンク人の樺皮舟は舳先と艫の部分の覆いがなく、平面瞳形に両端が綴じられた形で、内部にリブ材が多用されている。この上に白樺の樹皮を張ったものである。一人乗りで全長四〜五メートル。推進にはダブルブレードパドルを使用。北のヤクーチアでは板合わせ舟を使用していた。敷板に両舷側板二枚を結合した三枚合わせの板舟である。これがアムール川のオモロチカと同じ舟である。アムール川流域にいたエベンクは、アムール川の舟の技術を使っていた。また、渡河や運搬用にロシアのパガスと呼ばれる鎧張りの板船を使用している。

獣皮舟は数本のキールとリブ材で造った枠に箆鹿の皮を張って使用した。

⑩ヤクート人

小舟としては丸木舟、板合わせ舟、樺皮舟が使われてきた。丸木舟と板合わせ舟はアムール川のオモロチカとほぼ同じ形態を取っている。舳先と艫部の傾きが垂直に近いことがヤクート人の使う舟の特徴である。推進具はダブルブレードパドルで、水鳥の狩りや漁撈に使われた。

⑪ドンガン人

使われていたのは二種類の丸木舟と板合わせ舟。丸木舟はハントゥイ人から手に入れたオブラスである。もう一つはヤクート人と同じ丸木舟。四～五メートルの一人乗りで推進にはダブルブレードパドルを使用。

水鳥狩り、漁撈に稼働。

⑫エヴェン人

近隣の民族から小舟を手に入れていた。丸木舟や板合わせ舟をユカギール人やヤクート人から入手した。

⑬ユカギール人

北東シベリアの民族の中では最も舟に依存した人たちである。コリマ川などは夏の移動の唯一の手段が小舟であった。丸木舟と板合わせ舟が造られた。丸木舟はトーポリ（ポプラ）の木の幹を刳って造るが、舷側をほぼ垂直に、四本の舟梁で構成した。幅六〇センチ×全長五メートル程度で、重さも三〇キロを超えない。

この基準はウデゲ人の造ったアムール川の丸木舟のオモロチカと合致する。推進にはダブルブレードパドルを使い、浅いところでは棹を使用した。狩猟用で、川を越える鹿の群れを捕らえるのに使われ、獲った獲物はこの舟に積んで運んだ。板合わせ舟も丸木舟に準じた造りで、船底材に二枚の側板を取りつけた。板を船底材に留めるために、動物の腱繊維の紐を使用した綴じ舟である。繋ぎ目にはカラマツの樹脂が使われた。

ユカギール人は小舟造りのベテランで、造った舟は近隣民族のチュクチ人や北ヤクート人などとの交易の品となっていた。

ロシア人の到来によってロシア名、カルバスというリブ材で構成された船が出来た。また、筏も使用されるようになった。

⑭チュクチ人

海岸部をバイダラやカヤックで移動した。どちらも格子状の骨組みを持ち、セイウチなどの海獣の皮を張った。バイダラはオープンデッキ、カヤックには人が入る穴（コクピット）を除いて獣皮が張られている。

バイダラは狩猟・移動用に使われた。鯨・セイウチ獲りに使われた。小型のバイダラは漁網を引き揚げたり、アザラシ猟などに使われた。推進には二種類のパドルが使われたが、幅の広いブレードを持つものは舵取り用、ブレードの狭いものは推進用である。七から八人もの漕ぎ手がいた。カヤックも狩猟用である。チュコト半島の河川では、川を渡る野生のトナカイを獲るためにこの舟が使われた。推進具はダブルブレードパドルである。

⑮エスキモー人

チュクチ人同様、バイダラとカヤックが使われた。この二種類の舟は北極圏内の民族によって会得された高い技術の産物である。構造はキールを備えたボートに近い。バイダラは両端が上向きに湾曲した材が入り、これに格子状の骨組み(薄板材)が直交して基礎を構成する。舟の舷側を形成するリブ材は薄板に固定。リブ材の最上端に沿って舷側のアーチが両側で船縁となっている。この部分はすべて革紐で固定。骨組みにはセイウチの皮が張られた。この皮の覆いの舳先側から縦板材に、鯨の骨で作った薄いプレートが打ちつけられた。舟を引きずる際に皮を保護するためである。バイダラの規模は二人乗りの小型のものから、全長が一一メートル×幅が二メートルに達するものまであった。推進はシングルブレードパドルで舵取り用がブレードが大きく、推進用が小さかった。帆を張ることもあり、四角い帆桁にトナカイの皮を張った。

バイダラは、沿岸を航行する多くの木舟よりも非常に優れた特性を持っていた。軽量の割りに安定性があり、革紐で結合された骨組みは伸縮性に富み、氷上も進めた。氷の衝撃で壊れることもなく、喫水が浅いために、沿岸部を浅瀬沿いに進めた。何より、波打ち際の接岸では皮がクッションとなるため、滑らかに着岸できた。漁業にはなくてはならない舟であった。

カヤックは縦の板材とリブ材で舳先から艫まで構成し、これに横の薄板材が直交して枠を構成する。そして、舷側のアーチに渡した横板材がデッキとなる。人の入る丸穴を除いて顎髭アザラシやアザラシの皮が張られた。人はこの穴に入ってしゃがみ、膝を伸ばした状態でダブルブレードパドルを使って推進した。

かつて、カヤックは北太平洋両岸に広く分布した。

⑯コリャーク人

カムチャツカのコリャーク人もエスキモーやチュクチと同様にバイダラとカヤックを使っていた。どちらも、短い造りとなっていて、バイダラは一〇メートル以下のものが多かった。覆いの皮は顎髭アザラシから作られ、セイウチの皮はめったに使わなかった。大型のバイダラは八人の漕ぎ手が乗った。シングルブレードパドルで、固定しても漕げるようにパドルを保持する環がついているものもあった。カヤックも全長三メートルの幅の広い形で、皮は顎髭アザラシが使われた。ダブルブレードパドルで推進。

⑰ニブヒ人

アムール川下流域からサハリン西海岸のニブヒ人は板船のムウを使ってきた。この舟がタタール海峡でも使われ、交易船として稼働した。

エゾマツの板六枚で造られた。一枚板の敷材は中心部で若干湾曲し、そこに舷側が両側に立ち上がる。この上に舷側をもう一枚鎧張りで立ち上げている。船首は二枚の板で鋭角配置され、平面三角形に組み合わされ、この下の船底部に敷材が飛び出している。このシャベル型突出部は流氷や流木、岩などから船を守るためにあった。推進具は長さ二メートルの重いシングルブレードパドルで、車櫂として舷側の取りつけ具に差し込んで漕いだ。時に使われた帆は魚皮で作られていた。全長八メートル×幅一メートル×深さ五〇センチが標準的な造りであった。

漁撈、狩り、山菜採集などにも使用された。
⑱アイヌ人
海上交通には高い継ぎ足しの舷側板を建ち上げる丸木舟が使われた。接ぎ合わせは鎧張りである。また、船首と船尾に、上下二段庇のついた独特の舟もあった。操船には二本の操舵櫂とシングルブレードパドルが使われた。
⑲ナナイ人
アムール川と共に生きてきた彼らの舟は多種多様で、特徴がある。丸木舟二種、樺皮舟、板合わせ舟、大型板合わせ舟がある。

樺皮舟は長さ五〜六メートル×最大幅七〇センチ×深さ三〇センチである。白樺の幹から皮を剥いでカヤックと同様の枠に張りつけて構成した。繋ぎ目には朝鮮五葉松の樹脂を使った。推進にはダブルブレードパドルを使用。獲物に近づくときなど、音を立てないで漕ぐ場合は片手に一つずつ握る小さなシングルブレードパドルがあった。

ロシア名オモロチカは、一人乗りの謂いで、この舟を指すが、樺皮舟が早くに消滅したことから、小型の一人乗り板合わせ舟をオモロチカと呼ぶようになっている。

丸木舟は船底に向かって切り詰められ、舳先と艫の両端が尖らせてあり、船首と船尾が舷側と同じ高さになっているものである。全長八メートルで平面両端が尖った楕円形をしている。八本もの舟梁が入っている。漁撈、狩猟に使われた。もう一つの丸木舟はウデゲの丸木舟と同じもので、舳先船底部、シャベル型突起がある特徴的な舟である。全長八メートル×幅五〇センチ×深さ四〇センチを標準とする。シャベル型船首のお陰で水上での速度を緩めることが出来、障害物をシャベル型突起が防ぐことで、舟を大切に扱うことが出来た。支流域で多く使われた舟で柳の棹を推進に使用した。

大型の板合わせ船はムウである。この船も、アムール川上流域と下流域では形に相違があり、川の状態に沿って船が造られた。推進は車櫂である。

⑳ウリチ人、オロチ人、ウデゲ人

ナナイ人と同じ種類の舟を持っていた。樺皮舟、丸木舟二種、三枚の板で造られた板合わせ舟である。沿海州ハバロフスク州に居住している関係上、アムール川に出て行動することが多く、ナナイの舟とほぼ同じ構造の舟であった。ただ、ウデゲの一人乗り丸木舟、オモロチカが元になって三枚板の板合わせ舟であるオモチチカが出来たと見られるケースが多くあり、お互いに技術的には交流があったと考えられる。

㉑ブリヤート人

全長五メートル、舳艫尖鋭の丸木舟と板合わせ船が使われてきた。バイカル湖の板合わせ船は鎧張りで、全長六メートル。推進の主体はシングルブレードパドルであるが、長大で、棹の役目も果たす（カバーおよび扉の写真参照）。

＊　イテリメン人、オロッコ人、ニギダール人、ハカス人、トゥヴァ人、トファラル人、アルタイ人、ショール人については、近隣諸民族と同じ形態をとっていたり、牧畜等の生業のため、舟そのものを使用することがほとんどないなどの理由で記さなかった。

第2節　舟の分布と分類

シベリア全域、広大な面積に大河の錯綜する水辺には舟が主役となって生活が営まれていた。この広い面積の西のオビ川から極東のアムール川まで、極めて形態が類似する舟が多く見つかる。しかも、静水面ではシベリア全域からオホーツク海、ベーリング海までダブルブレードパドルの多用、音なく獲物に近づくためのシングルブレードパドルの使用がある。樺皮舟の船体内部構造はカヤックやバイダラと技術的に同じ枠の構成となっている。

つまり、シベリアは、全域で類似の技術が伝播し、ここで育まれた技術が海のカヤックやバイダラに援用されたと考えられるのである。これには、シベリア諸民族に共通する生業形態があったことも原因の一つであろうし、類似の環境に住む諸民族では、当然のようにお互いの技術的交流もあったからであろう。

それにしても、地域タイプと考えられていたアムール川のムウが海に出てタタール海峡を南下し、日本との交易船になっていたり、ウデゲ人のオモロチカが、ハントゥイ人のものと同じであったりする理由は、今後の調査に待つ必要がある。そこで、舟の分類を行う。

［丸木舟］

一　粗く刳りぬいたタイプ

極北東地域（イテリメン人、コリヤーク人、チュクチ人、エヴェン人）

南シベリア地域（ショール人、わずかにブリヤート人、エヴェンク人、トゥヴァ人）

二　舳艫尖鋭タイプ

西シベリア型――船首・船尾が鋭く尖って上向きに反り上がる（ハントゥイ人、マンシ人、ケット人、セリクプ人、エヴェンク人、ドルガン人、シベリアタタール人、ショール人、トゥヴァ人、アルタイ人、わずかにネネツ人）

東シベリア型――舷側が真っ直ぐなラインを持つ（ヤクート人、エヴェンク人、ユカギール人、ヌガサン人、ドルガン人、ブリヤート人）

アムール型――舷側は真っ直ぐで船底に対して切り詰められた形（ナナイ人、ウリチ人、オロチ人、ウデゲ人）

三　船底部シャベル型突起タイプ

アムール型――巨大なシャベル型突出物が舳先にある（ナナイ人、オロチ人、ウリチ人、ウデゲ人）

サハリン型――船首・船尾の庇型突出物（ニブヒ人、オロチ人、アイヌ人）

［板合わせ船］

一　船底材に二枚の側板を取りつけたオモロチカ

一本のシングルブレードパドルか、ダブルブレードパドルで漕ぎ進める。

西シベリア型（ハントゥイ人、マンシ人、エネツ人、ネネツ人、まれにケット人）

東シベリア型（ヤクート人、エヴェンク人）

アムール型（ニギダール人、ナナイ人、ウリチ人）

二　大型板合わせ船のムウ

船底部嘴状突起を持ち、側板は二枚を鎧張りで留める。

アムール型（ニブヒ人、ナナイ人、ウリチ人、オロチ人）

［樹皮舟］

一　白樺の木製骨組みに白樺の樹皮を張った舟で、推進にはダブルブレードパドルを使用。

エニセイ川型――船首・船尾が上に突き出ている樺皮舟（オリョクマ川、ヴィチム川流域のヤクート人）

レナ川型――船底が突出している樺皮舟（レナ川以東流域に住むエヴェンク人とヤクート人）

アムール川型――船首・船尾が独特な形態を持つ（ナナイ人、ウリチ人、ニギダール人が暮らすところ）

［カヤック、バイダラ］

格子状の骨組みは、縦材と横リブ材、そして舷側のアーチなどで枠が構成され、この上に獣皮が張られる。一本のシングルブレードパドルやダブルブレードパドルで推進。

一　カヤック――デッキを持つ（エスキモー人、沿岸チュクチ人、コリヤーク人）

二　バイダラ――デッキがない。

チュコトカ型（チュコトカ半島沿岸のエスキモー人、チュクチ人）

カムチャツカ型（コリヤーク人）

樹皮舟とカヤック、バイダラの類似を想定しているが、レーピンとポタポフはこの考え方に異を唱えている。カヤックやバイダラの骨組みから、キール舟として分類し、この技術が沿海部で起こったことを述べている(1)。

キール舟の発生は、明らかに沿海文化と関係がある。チュコトカ半島におけるカヤックの考古学的発見は、古代ベーリング海文化で見出され、バイダラの遺物はランネプヌク時代から知られている。

……シベリア内部地域の川舟は、恐らく別ルートで発生したものである。

……(中略)

キール型皮舟が、沿海文化と結びついているのに対し、樺皮舟の三つのヴァリアントはタイガ地帯の文化に特有のものである。

この考え方への反論として次のことを主張する。レーピンらの考え方の根拠となっているのが考古学上の発見である。これだけで語られるのは発見場所での事例として限定的である。環オホーツクも広大である。

いずれの舟でも、外板を張るという行為は、強固な骨組みを必要とすることである。樺皮舟の枠の造りは薄板の縦材と横材の集成で海で耐えられるほどの強度はないが、ぺらぺらの樹皮を支えるという発想はバイダラやカヤックと似ている。どちらも同じ発想で舟を造っていたことは明らかであり、交渉があったアムール川河口域では、ナナイ人やニブヒ人の活動があり、ニブヒ人はナナイ人と交流があった。ナナイ人の樺皮舟が河口域でも舟航していたとする伝承があり、オホーツク海で技術的交渉は当然考えられることなのである。

長い時間と広大な面積を考慮してみると、むしろ技術的交渉はあったと考えた方がすっきりするのである。現在ハバロフスク郷土資料館にコンドン村のナナイ人が使用した樺皮舟が置いてあるが、この舟の上部デッキの造り方などは、カヤックそのものという見方も出来るのである。

次に強調できるのはオモロチカの優越である。シベリア全土の民族が五メートル前後の一人乗りの丸木舟を持っていて、同じ漕法を行っているという事実がある。一人で出掛ける舟の存在は、シベリアの生活と生業に密接に結びついていることが分かってきた。酷寒で「何もない」ことを意味するシベリアという言葉と裏腹に、見事なまでに人の生存のために造られたオモロチカという舟が抽出できるのである。

第3節　シベリアの舟と操船技術

シベリア起源という言葉は考古学上の細石刃文化などで近年語られている。日本列島の旧石器時代の石刃、細石刃などがバイカル湖周辺で発見されるものの延長上にあるのではないかとする研究成果から、大陸から日本列島に到った道としてクローズ・アップされてきたからである。

この主張には多くの根拠が伴っていた。一つは、ユーラシア大陸の文化が流れ込んだ北の道としてアムール川からサハリンを経て、北海道に達する北の道があったこと。そして、東北日本には、この道をたどって到達したであろう多くの文化が残っているのである。たとえば蕪がそうであり、熊の文化、鮭の文化が該当する。しかも、これを担った舟はムウといい、鎧張りで造られ、北方船とヨーロッパでも呼ばれている技術の結晶であった。

身体活動の延長上に位置した舟

北極圏に近いシベリアは湿地と樹海や森に包まれ、舟が最も信頼できる交通手段としてあった。内陸との交通は、現在でこそ、飛行機やヘリコプターなど、空からの移動が可能になったが、それ以前、道さえない時代には舟のみが交通手段の主役の座を維持した。

第2節で大まかな小舟の就航と分布についてまとめたが、気づくことは、全民族が丸木舟と板合わせ舟を持っていて、網羅された水運に稼働していたことである。小舟は生活の基盤を支えていたのである。

生業によって分類すれば

①狩猟・漁撈用

②採集用

に、分けられる。

狩猟は広大な湿地に生活している水鳥を獲るために、音がしないように水掻きを大きくしたシングルのパドルで近づき、水草叢生地に潜んで鴨などを鉄砲で撃って獲る。また、タイガの森では川に水を飲みに来る大型の赤鹿・箆鹿などを狙って、小舟を小さなシングルブレードパドルや棹でコントロールし、こっそりと狩り場に近づき、射撃で獲るのである。チュクチ人たちは野生のトナカイの狩り場を川に設定し、渡り始めたトナカイを縄にかけて捕獲した。水辺は狩りの場所であった。

ハバロフスク州アニュイ川沿いのアルセネボ村のウデゲ人アンドレイさんの家に民泊させていただき、彼が獲った赤鹿の肉をご馳走になったことは第I部で報告した。六月に一頭獲ったものが七月末に食卓に上っていた。一頭の重さは判明しなかったが、一〇〇キロを超える獲物を、一人で運んだ方法に興味が湧いた。

アンドレイさんの造った丸木舟は四メートル二〇センチの大きさであるが、一〇〇キロを超える鹿をアニュイ川支流の水辺で仕留め、これに積んで帰ったのである。丸木舟の最後尾に座り、巨大な獲物を前方に置いて縛りつけ、シングルブレードパドルで川を漕いだ。

小さな丸木舟は大人二人が乗って航行できると聴いていたが、六〇キロのアンドレイさんと鹿で一六〇キロになる。喫水線は舷側ぎりぎりであったというのが真実である。

また、鴨狩りの好きなロシア人によれば、鴨が来る季節になると、鴨が着水や飛び立つ方向が決まっている場所の水草の茂みに舟を出し、ここで待機しながら、鴨を獲ったという。舟に寝泊まりすることもある。アムール川の湿地は狩り場の宝庫で水鳥の数も多かった。シベリアの湿地は広大で、大きな川の近くには必ずこのような場所が広大に開けていたのである。

漁撈で使われた丸木舟は三人乗り込める八メートルほどのものが多かったという。アムール川流域トロイツコエ村のナナイ人は、刺し網を張って遡上してくるシロザケ、サクラマス、カラフトマス、コクチマス、イトウなどを捕った。網揚げには八メートルほどの丸木舟に複数の人が乗ってでかけることが多かったが、一人乗りのオモロチカを駆って刺し網を揚げながら魚を捕っている人も多くいたという。幅の広いブレードの全長四〇センチほどのシングルブレードパドルを両手に握り、真っ直ぐ進むときは両手のパドルを同時に掻き、曲がるときは外側のパドルを掻いた。

アンドレイさんはアニュイ川にコクチマスを捕りに、奥さんと二人で行く。この時の舟はアニュイカという一〇メートル近い板合わせ舟である。流れの急なところは対岸との間をジクザクに進み、釣りをする。流れの緩やかなところには川姫マスなどの群れがいて、釣果には困らないのである。

生活の全ての面に舟が関わる。

全長五メートル、重さ三〇キロの舟の優越

ここで、ウデゲ人のアンドレイさんが語った、「オモロチカは全長五メートルが一番使いやすい」という言葉に耳を傾けて検討しなければならない。

アムール川端、ナナイ人のシンダ村で板合わせのオモロチカを造ってきた船大工ユーイセラさんが、アンドレイさんと同じことを語り、アンドレイさんの丸木舟とほぼ同じ寸法の板合わせ舟を造っているのである。

レーピンとポタポフも西シベリアのハンティ人からセリクープ人、エベンク人、ユカギール人、そしてナナイ人、ウデゲ人と全長五メートル前後の小舟を持っていることを記し、一人乗りのオモロチカであることを述べている。ブリヤート人も五メートルの丸木舟を使っていた。

五メートルの意味を考える。まず、一人乗りのオモロチカの全容をアルセネボ村での見聞から把握す

アムール川のオモロチカ　1（ダブルブレードパドルの操船）

アムール川のオモロチカ　2（小さなパドルで漕ぐ）

る。

丸木舟はトーポリ（ポプラ）で造られることが多く、木はドシンクで刳り進められる。長径三メートル弱の楕円型船底部から、舷側がせり上がり、舳先と艫を尖らせて全長五メートルの舟に仕立て上げている。最大幅は八〇センチ、深さ四〇センチほどである。初見の観察では、小さく浅い舟である。人が乗って大丈夫なのか疑問が湧くほどである。

この舟をアンドレイさんと弟が二人で持って川に出掛けた。舟の重さは三〇キロくらいである。最初、弟さんが乗り始めた。立位で棹を使って舟を操っていた。そして川に落ちた。立位で舟を操るには重心が移動しすぎるのである。舟は逆さまになっていたが、起こして自身が乗り込み、蹲踞した状態で水を掻き出し、シングルブレードパドルで舷側の水を掻くと上流に向かって進み出した。

オモロチカの艫側に、高さ二〇センチほどの尻乗せ台がある。進行方向を向いたまま、足は少し膝を曲げた状態で、一番楽な姿勢を取って漕いだ。人の乗る位置は舟の中心より艫側である。舳先部を立たせた方が進行の際の波を上手に除けることが出来るのと、この方が水との接触面が少なく、抵抗が少ないことが挙げられる。つまり、漕ぐのに力が少なくて済むのと、速度が上げられる効果が期待できるのだ。

このオモロチカで、仕留めた大鹿を運んできたのであるが、鹿とアンドレイさんを合わせた重量でも舟航できたということは、この舟の幅の取り方と関係しているように思われる。幅が広く取ってあればそれだけ受ける浮力は大きく、重いものも運べるのである。舟の幅についてはアムール川流域の舟について調査していると、皆、苦労して広げた話をしてくれた。

アムール川のオモロチカ　3（板の接合部）

アンドレイさんが刳った舟が完成する頃に、舟の横で焚き火をし、焼けた石を木で挟んで舟の刳った部分に入れ、水を何杯も注いで上辺を広げる話をしてくれたことは第Ⅰ部で記した。

この技術には驚かされた。日本の舟大工は板曲げが最も難しく、大儀な仕事であることから、多くの技術的な熟度を板曲げに求め、技術を誇ってきた。板を火に焙って水を掛けて曲げるのが焼きダメ。湯を掛けて曲げるのが湯ダメである。いずれの技術も、湯を木の組織に染み込ませて曲げていく方法である。

ウデゲの舟造りにも、同様の原理が使われていた。刳った舟の板を柔らかく整形する技術は、古くから確立していたと考えた方がよい。

アムール川端シンダ村の板合わせ舟のオモチロカを造っていた舟大工は、朝鮮五葉松の板を曲げる際に、板をアムール川に漬けて、敷材との接合部の曲がりを自らの力で造った。舳先部を固定した状態にしておけば、人の力で十分曲がるものであったという。そして、板合わせ舟のオモロチカとアンドレイさんの造った丸木舟のオモロチカを比較してみたところ、寸法・重さとかなりの部分で近似の数値を示し、僅かに深さのあるシンダの板合わせ舟の方が軽かった。

漕法を比較すると、アニュイ川ではシングルブレードパドルと、棹が推進具として信頼性が高かった。一方、アムール川で使われているオモロチカはダブルブレードパドルが主たる漕法である。両手で一つずつ持って、人の手の延長上で使うシングルの水掻きのついたパドルは獲物に近づくときに静かに漕ぐために使われ、長い距離を進行するためにはダブルブレードパドルが使われた。

アムール川のオモロチカは、やはり三〇キロ以下の軽量である。ダブルブレードパドルが有効に働く力学的背景があった。

アムール川のオモロチカで使われる、四メートル近いパドルは両側に水掻きがついているが、その面積は大して広くない。特にアニュイ川のシングルブレードパドルの広い面積を持つ水掻きに比べれば二分の一以下である。ところが、シングルの推進力とダブルの推進力はほぼ同じである。水流の速いところではダブルは使われていない。静水面ではシングルで漕ぐとピッチを挙げなければならず、人が疲れる。静水面でのダブルブレードパドルは遠距離を往く際の道具であった。一掻きに要する力が少なくて済むからである。

両側にブレードのついたダブルブレードパドルは舷側から一メートル近くも離れた水面にブレードが入る。この状態で、漕ぎ手はパドルを中心に回転運動をするのである。だから、柄が長いほど梃子の原理が働き、漕ぐ時の力は少なくて済む。

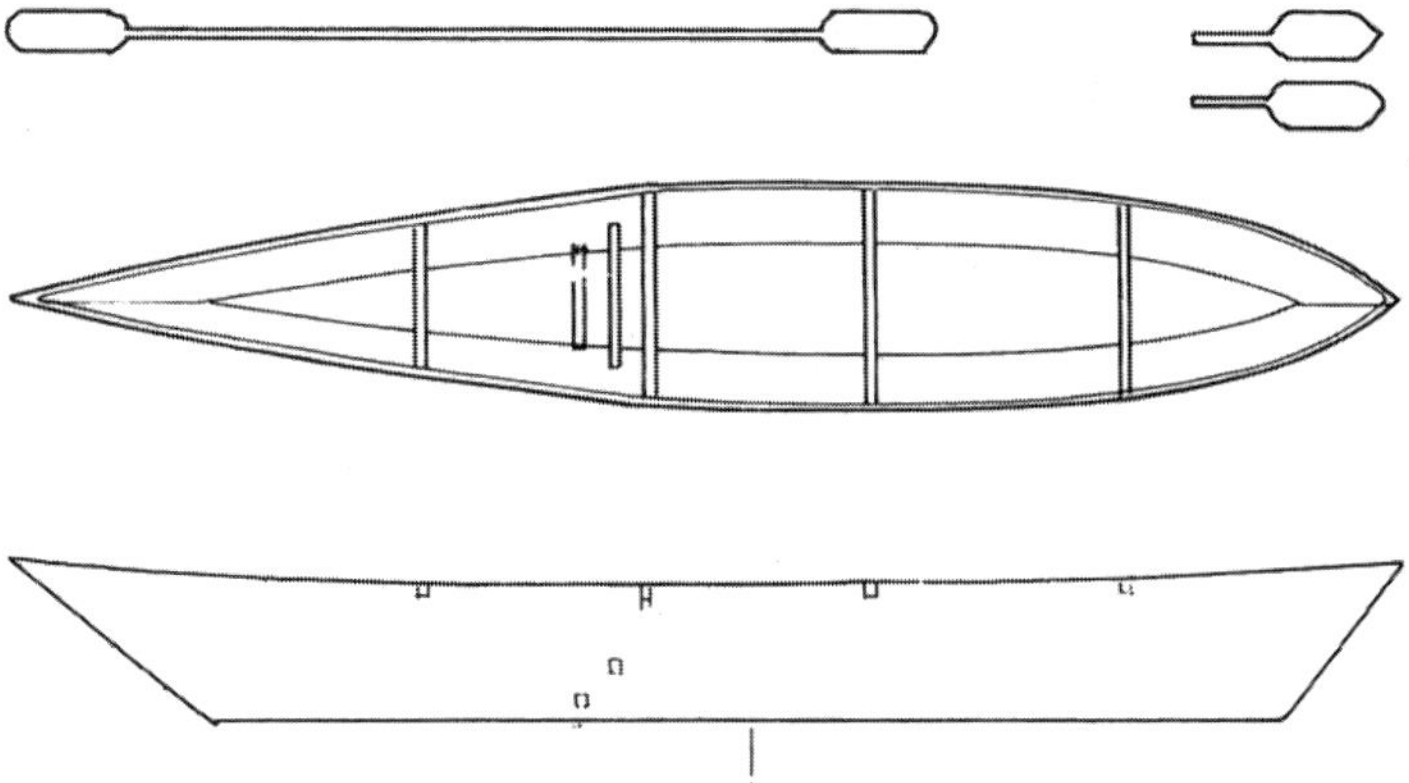

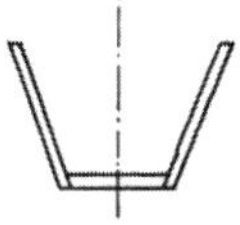

オモロチカ（シンダ．材は朝鮮
五葉松）

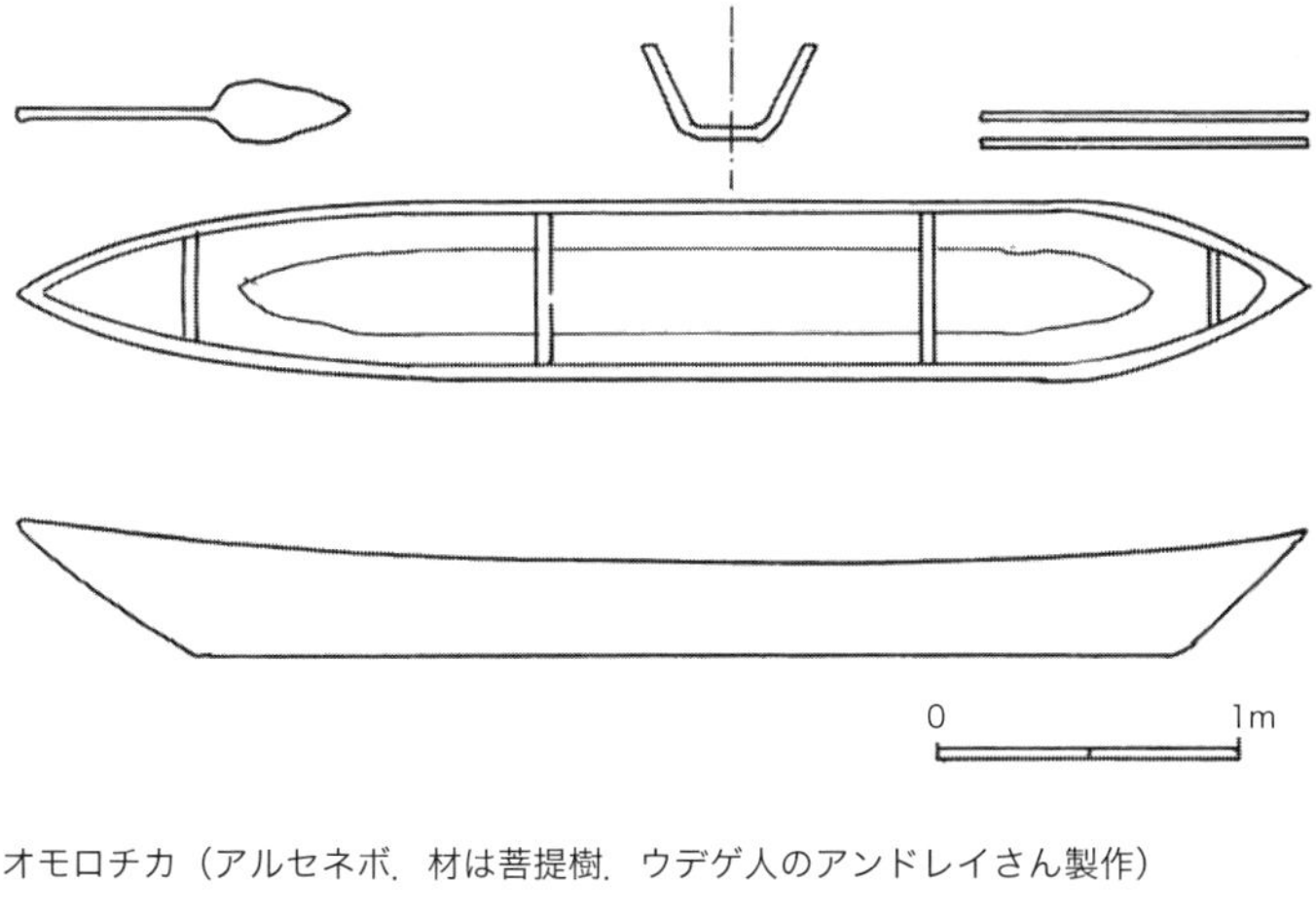

オモロチカ（アルセネボ．材は菩提樹．ウデゲ人のアンドレイさん製作）

原理としての梃子の作用を次のように観察した。オモロチカにいる漕ぎ手は長い柄のブレード部分を水に入れる。するとブレードのつけ根を支点としてブレードには長い柄で伝えられた漕ぐ力が伝わる。柄が長いために漕ぎ手の力は少なくて済む。水を掻くと、この反作用で舟が正反対の方向に走ろうとする。この時、乗り手は体重調節によって舟の進行方向へのベクトルを最大限にするよう体重移動する。だから、シングルよりも、軽い力でオモロチカが進む。

静水面を長距離にわたって運航しなければならないシベリアにとっては必要な推進具であったと考えられるのである。

舟の重量が三〇キロ前後であれば、人の体重と合わせても、一〇〇キロ前後になる。この程度であれば、水掻きの部分が小さなパドルであっても、十分に動かすことが出来たのである。

ナナイの人たちが使っていた片手ずつ両手に握って掻く幅の広い水掻きのパドルは、人が泳ぐときの行動を道具に移し替えた身体活動の延長上にある。舟と自らの体が一体となった状態で、水面を進んでいくようにできている。

オモロチカが全長五メートルで重さが三〇キロというのは、シベリアの大地で最も動きやすく計算され尽くした、身体活動の延長上にある道具であったといえる。

そして、日本の丸木舟との比較が頭を掠める。日本の丸木舟はそのほとんどが七から八メートルである。そして重量は桁違いに重い。アイヌの丸木舟は桂の木を使うことがあり、堅い材質のお陰で三〇年も耐用年数がある。つまり、日本の丸木舟は狩猟にしろ、漁撈にしろ、一人で行うことを前提にしていないのである。むしろ、二人以上が乗り組んで、交通手段としての働きが主たる用途であったことが指

現存するムウ

摘できる。

アムール川のムウ

アムール川の交易船はロシア人からムウと呼ばれる船であった。船底部が舳先で嘴状に飛び出し、この上に三角板がついた独特の形を取っている。一三世紀から一九世紀にかけて日本との間で行われてきた山丹交易に使われた船である。

ナナイ人、ウデゲ人、ウリチ人、オロチ人、ニブヒ人と、アムール川流域に暮らす諸民族が使用してきた船である。流域によって船の構造に工夫がある。トロイツコエのジャリに住む人たちが使ったムウはオクダロトカと言い、先端から三メートルの部分、舟の最大幅のある中心部に折敷を設け、舳先部を反り上がらせていた。トロイツコエの波が立つ場所を乗り切るための工夫であった。

ジャリの舟は、海に出ることも出来たというが、樺太（サハリン）のシラヌシに出掛けた山丹舟も

間宮林蔵『北夷分界余話』（巻之五）のムウ．国立公文書館蔵

あるいはこのように折り敷きの技術を内包したものであったろう。

間宮林蔵の『北夷分界余話』の絵図は、ジャリの船と同じである。

推進の車櫂はしっかり記録する必要がある。この漕法はアムール川から日本に達する技術の流れに沿っているからだ。進行方向に背を向けて座り、船縁にある櫂を差し込む左舷と右舷の軸にパドルを入れて、右と左の櫂を交互に搔くのである。車輪のように櫂が廻ることから車づかいとか、車櫂と言われた。漕ぎ手は櫂を保持している右手と左手をくるくる回すような形になることから車櫂といったのであろう。櫂を保持する漕ぎ手は、原則として、右と左の櫂を交互に回転させる。漕ぎ手が二人、三人となった場合も、同じ舷側の櫂を複数の漕ぎ手が一斉に搔いた。

ジャリのムウは二人の漕ぎ手で四本の櫂を操作した。舟の大きさによって櫂の本数が決まっていたという話は身体活動の延長として発達してきたシベリアの舟を言い表して妙であった。全長五メートルのムウで二本、七メートルのムウで四

シーボルト『日本』のムウ

本、九メートルのムウで六本だった。

ジャリでは、春先にムウを使って多くの村人がアムール川対岸に渡り、ギョウジャニンニクを採集するのが恒例となっていて、楽しい行事であったと語られていた。ふだんは漁撈に使用され、アムール川に張った刺し網を上げて鮭・鱒を捕るときに使っていたものである。

ここで、北方船の推進技術について考えてみる。ダブルブレードパドルの使用がシベリアやオホーツクの沿海部で始まり、北太平洋に広がっていた過程が推測された。このダブルブレードパドルは一本の長い棒の両端に水掻きをつけた、棹である。人が長い棹の両端を水面につけて、水の抵抗を受ける反作用として船を進める。舟は軽いほど良いことは記した。この舟が重くなってダブルブレードパドルで、漕ぎ手が掻いても、びくともしなくなったことを考えると、櫂を船縁に固定する方法を考えるのは自然な思考方法である。つまり、ダブルブレードをシングルに替えるために長大な棹を中央部から切断して、舷側に取りつけるという方法が考えられたのであろう。そうなれば、ダブルブレードパドルの水を搔く動作が、シングルブレードの両パドルにそのまま伝わり、車を描く動作は継承される。オモロチカの漕法がムウなどの重量のある舟に伝わった結果であると考えるのである。

注

（1）第Ⅱ部第一章注（3）掲載。

第三章　北の熊・南の猪鹿

狩猟習俗研究が果たしてきた大きな業績の一つに、実際の狩猟という行動が村の祭礼で特徴的にデフォルメされて取り入れられていく筋道を明らかにしたことが上げられる。この傾向が特に強く出てくるのが猪・鹿に関する儀礼である。農耕儀礼の中に猪や鹿の体が生け贄として捧げられる事例がある。そして、農耕儀礼が宮崎県銀鏡神楽のように、祭礼での主体となることもある。これは、作物の生長にとって動物がどのような役割を果たしてきたのかという問題についての研究としてまとめられつつある。とかく、ここから宗教的な行動（祈り・供犠など）が始まるために、修験者の関与等についての言及が多かった。

一方、北の熊ではこのような傾向が全く見られないのである。なぜなのか。熊は農作物とほとんど関係しないからだという研究者がいる。人を困らせるほど畑を荒らすわけではない。しかし、熊に対する信仰の強さは、猪・鹿を凌ぐものがある。北の熊がもたらす信仰世界はユーラシア大陸北部、そしてベーリング海を挟んだ北アメリカで特に強く、南の猪鹿とは対照的な信仰の表出である。

第1節　供犠と血

生贄の動物を殺し、血を呑み、肉を食べる儀礼は世界的に広く分布する。何のためにこのような儀礼を行うのだろうか。現代社会でも特定の人が「血祭りにあげられる」ことがある。ここでは生贄の犠牲が何らかの目的のために使われている。一つには特定の人や動物を血祭りにあげることで皆が助かるスケープゴートとして扱われる。宗教界ではこのように人や動物を贖い主として神格を与え、社会の安寧を求める。キリスト教会では信者が聖餐式（プロテスタント）やミサ（カソリック）でイエス・キリストの血（葡萄酒）を呑み、肉（パン）を食べて、キリストの贖いを自らのものとする。供犠の典型である。神の子羊は人を救うために生贄となった。この思惟は広く世界の基層に底流している。ユーラシア大陸北部に広く残る「熊の供犠」と通底する。

動物を供犠する事例は熊、鮭、猪、鹿などに見られる。このうち、ユーラシア大陸北部から日本列島の東日本に特徴的な狩猟儀礼に伴う「熊・鮭の供犠」が南下しており、一方では「猪・鹿の供犠」が農耕儀礼に収束された状態で東南アジアから北上している姿がおぼろげながら明らかとなってきた。

従来、狩猟研究で「熊の供犠」を扱う場合、農耕儀礼の一つと考えられてきた。しかし、石川純一郎は「マタギの狩猟に農事との関連が認められないのに対して、西南日本の狩猟は農耕儀礼と関わりのあることが特色[1]」であることを述べた。血祭りにあげられた動物が農耕のためなのか、それとも別の意図があったのか深く考える必要がある。熊の供犠には農耕につながる要素が認められないからである。

「熊の供犠」、「猪の供犠」は何のために行われているのか。それぞれの血や肉がどのように扱われているのかみることで供犠が何のために行われているのか明らかにし、社会の基層に潜む人の生への願望を考える。

猪の供犠

西南日本で、猪は人が営む農耕の害獣として駆除の対象であった。しかし、狩りにおいて人は山の神の前に礼儀をわきまえた。宮崎県銀鏡の猪狩猟儀礼では、仕留めたときに空砲を二発撃ち、尻尾を切り取る。山の神への報告でヤタテと呼ばれる。次にケバナカケあるいはミサキバナシを行う。猪の体を柴木で祓い、次の文句を唱える。「神はうけこし、中いざっさい。下はじしゆらい。みさきはもとの本地に帰り給え。アビラウンケンソワカ（三遍）」。ミサキは恐ろしい神でそれを猪の体から引き離す。山から下りるとき、空砲を撃って山の神にヤタテをする。(2)

この段階で、すでに熊の捕獲儀礼との顕著な違いが明らかになる。熊は山中での「送り」がある。毛皮を剝いで逆さ掛けにすることが多い。同時に毛皮に関する多くの儀礼が、熊の捕獲儀礼の特徴といえる。

猪の血は人が呑む、犬が呑むなどの他に、和紙で作った笠などを染めるのに使う。血が大地に落ちることで大地の霊を強めたり、穀物霊を強めるという考え方が垣間見られる。

そのことは、次の事例によって補説できる。

◎　農耕儀礼と狩猟儀礼が密接に関連している事例(3)

【鹿児島県大隅半島の柴祭り】

○大根占町城元池田の事例

正月祭りといい、一月二日から四日にかけて行われる神事の中三日にシシカリがある。隣の集落に近い峠の椎の木枝などを寄せて「かりくら」を造り、中に萱で形作った四、五〇センチほどの二頭のシシを入れ、子供の犬役が「かりくら」をまわった後、神職が弓矢でシシを射る。以前は集落の有志が狩人役となって射った。射終えると二頭のシシを取り出し、獲物を焼くといって弓矢とともに焼いてしまう。シシは猪だという。前日の二日には、立神というところで、田植えまでの作業を模して演ずる神事（芸能）がある。四日には神事の終わりに神主宅の座敷で苗取り歌を歌いながら種籾を撒く。

【三信遠のシシウチ神事】

○奥三河東栄町古戸の事例　↓　初午の種取り

雄雌二頭の鹿は杉葉、角も足も杉枝で体長七、八〇センチほどのものである。雌の腹部にはサゴといわれる杉葉の苞にゴクという小豆飯の団子を月の数だけ入れて吊す。別に白米を入れたサゴを添える。サゴは胎児のことをいう。弓は一年生の梅枝、弦は楮の皮、矢は蓬の茎で、花祭りのみょうどといわれる役の者がその弓矢で三、三、九度、鹿を射る。最後の矢を射ると、矢取り役のみょうどが鹿を倒し、雌の腹を割いてサゴを取り出す。人々はまず白米をわけてもらって諏訪社の祠の土を混ぜて五つの包みを作る。五穀の種ということで、それに鍬型と鹿に用いた杉葉を結んで神棚に供える。鍬型は男一人に一個で、家族に男が三人いれば三個作る。小豆飯の団子は人々に配るが、

手　　順	宮崎県椎葉・銀鏡
入　　山	モヤイガリ　→　狩倉に集まる． 役割決定　　→　トギリ・セコ・マブシなどの役割を決める． トギリは猪の足跡を見て猪のいる場所をその日の干支によって占う． セコは犬を使って猪を追い出す役．マブシは猪の通り道であるウジに待ち伏せする役． （セコからの連絡はタカウソといわれる笛でなされる．笛の数などで猪の行った方向をマブシの猟師に知らせる．）
捕獲儀礼	猪を射止めた猟師は，まず空砲を二発放つ．フエーハレーといって猪の尻尾を三本指でつまんで切り取り，「ヘーヘーヘー」と鬨の声を上げる．仲間の猟師が集まり，各自が空砲を放ち山の神に報告する．ヤタテという． ［ケバナカケあるいはミサキバナシ］を行う． 猪の体を柴木で祓い，次の文句を唱える．「神はうけこし，中いざっさい．下はじしゆらい．みさきはもとの本地に帰り給え．アビラウンケンソワカ（三遍）」 ＊みさきは恐ろしい神でそれを猪の体から引き離す．
降　　山 ［解　体］	家の近くまで来ると空砲を撃って山の神にヤタテを行う．猪の体は家のオタドコ（解体場）まで運ぶ． 毛を焼く．オタギといい，決められた棚の上に猪を置いて転がしながら毛を焼く． ＊（オニエ）として奉納するときは頭の毛を暁かない． 頭を切り落とし，腹部を裂いて内蔵を出す．クロフク（肝臓）は山の神に捧げる．七切れに切って串に刺し，山に向かって差し立てる． ＊流れる血は洗面器に受けて，犬に呑ませる．かつては，人が呑んだ． 解体した肉は一緒に狩りをした猟師で原則平等に分配するが，特別配分があった．
銀鏡神社 大　　祭	12 月 13 日から 15 日 銀鏡神楽三二番　→　ししとぎり　← トギリをする獣を猪として，トギリから始まる猪狩りのさまをこと細かに演ずる． ⬇ 銀鏡神楽三三番　→　神送り 稲作の過程を模擬的に演ずる田遊びの要素を持っている 【狩りと田遊びの要素が一つになった神事（芸能）】 大隅半島（鹿児島県）20 ヵ所の柴祭り． 三信遠（愛知・長野・静岡県）のシシウチ（鹿打）神事．

宮崎県・銀鏡の猪猟（須藤功『山の標的——猪と山人の生活誌』未來社，1991 より）

雌の腹部に吊したものだけでは足りないので、白米とともに別に用意しておいて全員に配る。昭和二〇年代までは一二月一〇日が花祭り、その前五日間にわたって白山祭りがあり、一二日にお神楽があった。白山祭りからお神楽まで一連のものになっていた。

［三信遠に一九カ所］

三河　鳳来町能登瀬　恩原
　東栄町月　布川　古戸　小林
信濃　天龍村大河内
　遠江　浜松市滝沢
　　引佐町川名

【高知県室戸市佐喜浜入来】

○初山の神事

正月四日、田芋一升を搗いて猪の形を作って胡麻を振りかけ、柴に載せて新田大明神境内の木の根元に置く。その猪を榊の弓で三度射り、さらに包丁を三度当てる。

【沖縄県山原】

○陰暦七月盆前の亥の日の神事

ウンジャミといい、ティル（背負籠）を頭から被ったものを猪に見立てて、女の神人が弓矢で射る。

◎農耕儀礼と動物の血(4)

【ラオス・ルアンパバーン県ドゥン村】

○バーッ・ハレッ（注ぐ・畑）という播種儀礼

朝七時ころに作小屋の上側に稲を守るチャラッコーイ（鬱金《うこん》）と稲の魂への供え物のラングロン・ンチル・イヤル（花・鶏冠・鶏）他五、六種類の花の種を播く。……次に、お椀二つにその年畑に播く稲の種を少しずつ混ぜて入れ、その上から白色以外の鶏あるいは黒い豚の生血を注いで、鬱金と花の前にお供えする。これは、稲の魂とそこにいる霊に食べさせ、すべての種が腐らずに芽が出るようにお願いするのである。

○プーア・ハレッ（治療・畑）という儀礼

儀礼的に植えてある鬱金のところに、四角な竹の台を作り、その上に、米ぬか、煙草、屑米、白蟻に食べられた稲茎を載せる。その上から持ってきた黒い（赤い）鶏の口を裂いて生血を注ぎながら、稲が病気にならずに、野生動物が来て稲を食べずにちゃんと育つように祈る。

【ラオス・フアバン県サムタイ郡プンシアン村】

○マット・ハレッという播種儀礼

作小屋の上側にタレー（悪霊の侵入を防ぐ竹網）を三個打ちつけた木の柱を立て、その根元の四方を割竹で囲み聖なる畑を作る。そこに、その年畑に播く全種類の種を一〇粒くらい混ぜて、鶏の生血を注いで播く。

【ラオス・ウドムサイ県ムンサイ郡パクメン村】

○パンスントリッ（悪魔祓い）と呼ぶ播種儀礼

鳥の死体から生まれた籾殻の赤っぽいゴ・インムという晩稲の糯米《もちごめ》の種子を聖なる畑に播く。このとき赤い雄の鶏を殺し、その生血を鬱金や竹水筒や稲の種子に塗る。

熊の供犠

熊の狩猟儀礼には熊の魂を「送る」狩り場の捕獲儀礼と、熊の霊を慰める里の「供犠・慰霊」の終猟の儀礼が存在していることが分かってきた。

熊をとった後の狩り場での狩人の行動と、異界と考えられる山から下った狩人が里の集落構成員とどのような行動を取っているのかについて関連性を分析検討する。そこで、東北地方で熊の狩猟儀礼がどのように行われてきたのか鳥瞰する。

熊狩りに行く狩人がヤマサキの家に集まり、一二人でないことを確認（一二人の場合は犬一匹を入れて一三としたり、一人帰した）して里との境に立つ山の神に山入りの儀礼を行う。奥三面では「四方固め」の儀礼をして狩り場を囲う唱え事を、奥只見ではイクサガケの儀礼をした。駒絵の紙を山の神の木（ブナ）に短刀で刺して猟の無事と豊猟を祈念する。山入の儀礼を境に山言葉を使用し、里とは違う世界での活動となる。ヤマサキの指示で狩りを行い、熊が授かると捕獲儀礼を実施した。

捕獲儀礼は熊の頭を北（阿仁）、川上や東（越後山地・奥三面）に向け、唱え事をした後、皮を剥ぐ。そして、剥いた皮を逆さに掛けるサカサガケ（阿仁はケボカイ）の儀礼を行う。この時の唱え事は「センビキトモビキ」「センビキもマンビキも」などである。この過程が捕獲儀礼の最も大切な部分で、熊の魂を絶対的な自然を支配する神に送る行為となる。猟師は引導を渡す（大白川）などと言うが、熊に魂を認めて人の葬式と同じようにあるいはそれ以上の恭しさを持って熊に接する。

熊の解体時、横隔膜に溜まった血を皆で呑む。心臓に十字を入れるホナ開きを実施し、熊の肉を削ぎ取ってナナクシ（七串）焼き（飯豊・朝日山麓）やモチ串（阿仁）を行う。狩人が皆で食べる。ただ、これを里へのみやげとしている金目などの例もあるし、里に戻って行うこともある。

山から下りるときは、山入の儀礼をしたところで結界を切る唱え事（奥三面）をしたり、イクサガケの短刀を抜いたりする。

里に戻ると、熊をヤマサキの家に入れ、庭で調理して参加者が宴を張る。この時、法印（還俗した山伏）を呼んで熊の慰霊を行う（飯豊・朝日山麓）。集落全部が集って熊を食べるところもある。新潟県山熊田、千縄、実川、富山県五箇山などである。ここでは熊の肉を特別なものと認識している。

これが一連の流れである。山入から捕獲儀礼をして山降、慰霊までが一つのサイクルの中にあることが確認できる。この中で、捕獲儀礼が特に重視される。この儀礼こそが熊の魂の行方を左右しているのである。捕獲儀礼を検討していく。

飯豊朝日連峰・奥只見以北青森県にかけての山人の狩猟では、巻き狩りをして熊が獲れると、熊狩りをしていた狩人仲間に獲れたことを知らせる。

この伝達方法は、熊を獲った一番槍（仕留めた者）が、タヨーを三唱（新潟県赤谷）したり、裏声の入ったヨロコビオオゴエ（新潟県奥三面）で知らせたり、万歳を叫んだり（山形県関川）した。これらは、勝ち鬨と意識され、勝負がついたことの表現であった。実際、ショウブを三唱したところもある。狩りの集団が熊を捕獲した時の儀礼がここから始まる。これは狩り場にいる狩人の捕獲儀礼である。村人は参加しない。

南会津の金山では熊を獲ると狩人が集まる。ヤマサキはカエデの枝二本で熊の尻から頭に向かって背中を三回なでる。逆に頭から尻に向かって同様に三回行う。この時、「うつものもうたれるものももろともにただひとときにたわむる」と唱え事を三度言う。次に熊を仰向けにして頭を北に向け、この前方に雪で壇を作ってカエデの股木三本を使って鳥居を作って立てる。灯明を灯し、皮剝に移る。皮を剝ぎ終わるとヤマサキが頭側、二番の者が足の方を持って剝き身の頭に尻の皮が当たるようにして「シリカシラ」と三遍唱える。心臓を蓮華形に切り山の神に上げる。肺、心臓、マルマメ（腎臓）、タチ（膵臓）、肝臓、背肉、頸肉の七か所から一片ずつ小さく切り取って一本の藁に刺し、山降の時、山の神に捧げてくる。残りの肉は村に戻って参加者全員で頂く。

同様に、奥会津昭和村ではトリキ、ホウ、コシアブラの股木を一本ずつ取ってくる。熊顎の下の毛三本を取ってホウの木の股に差す、両手首の下の毛を三本ずつ取ってコシアブラとトリキの股木にそれぞれ三本ずつ差す。コシアブラとトリキを縦木とし、ホウの木を横木にして鳥居とし、熊の頭の先に供える。この時の唱え言葉は「討つ者もうたるる者ももろともにただいちどきの夢のたわむれ。アビラオンソワカ（三遍）」この後解体。心臓に十字の切れ目を入れてホウの木の串に刺して山の神に供える。山降の後、熊を仕留めた人の家で熊祭りを行う。下座に祭りの棚を設け熊の頭を上げる。カエデで鳥居を作り、両脚を輪切りにした大根に差して棚の前に置く。鳥居の傍らに巻物、洗米、塩、お神酒、灯明が並ぶ。巻物の最初と最後を読んで一同礼拝して熊汁を食べる。

鳥居を造って魂を送ることを意識的に明らかにすることと、熊の体の一部をこの鳥居につけることで熊の魂を確実に送る儀礼が存在することが東北地方での共通項である。

解体時に心臓を取りだして十字に開いたり、横に割って一つを山の神に捧げたりする事例も共通する。唱えごとはそれぞれの詞がある。新潟県東蒲原では「オトミレ」を三遍唱える。入広瀬大白川も同様であるが、「ごんしんうしょうすいしょうひしょうこしょうくにてんどうしょうほっぴうつものもうたれしものただひとときのゆめのたわむれこうつきたるうじょうはなすといえどもおなじくぼつ火にいたる」という詞が残されている。四方の神に裁可を求め、熊はうたれても人と同じ火に至ることを述べる。

新発田市赤谷では熊の頭の上にシズイ（猟の杖）と鉄砲をたてる。皮を剝ぐと山大将が皮を持って剝き身の上で三度上下に振る。そして「センビキマンビキ」を三遍唱える。小屋に戻るとナメズリ（舌）、タチ（膵臓）、肝臓の三つをヤキドコと言って三五七の奇数の串に刺して火に焙り参加者に均等に分けて食べる。タチは弾ける方向を次の猟場として占う。

秋田県打当の事例も類似する。熊の頭を北にして仰向けにする。皮を剝ぎ終わると剝いだ皮を手に取り、反対にして被せる。次に小枝でシカリが熊の尻の方から頭の方に向かって三度撫で、次の言葉を唱える。この儀礼をケボカイという。「大もの千びき小もの千びきあと千びきたたかせ給えやナムアブラウンケンソワカ」（三遍）。「ナムザイホウジュガクブシ」（七遍）。「コウメヨウシンジ」（三遍）。「これより後の世に生まれてよい音を聞けフジトウイオンノロリビシャンビシャホジャラホンワニクジリヨウハンソウモッコオンバタソウワカアブランケンソワカ」。里に戻ると山の神にお神酒をあげて祝宴を張って解散する。この時モチ串を作るが、クロモジの串に心臓三切れ、左の頸または背肉三切れ、肝臓三切れ、以上九切れの肉を三本の串に刺し、右手に持ったまま焚き火で焼いて山の神に供える。シカリ、マタギも食べる。

ここまでの具体例を斟酌すると、山中の捕獲儀礼では熊に魂を認めていることは明らかである。そして、これを送っていることも分かる。会津、越後三山、飯豊朝日連峰はセンビキトモビキと逆さ掛けの儀礼が送りの中心となる。秋田はケボカイである。いずれも行っている儀礼は類似し、熊の魂の送りは徹底されていた。

熊が捕れると狩人は全員揃い、熊を真ん中にして勝ち鬨を上げる。全員が集まってから皮を剝ぎ解体に当たる。熊の体はこの時、川上に向けたり、北、東に向けたりして、頭上に鳥居や柴を立てる。皮を剝いだ後は、皮を頭部と尻を反転させて上下に振る逆さ掛け、そしてセンビキトモビキの唱え、などの儀礼を実施していた。

狩り場の捕獲儀礼の後、里に戻って類似の儀礼を繰り返す。熊とりに参加した人たちの一連のこの行動は、熊の魂を山に送る葬送として「センビキトモビキ」、「シオクリ」(青森県下北)がある。熊の魂を山にお返ししたわけであるから葬送はここで終了していたと考えてもいい第一の場面である。

第二の場面は、山の神が支配する世界から里に下りてくるところである。熊を皆で担いで降りてきて、山と里の結界でどの様に里へ下りるかが問題となる。

山熊田ではオサト木に参拝した狩人が揃ってヨーホー、ヨーホー、ヨーホーと三唱すると、熊宿でも、里人たちが出てこれに合わせてヨーホー、ヨーホー、ヨーホーと三唱することで、山と里の結界を切ったと解釈できる。

狩人が集落に向かって知らせる儀礼は、どこも同じようにしていたらしいことが分かっている。呼びかけの詞は集落ごとに違っても、山と里でお互いが呼びかけあう詞は類似する。

朝日山麓金目では熊を獲って降りてくると、村が一望できるマギノ平という場所に狩人が集結して、全員でオーイ、オーイ、オーイと三唱する。村人はこの声が鳴り響くと同時にどこの家からも全員が出て、オーイ、オーイ、オーイと返す。この際、お互いのオーイがマギノ平の狩人と里の村人とで揃って唱和されないと、山から帰ってこられないものだといわれていた。山と里での唱和が整うと、熊を獲った狩人は獲物を担いで村まで降りてきた。同時に、金目では熊狩りの狩人の帰りが遅くなって暗くなると、炊いたご飯を握って待つ。狩人が揃ってマギノ平で松明《たいまつ》を振ると、家からも一斉に出て柴を束ねた松明に火をつけて振った。お互いが振ることで熊が獲れたことの確認となった。暗くなったときは、マギノ平で里の人たちが握り飯を持って迎えに来るのを待っていた。里人がマギノ平に到着すると、熊の背中の肉を焼いた七串焼きを里人に渡し、里の人たちは握り飯を渡す。これによって、ともに里に下りることが出来た。

山形県小玉川の熊祭り

金目の隣り明沢集落では、熊が獲れると、里に向かって空砲を放ち、村人に知らせたという。大鳥でも同様である。

以上のように熊に関する儀礼には農耕儀礼との関連はどこにもない。

以上、熊の血や肉が農耕儀礼につながる事例は一つもなく、ましてや、猪のように穀物霊の活力を高める事例に使われることは皆無である。よって、熊の狩猟儀礼には農耕儀礼との関係はないことが明らかとなる。

第2節　熊の体のゆくえ

引退した鳥海マタギのシシオジ・金子長吉を春先再訪した。六頭の熊の解体に立ち会ったという。熊の指は六本の証拠品として、熊の左手を冷凍しておいてくれたのを確認させてもらった。間違いなく、六本目が小指の外側から出ていた。副手根骨である。

長吉が説明してくれているとき、削った熊の指の肉が土に落ちた。長吉はばつが悪そうに慌ててこれを拾った。指の肉一くれを愛おしむ長吉の心根には、熊に対する強い信仰（信頼感、依存心、畏怖心）が潜んでいることを確認した。

奥三面の小池善茂は、熊を獲って里に戻るとき、熊の血や肉など、山に残すことがあってはならないことを私に教えた。山の神の場所（休憩の際の岩場など）に熊の血がつくことは許されない行為だったという。

長吉に火傷や切り傷に効く熊の脂を見せてくれるように頼んだ。家に取りに行く時、「小屋に熊の骨や気管支があるから良かったら見てもいいぞ」と促された。

梯子を登って二階に上ると、熊の気管支が針金に括られ、頭骨と脛骨も吊されていた。頭骨は頭痛持ちのために三光焼き（熊、貂、羚羊の頭骨を蒸し焼きにした薬）にして粉にしたものを呑む。脛の骨はてんかんの薬として削って呑んだり、熊の脛骨と同じ部位が痛むときにこれで撫でたりした。

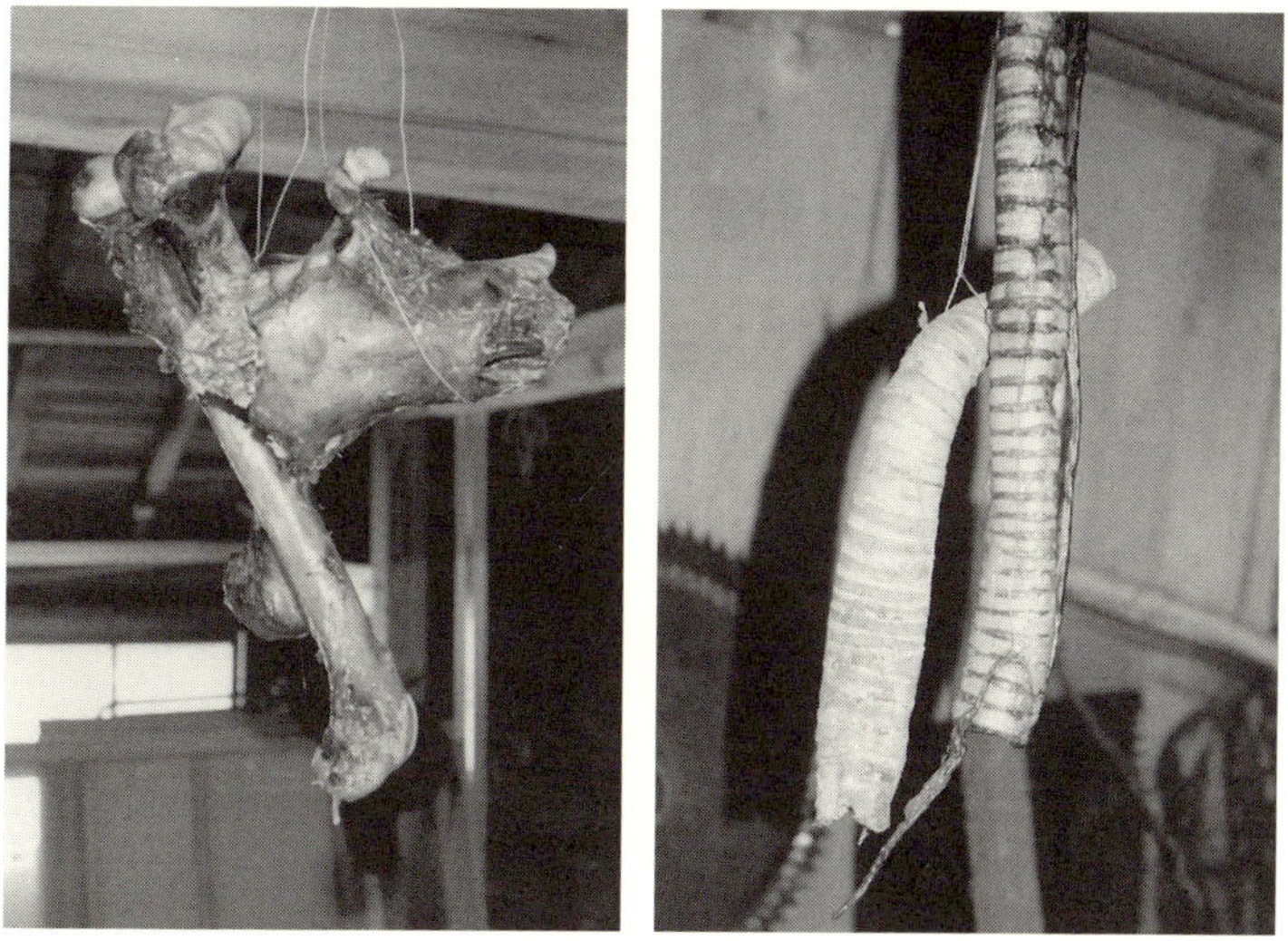

ぜんそくに効く熊の気管支（右）と神経痛や頭痛に効く頭骨・脛骨（左）

伸縮する襞つきホース状の気管支は白く乾いていたが、削って煎じて飲むという。ぜんそくの薬になるというのだ。

このような熊の各部を人の病巣と関連づけて類感的に癒そうとするのを類感呪術というが、熊の場合、体のすべてが人の薬となっている。北アメリカの先住民もユーラシア大陸の熊と共に生きてきた人たちも、同様の心理を伝えており、特徴的な信仰である。

なぜ熊にだけこのような特徴的な依存心・信頼感が生まれたのか。類感呪術という概念を提供したのは『金枝篇』を著したジェームズ・フレーザーである。動物の血や肉が穀物霊を殖やす供犠として扱われる世界的文化背景の前段階に動物そのものが人の生命の贖い（供犠）として扱われる世界観があることを提示した。

フレーザーの文化の進化論的発達段階説には批判もあるが、文化の基層にあるものを浮かび上がらせた。そして、生け贄として当たり前のように殺される動物への彼の冷ややかな視線に私は長い間戸惑ってきた。殺される動物は穀物霊よりはるかに価値が低い扱いを受けているように感じるのである。

日本では三遠信のシシ撃ち神事のように、鹿の腹の中に粟の種を入れ、穀物霊を倍加させる儀礼を通して、動物の生け贄が穀物の豊穣を倍加させる。

一方、熊の場合、このような例はない。動物そのものが人の生命の贖い（供犠）として扱われる世界観の中では、犠牲となった動物の扱いは生物学的な死を経ても、生きているものとして扱われることが多くある。

熊の頭骨は類感呪術として人の頭の病気を癒すものとの扱いがなされてきたが、頭骨に触って病気を癒して貰おうとする人々の心の裏には骨となっていても熊の生存が仮定されている。火傷をしたところに熊の脂を塗って治す際も熊の治癒力として生きた熊の力が想像される。喘息に苦しむ人のために熊の気管支が薬として使われている例も、熊の治癒力という生きて働く力を想像しているのである。ここに宗教の発生を私は想定する。

私は穀物霊を殖やす目的のために犠牲となる動物の事例が宗教を導く芸能の発生に寄与し、熊の生贄は直接人の贖い・宗教に届く祭りであると考えている。

第3節　熊は二度死ぬ

穀物霊を殖やすための供犠として使われる鹿や猪などの動物の血や肉は、人の生を贖うために供犠となった熊の血や肉とは大きく違うことを追究する。

アイヌのイオマンテや東北日本の熊祭りで生け贄となった熊の血や肉は、穀物霊の増殖にはつながらないことを報告した。フレーザーはこのことをもって穀物霊につながる発達段階の前段階と捉えた。ところが、熊の血や肉に対する強く広い禁忌や言い伝えを斟酌すると、前段階という考え方を再検討しなければならない状況が見えてくる。

第一に、人の生命力を復活させ、人の生存を贖うために熊の血や肉が食べられるという供犠が行われてきたが、これは人から考えれば最上の供犠であり、中間に食べ物としての穀物を挟まないという意味で人の生存に直結する思惟である。中間項に入る穀物霊を経ないという意味で直接的であり、生存を裁可するという目的に達する行いとして理解しやすい。

第二に、熊獲りのマタギや狩人は熊を獲った場合、その血が山の神の場所である山の大地や岩に付着したり垂れることを潔しとせず、一切証拠が残らないくらいきれいにして獲物を持ち去るということを長い間行ってきた。穀物霊を殖やすための生け贄の血は大地に注いだり、作物を作る場所に塗るという行為が行われてきた。このように、熊の血や肉は山という熊を育んだ場所から拉致され、人の贖いとしてのみここに収束して使われるという特徴がある。収穫物である穀物や動物を養う基盤に血を注ぐ方法は、明らかに血が媒体・手段の扱いであり、直接人の生存を贖うものとは距離がある。人の生存を裁可する熊の血は、この意味でも穀物霊より直接人のためになるものであると考えざるを得ない。

第三に、熊の血ばかりでなく、鹿や猪の血を大地に注いで大地の神を力づけ、これによって穀物の豊穣を祈る事例が広く行き渡っている。ここでは穀物を豊かに実らせることが最大の目的となっている。

貴重な動物を殺して、その生命力を大地に注ぎ、これによって豊穣へとつなげていく類感的な呪術は中間層に入る多くの儀礼によって動物の血を手段にしてしまっている。

熊の骨が人を癒すという今も生き続けている思惟とは距離がある。穀物霊を強めるための猪・鹿の血は、穀物霊に取り込まれることで本来の姿からチェンジして別のものになる。ところが、熊の遺体（遺存物）は別のものにチェンジしない。大地の神や穀物霊を殖やすための手段として血や遺体が使われるのではなく、残された遺体や遺存物に、まだ強力な霊的な力が備わっていることが想定できるのである。つまり、熊はまだ生きているものと観念される。

具体例を挙げる。

一、山形県大鳥の亀井一郎は熊の小腸を膨らませて壁に掛けておき、お産に際して妻の体に巻いた。こうすると、お産が軽くなるといった。

二、福島県藤巻には、安産を願う地蔵様が村中にあり、熊の子宮が腹帯として巻いてあった。お産の家があると、当主がこのお地蔵様を担いで家まで持っていき、「軽かった」と言った。お産で苦しんでいる女房の手前、決して重かったと言ってはならなかった。

三、かつて、秋田県では産婆さんが熊の左手を持っていて、お産の際には妊婦のお腹をこれでさすった。

四、熊の体の骨を取っておき、足を痛めたりした時には、人の体と同じ部位の熊の骨を使って患部を撫でて治した（青森県砂子瀬、秋田県打当・百宅）。

五、宮城県栗駒では頭骨を取っておき、病気の際にはこの頭を撫でて癒して貰うよう祈った。

手　順	アイヌ（屈斜路湖畔のコタン，昭和29年）	ハンティ（シベリアオビ川流域）
準　備	二週間前から始める．炉・幣の前で燃やされる薪が集められる．儀礼に用いる用具（ヌサ・花矢等），供物（酒・シト等）を準備する． 近隣の集落に使者を立て，招待する．	［熊迎えの儀礼］ すでに獲ってある熊の毛皮と頭の部分が橇に乗せられている．供え物をして唱え言（熊の言葉を使わず一晩騒ぐ）
前　祭	会場となるチセ（家）に用具類，供物をすべて整え，長老によって火の神への祈りが行われ，儀礼が始まる．	
本　祭 一日目	男たちは長老を先頭に子熊の飼育檻に向かい，熊に祈りを捧げた後，檻から出し広場を引く．数人の男が熊に向かって花矢を射る．次に二本の棒で熊の首を絞め絶命させる． 熊の皮を剝いで肉体と霊を分離させる．解体を経て，毛皮をきれいに畳み，その上に頭を載せる．肉体を離れた霊は耳と耳の間の頭の上に座っている． ＊解体された熊の腹の中の血を呑む． 東側に築かれた祭壇の前には長老たちが集まり，毛皮の上に頭を載せられた熊が集落を向いて置かれ祈りが捧げられる． この後，チセの東側にある窓から毛皮と頭の熊を招き入れ，夕刻から饗宴が始まる．熊の毛皮と頭の前には食べ物や酒がたくさん並べられ，人間の歌や踊りが披露される．	［トナカイの供儀］ ［熊の屋内への迎え入れ］夜，熊の頭を戸口から運び込む．祭りの主人が鉞を手に追い返すこと四度目にして人室．「熊の歌」「熊の子守歌」「男の踊り」「女の踊り」で夜を徹し，「熊の子守歌」で終了．
二日目	男たちは熊の頭部の飾りつけを行う．神々の世界へと旅立つ前の化粧である． 夕刻，最後の饗宴が開かれる．昨夜同様，熊の前には食べ物や酒が並べられ，旅立つ際の土産がまとめられる． ＊参会者には熊の肉が振る舞われる． ユカラが翁や媼によって語られ，物語がクライマックスに達しようというときに止める． この後，熊は木の座に据えられ，神窓を通って屋外にあるヌサに東を向けて据えられる．そして，人間の放つ花矢を道しるべとして神々の世界へ旅立っていく．	二日目 「熊を目覚めさせる歌」「熊の歌」「男の踊り」「女の踊り」 ＊午後七時過ぎから熊の祭壇にトナカイの肉を供える儀礼．トナカイの血を呑む．［仮面の寸劇］十番行われる． 三日目 ［トナカイの供犠］熊がこの家の守護霊となってくれるかどうかを祭壇の前で占う．この後，外で三頭のトナカイを殺す．赤・青・黄の帯をトナカィの首に掛け屠殺．「熊の歌」「男の踊り」「女の踊り」．「モイム川の霊の歌」「ナズム川の霊の歌」が仮面をつけた人によって演じられる．生贄を供えて川の霊を祀る． 四日目 ［生贄となったトナカイの毛皮を木に吊す儀礼］昨日生贄となった三頭のトナカイの毛皮を木に吊り下げる． 家に戻り，「熊の歌」．仮面劇「生贄にされたトナカイ」など十番行われる．その後「祈禱の歌」など六番．全部で二十四の演目をこなす．
後　祭	翌早朝，旅だった後の木座の向きを西に変え，祖先供養を行って儀礼を終了する	最後の演目まで終了するのが翌朝である．ここで終了

熊送り

ここで想起されるのは、熊狩りの二重構造である。山中での捕獲儀礼と里に戻っての終猟の儀礼（慰霊と供犠）では、同じような儀礼を山と里で繰り返す。たとえば下北半島畑では、かつては三組のマタギ組織があり、熊を獲ったところでカクラ神に祈る。オカベトナエという。さらに、熊を里に下ろして頭蓋と皮のついた熊の遺存体を頭を上に畳んで置き、オカベトナエを唱える。山中と里での唱え詞は異なると言うが、山中では送り、里では慰霊が付与される。

この繰り返しは、山形県小玉川での熊獲りでも見られる。山中で熊を獲ると、ここで捕獲儀礼を行うが、熊を取り囲んで勝ち鬨を上げる。里に戻っても、皆の前で勝ち鬨を上げて報告する。

熊狩りの山中捕獲儀礼と里での終猟儀礼の類似性は狩猟研究では以前から指摘されていた。熊を山で解体しないで、直接里に持ってくる場合、山中で熊の霊を送った後、山と里の境で月ノ輪に縦に切れ目を入れるカワメタテを行った。こうすれば熊の霊を送った後の遺存体が里に持ち込まれたと解釈されたのである。ところが、持ち込まれた熊の体は解体する前に、子供を金太郎のように跨がせたり、皮を剝いで逆さ掛けを再び行ったりして鄭重にもてなした。最近では、熊の体を直接里に持ってきて、ここで儀礼を行うこともある。

熊の体は獲られた時点で生物的な死を迎えている。これが第一の死である。そして、里に入ったときに、集落の皆に熊が手に入ったことを示すために、生きているもののように狩りの様子が再現されていた。この過程を経て、儀礼を執行するのだが、ここでは生きている熊という前提で再現される。二度目の死を迎えるのは肉体が食べ尽くされて、体の各部が完全になくなった時点であった。つまり、熊は二度の死を経て熊神に昇華しているのである。

このことは、アイヌのイオマンテやシベリアのハンティ人の熊送りにも顕著に表れる。アイヌは熊を広場で遊ばせ、花矢を射かけ、二本の棒で首を絞めて絶命させる。これが生物的な死である。ハンティは熊送りのために獲った熊を儀礼用に迎えることから始めるが、熊は獲られた時点で生物的な死を迎えている。

次に、熊は儀礼に迎えられる。イオマンテではチセ（儀礼を行う家）の窓から毛皮の上に頭を載せた状態で入れられ、祭壇に祀られる。ハンティは熊迎えをする際、トナカイを狩り、この血と肉によって供犠を行い、アイヌと同様に毛皮の上に熊の頭を載せた状態で家の祭壇に導かれる。これらは明らかに、熊が生きているものとして招かれているのである。家の中では儀礼が執り行われる。生きているものとして、熊に人間の踊りを見せ、歌を歌い、芸能が披露される。

供宴が終了したときが、熊の第二の死の場面となる。イオマンテでは旅立ちの支度をして窓から出され、土産を持たせて外の祭壇に安置し、頭の両耳の間に留まっていたとされる熊の霊とも別れを告げて（熊の脳みそを食べ皮に着いていた肉を綺麗に食べて頭蓋骨にした状態、つまり頭骨を飾って）神の国に旅だってもらう。この時点で熊は神となる。

ハンティでは、熊が最高神となっているために、熊を狩る流域の川にいる精霊に対してトナカイを殺してこの血と肉で供犠を行う過程が入り、多くの芸能が繰り返される。熊は何度も目覚めさせられていて、そのたびに儀礼を行う。儀礼の中での熊は生きたものとして扱われているのである。儀礼の終了に伴って第二の死を迎える。

東北日本ではどうか。

山で熊を解体して心臓を十字に切るホナ開きを終え、サカサガケをして熊の霊を山の神に送るまでが第一の死である。山の結界を切って里に戻るとヤマサキの家で法印を迎えて熊の霊を慰霊したり（山形・置賜）、頭部と毛皮を畳んで家の祭壇に置き、村人がオカベトナエを挙げた事例（青森・畑）、頭部を煮て参加者全員で食べるカワザネを行った事例（奥三面）などがある。

このように、熊の体が霊的にとても強い支配力を持っていると考えていた節があり、骨、熊胆、腸、頭骨等、人の癒しに使ったり、薬として扱われたりした。いずれにしても、熊の供犠と考えられる里での供宴は、一つも残すことなく、全て食べ尽くして初めて成就するものであった。二度の死を経て、熊は神となった。

第4節　熊は復活する

二度の死を経て熊神となる。とする思惟は、アイヌのイオマンテ、西シベリアのハンティ人の熊送り、フィンランドのカレワラに見られる熊祭り、ベーリング海を挟んだ北アメリカ先住民の熊祭りなど、熊が多く棲む地域に共通してみられる。

熊が冬眠している穴に入り込んで人が助かる話が『北越雪譜』、サハリンのニブヒの昔話、極東シベリアのナナイの昔話、アメリカ先住民族にみられる。穴に入ってここで復活を遂げる熊は人にも同じ力を付与した。磔にされたキリストが岩穴に葬られ、三日目に復活する話と、あまりにもよく似ていると思われるのである。

話の内容は次のようになっている。(5)

むかしむかし、母方のおじさんが話してくれたんだが。ひとりの猟師が冬、道に迷ったのさ。吹雪で雪が舞う中を、いったいどっちへ行けばいいんだろう。熊の穴をみつけて、「きっと熊は眠っているに違いない」と考えた。

穴の中に潜り込むと、熊は手出しもせず壁側に体をぴったり寄せて、猟師に場所を空けてくれた。猟師は眠り込み、丸一日眠った。何も食べなかったが、一冬熊の穴の中で暮らしたような気がした。なにも食べていなかったのに、満腹で太っていた。

春になり、熊は外に出て一休みすると、また帰ってきた。同じ事を三回繰り返した後、熊はいなくなってしまった。猟師も穴を出て、すぐに家に帰る道を見つけた。猟師は後でこういった。「熊が俺を住まわせてくれて、まるで自分の脂肪をおれと分け合うようにして、食べさせてくれたんだ。」

これは熊がこう考えたのさ「この男は村に帰ったら、わしがいかに丁重にもてなしたか、みんなに話すだろう」って。

この類話は、新潟県にも存在している。熊が人を復活させる話で知られている。「熊人を助《たすく》」として鈴木牧之の『北越雪譜』に載る。(6)

二〇歳の若者が薪取りに出かけた冬山で雪の割れ目に落ちて遭難する。雪の割れ目の引っかかった場所に穴があったので入っていくと、熊が冬眠していた。ところがこの熊が体を空けて若者を温かいところに寝かせ、自分の指を舐めさせて飢えを凌がせてくれる。ある時、熊が水を飲みに外に出掛けることを繰り返すうち、どこかに去っていく。自分も冬眠穴から出て助かる。

新潟県の妻有地方、魚沼地方（長野県、群馬県と接する山岳豪雪地帯）で古くから語られてきた話の一つとして記録されている。新潟県の山岳積雪地帯の熊とり集落ではありふれた話として語られてきた印象がある。

熊とりの人々の間で語られ続けてきた掌を舐める話などの事柄をもれなく記述してあり、人々の語りに忠実に記録されている。

ユーラシア大陸の北東の端にあるシベリアの森林地帯に生きてきた少数民族も、この話の要素を漏れなく語りついでいる。

アムール川流域ナナイの人々の伝承と、遠く離れた新潟県の山村との間にかくも近似の類話が伝承されていることの不思議を考えてみなければならない。熊は本州にツキノワグマ、北海道とサハリンにヒグマ、沿海州に首に白い月の形を持つアジアクロクマとそれぞれに種類が違うが、熊に対する同様の観念を伝えていることは、アムールランドなどの樹海で誕生した話が少しずつ伝わっていったものであることは容易に想像がつく。

だから、アイヌの熊送りと近似の行事を行うシベリアのナナイ、ニブヒなどの少数民族に伝承されている「熊に助けられた人の話」の類話が、アムール河流域からサハリン、本州へと広がって採話されているのである。具体的に記述する。

太平洋戦争前・サハリン（樺太）の敷香でギリヤーク（ニブヒ）の民話と習俗を採集した服部健は「熊に馴染んだ男」という民話を著書の最初に掲載している(7)。

父と娘と息子二人、それに娘の夫の五人が同じ家に住んでいた。けれども親子は娘の夫が非常に口が悪いのを嫌って、何とかして家から追い出したいと考えていた……。

一家の男四人は猟に出かけた。雪の上に残された獣の足跡を追っていくうちに、四人はがけの上に出た。下を見るとがけの中ほどに熊が冬ごもりしている穴が見えた。

父と二人の息子は、口の悪い娘の夫を熊の穴の前に吊り下げる相談をまとめ、娘の夫を熊の穴の前まで下ろした。

がけの上の三人は、小刀で縄をぷっつり切ってしまったのでどうにもならない。考えた末、矢を弓につがえて、熊の穴の中に入って夜を明かすことにした。日も暮れかかってきたので、この男は熊の穴の中に入り、とうとう熊を押しのけて奥の方に進み、そこで横になった。寂しい思いをしながらそこで明くる年の春、雪が解けるまで越年した。長い間、熊と同じ穴の中で暮らしたので、この男はすっかり熊と馴染みになった。熊が指を嘗めさせてくれると、男はお腹が張ったような気がして、何にも食べないでいることが出来た。

ある時、男がぐっすり眠っていると、夢の中に老人が現れて、「明日は熊が穴から出る。おまえさんはその時に熊の背中に乗って目をつむり、体を動かさないようにしていなさい」といった。明くる日、熊が立ちあがって穴の外に出ようとしたので男はいわれる通りに目をつむって体を動かさないようにして、熊の背中に乗っていた。熊が少し動いたと思われたので少し目をあけて見た。すると男は山の上に運び出されていた。

男はすぐに自分の家にたどり着いてみんなを驚かせた。それから後は、この男が猟に出るといつもたくさんの獲物があった。

アイヌの説話を記録した知里真志保は「雌熊の神に猟運を授かる」という話や「熊神人妻と駆落」のなかで熊と人が婚姻によって同化することを提示している(8)。

後者の説話では、人妻が山から下りてきた若い男(熊)と関係を結ぶ。怒った妻の弟が果たし合いの熊狩りに出る。熊穴にいる駆け落ちした妻(雌熊)と雄の熊を見つけるが相手にやられてしまう。しかし、この後は猟に恵まれるようになる。このとき、熊の神は「熊は殺されても(神だから)すぐにまた生き返る。人間は死ねばそれっきりだ」ということを教える。

以上のように、熊は復活する生き物であったから、二度死ぬことができたのであるし、人の贖い主となったのである。人の生存を裁可する生き物として崇められてきたのである。この思惟は、「人の生を贖うために」死んで、その後復活するキリスト教的世界観を内包し、宗教の発生に寄与した可能性が高い。

第5節　なぜ熊には二度の死が必要であったのか

二度の死を経て熊が人に伝えたのは、熊が人の贖い主であり、復活によって神となる精神性であった。狩人やマタギが熊を山中で獲る、一度目の生物的死は、参加した山人のみの認識として共有化される。そして、里に戻って熊の遺存体の前で勝ち鬨を上げ、熊が生きているものとして提示し、儀礼を催して二度目の死を周知化した。そして、熊の遺存体は余さず食べ尽くされて、初めて里人は熊が人の贖い主として死んだことを理解する。ここに至って供犠という想念が生まれる。熊が人の生存を裁可する動物であったために二度目の死が必要であったのだ。

熊を崇める観念に達して熊神となる。神とか王という超越した神格を持つものは、必ず多くの人々の前で「死と復活」を認定される必要がある。二度目の死は、神となるために必要な復活の後の行為であった。

繰り返すという行為の背後には、贖いの主を獲ったという狩人だけの山の確認事項を広げ、里人に周知化する公共性を示している。里にまで降ろされた熊は、里人の前で狩人集団から贖い主となったことを告げられる。これが第二の死の本当の意味なのである。

シベリア、ハンティ人の熊送り行事を詳細に研究した星野紘は熊送りに二度死ぬ過程があることを述べて研究をリードしている。東日本の獅子踊りに送りの過程と思われる要素が重なる過程を報告している(9)。西日本の獅子舞との比較で東日本の熊をめぐる狩猟儀礼は世界の熊に関する儀礼と共通し、基層に属するものなのである。

キリスト教など世界的な宗教で実施されている供犠は、贖いの生贄を殺す過程が何度も繰り返され、そのたびに復活の過程を経て、神としてより高い品格を加えられていったのではなかったか。この連想のもととなったのが北半球に広く棲息した熊とその狩猟儀礼であったと考えるのである。冬眠を経て復活し、死んでも人に癒しを与え続けている姿から連想されたものと考える。

一方、南の猪・鹿の供犠は、血や肉が穀物霊に取り込まれて同化することで本来の生贄の性格がチェンジ（交換）することを意味した。山の神のもとで行われていた狩猟儀礼が田遊びなどの芸能に交換し、山の神が田の神にチェンジするとした考え方が広まった。田の神が山の神と交換する事例は本来明らかでないにもかかわらず、チェンジできるものは元に戻るとする考えが支配して、田の神は山の神として戻るとする理屈が広まった。

熊の供犠は、自然を支配する全能の山の神から人が生存の裁可を求め続ける中で繰り返されてきた、死と復活によって人を贖う行為であった。だから山の神は熊の狩猟儀礼の中では農耕儀礼と全く関連を持たず、熊を山の神の標《しるし》として、この贖いによってのみ、人は山の神から生存が裁可されてきた。

注
(1) 石川純一郎「狩人の生活と伝承」『日本民俗文化大系』五巻、小学館、一九八三。
(2) 須藤功『山の標的――猪と山人の生活誌』未來社、一九九一。
(3) 野本寛一『焼畑民俗文化論』雄山閣、一九八四。

(4) 川野和昭『季刊東北学』一八、東北文化研究センター、二〇〇九。
(5) アリーナ・チャダーエヴァ／斎藤君子訳『シベリア民族玩具の謎』恒文社、一九九三。
(6) 鈴木牧之『北越雪譜』(一九三六) 岩波書店、一九八一。
(7) 服部健『ギリヤーク——民話と習俗』楡書房、一九五六。
(8) 知里真志保『知里真志保著作集』第二巻、平凡社、一九七三。
(9) 星野紘『村の伝統芸能が危ない』岩田書院、二〇〇九。

第四章　アムールランドの熊をめぐる伝承

『北越雪譜』の「熊人を助」の伝承は極東ロシア、アムールランドから北アメリカが本場である事を記した。この伝承の残像を探しているが、人が熊の穴で熊に養われながら一冬過ごす語りは、特徴的な分布を示している。日本では一つのラインの内側に伝承が詰まっている地域が見つかるのである。

朝日山麓稜線（新潟・山形県境線）から山形県置賜地方を含め、山形・福島県境線を辿って福島県に入る。福島県は会津地方を含めて奥只見全域を覆い、群馬・栃木県境を長野県に向かい、長野全域、静岡県磐田地方に達する。ここが南限である。そして、長野県南部から岐阜県を包み込んで富山県境に至る。最後は富山新潟県境線で日本海に入る。この線で囲まれた内側の山岳地帯で報告されている。

アムールランドの神話・伝承の研究をまとめた荻原眞子は、熊をめぐる伝承として「熊人を助」を「慈悲深い熊」としてまとめている。そして、熊をめぐる伝承を大きく三つに分ける。

①慈悲深い熊
②山のヒト
③熊と人間の婚姻

ⓐ獣の主
ⓑ姉弟と熊
ⓒ人間の敵対者としての熊(1)

①は既に論じている通りの分布域に残る。②は下流から山に来たヒトが熊の家に招かれ、沢山の贈りものが届くのを見る。一人の男が熊の毛皮を着て下流に戻り、半月後沢山の贈りものを持って熊の家に帰る。男は村に帰り自分の経験を話した後に死ぬ。熊送りの要旨を語り物にした観のある伝承である。③ⓐは人妻や妹などの女性が山の立派な男にさらわれて夫婦となる話である。探しに行った猟師がこの後、豊猟に恵まれる。③ⓑは留守中に熊が姉をさらい、姉は熊の嫁になる。弟が狩りに出て熊を仕留めて頭を持って帰ると、姉はそれが自分の夫である事を知り、死ぬ。弟も発狂する。③ⓒは熊と夫婦になった姉を妹が探す。姉は頭だけになって転がっている。妹がつつくと生き返る。熊は性悪であった。

第1節　精霊の守護者

ウデゲ人は、生活しているあらゆる場所に精霊がいて、それぞれは動物の形をとって人に顕現すると考えていた節がある。そして、精霊の守護者として、これを差配できるのが熊であると考え、遇されていた現実がある。

アルセネボ村のリディアさんが語ってくれた話の中に、虎の話があった。「熊と人が結婚する話はありませんか」と、水を向けたときに語ってくれたのが虎の話であった。言外に熊の話をむやみにしてはは

右　刃物の柄に浮き彫りされた熊の像
中央　木彫りの熊
左　揺り籠につけられた子供の守護者マーファ

守り神としての熊

ならないと、ほのめかしていたことは記した。

兄と妹が森の家に住んでいて、兄が狩りに出掛けた留守に虎が来る。ところが夜には立派な青年になる。妹と懇意になり、妹は誘われて森に行ってしまう。

第Ⅰ部で記述したものである。虎の語りとなっているが、熊にもこの話があることを語ってくれた。虎や熊との婚姻は当たり前のように語られ、どちらも、人より優れた動物として遇された。だから、多くの語りのようにこの後に続く兄弟の生き死になどの展開は、姉妹の熊との婚姻という基本的な語り出しに集約されていた。

単なる親戚やよき隣人としての熊がいる。人の親戚として、伯父さんとなり、守護者としての熊が人の生活の近くで共に生きている。リディアさんの語りは人の熊に対する期待の基にあるものだ。人の命を奪わないで人を守って欲しいという心意なのであろうと、推測する。この後にⓑやⓒの説話をつなげて、語りの変化を楽しんだのである。類話はアイヌ民族にもある。

ナナイ人の村、シカチアリャンで見た赤子を入れる白樺の揺り籠には、熊の彫刻が紐に縛りつけてあった。理由を尋ねると、「赤子は魂が体から離れやすい。だからこの熊に守って貰っているのだ」という会話のやり取りがあったことは既述した。ハバロフスク州の先住民族——ナナイ、ウリチ、ニブヒ、オロッコ、ウデゲ、ネギダル、エベンキ、エベン——には、熊を親戚や身内と考える伝統があるという。人に困ったことなどがあると、熊にお願いする思考の流れがあり、マーバあるいはマーファと言って尊敬していた。この呼び方は伯父さんを意味することが多いという。

ナナイの集落には、実に多くのマーファが造られている。まず、自らの住居の範囲を示す境に建てられるセーベン（木偶）は、熊の立像を使っているシカチアリャンの例がある。一般の家庭では手足の長い人の形の木像がセーベンとして建てられ、家屋に入ると、入口から最も遠い対角線上の隅に小さなセーベンが置かれた。このセーベンの一つが熊の像で、家の魔が溜まる部分とされ、ここに置いて魔を払う役割を果たしていた。小さな熊の四つ脚を踏ん張った彫刻であったり、熊が穴から出る場面を彫刻した立像であったりした。

ウデゲのアンドレイさんに、家の中にあったマーファについて訪ねると、確かに角に棚を造って安置してあったが、世代が変わってからは、置かなくなった話があった。

ハバロフスク州の記章は熊（МЕДВЕДЬ）である。頸に月ノ輪のタイを持つアジアクロクマを描いている。

この熊が、人を含めた生物界の守護者であるとする考え方がある。

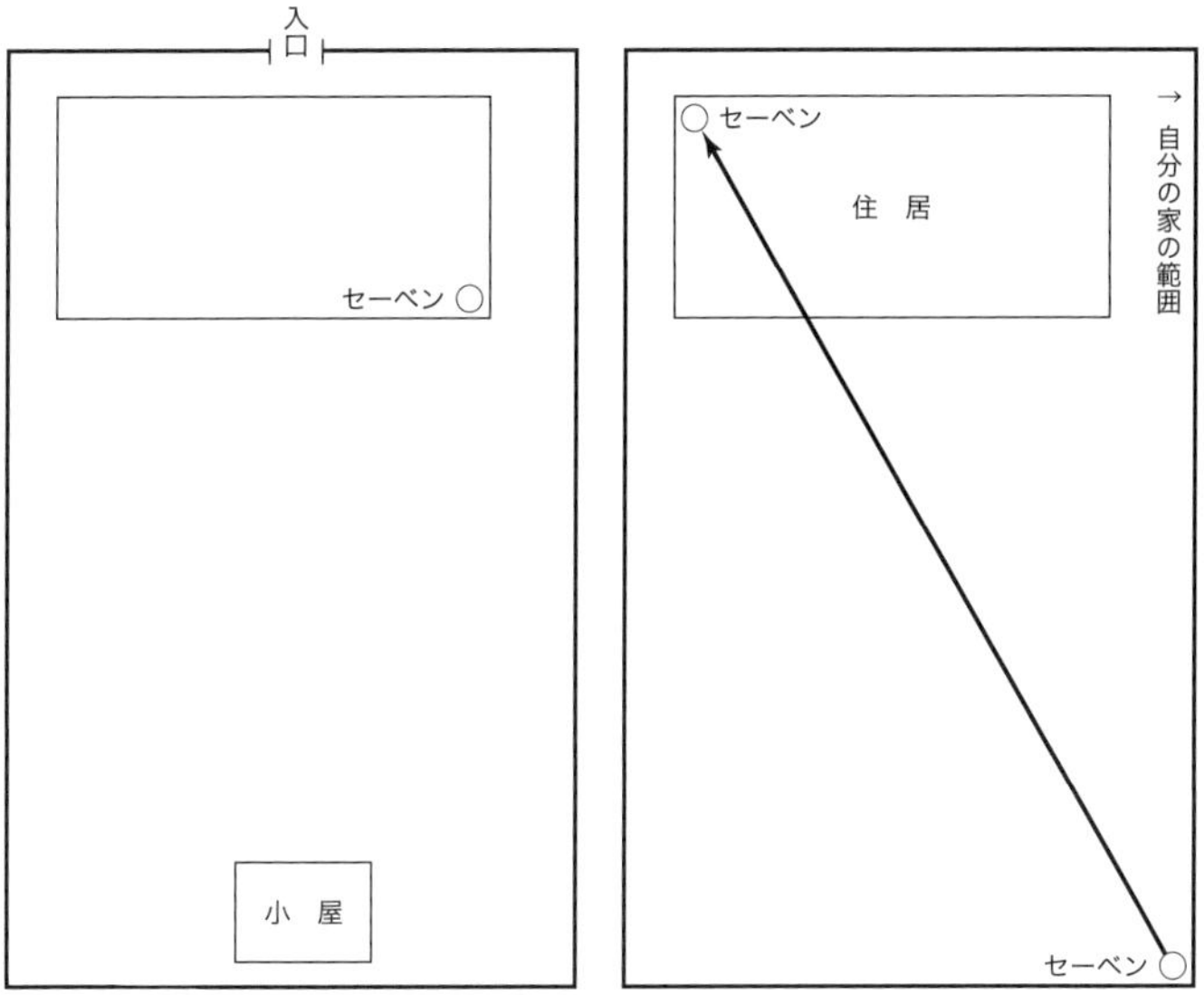

＊家を守るセーベンは対角線上を基本に設けられた。

自分の家の周りと家屋を守る神があった。境界は隅を意識して設定され、ここに木偶のセーベンが飾られた。最も信仰的に強いセーベンは熊である。

ウデゲが狩りに出発する際のことである。広場にはシャーマンが造った小さな小屋があり、ここに必ず寄って生け贄を捧げて豊猟を祈った。獲りたい動物を木彫り像にして、この小屋に捧げた。この小屋の中には三〇センチ足らずの二つの像が安置されていて、片方は狩猟の、また片方は漁撈を司る神として木彫りの像があった。アンドレイさんは「男女の神」であるという。この彫像の頭部には熊を彫り込んだものと、頭部に鮭の尾鰭の形をした像があった。

熊が集落に出て、どうしても獲らなければならなくなったことがあった。木彫り像が間に合わなくて、こっそり、禾本科《かほんか》植物の藁で熊の形を作って小屋に納め、狩りに出掛けたことはアンドレイさんが語ってくれたことである。

親戚であり、守護者である熊を獲ってしまう矛盾する行動様式は、日本の熊に対する狩人の精神構造と見事に合致する。

日本の東北地方の狩人の、ウデゲやナナイの行動様式との距離・位相をここで検討する。
○ウデゲ　狩りに行く際、広場にある聖なる場所にある小屋に獲りたい動物の木彫り像を納める。聖なる小屋の中にある男女の像は精霊

聖なる広場に建つシャーマンの小屋（ナナイ人のシカチアリャン村）

その内部．男女の像は，それぞれ狩猟（右）と漁撈（左）を司る

を支配し、獲物を授けてくれる。
［擬似的供犠］獲りたい動物の木彫り像
［生け贄］鶏
○日本　山入りの境にある山の神の大木に、駒絵を奉納したり、神酒を供えて、獲物を授けて貰えるよう、山の神に祈る。祈りが通れば、授けて貰える。
［疑似的供犠］お札や駒絵
［生け贄］動物ではなく、洗米やカラコなどの供物。
このように極めて類似の考え方が見られるのである。そして、狩りを終えて、獲物を処理した後の行動については、慰霊を優先する日本の狩人に対し、命の木に頭骨を捧げて魂を送るウデゲの人々の行動に分かれる。
命の木についてはトロツコエ村でナナイ人の集住するジャリのミハエルさんが語ってくれた次の伝承は注目すべきものである。

ジャリ集落、シャーマンの家の庭に命の木があった。狩りに出掛ける人たちは獲りたい動物の木彫り像を持ってこの命の樹に架けて、贈り物をして出掛けた。架ける場所は命の木のどの方向でもよかった。

ジャリでは聖なる広場に男女の木彫り像を安置した小屋があったという伝承はなく、命の木という朝鮮五葉松の巨木が狩りの獲物を授けて貰うために祈りの木としてあった。日本の山の神の木に似ている。そして、アルセネボ村に住むウデゲのアンドレイさんの語りが重なってくる。アンドレイさんは獲ってきた獲物の頭骨を村の東端にある朝鮮五葉松の木の下に納めた現場を知っているのである。この木は命の木に相当するが、そのような認識はなかったようである。また、狩りの最初には必ず聖なる広場の小屋にある男女の像に獲物の木彫り像を捧げて出掛けていた。

つまり、アンドレイさんの観ていた頭骨を返す木は、獣の魂の送りの場所であると私は判断する。魂はどこに還るのか（送るのか）。ウデゲの他界観に直結する重要な問題である。

太陽が昇る東の天上に、動物の魂が集まる異界があったのではなかろうか。

アイヌのイオマンテでも熊の頭骨を股木に飾った後、東の天空に花矢を射掛ける。カレワラでも「枝の多い松の木、清らかな木」の上から天上に還っていく。

樹海の動物は熊に象徴されて、魂の昇華を描いてきた。熊は人を含め、樹海に潜む多くの精霊の守護者であったからだ。

人は樹海の生活では特別扱いされることもなく、多くの精霊とともに生活を営んでいたのである。これをまとめ、守護していた伯父さんが熊であった。

第2節　熊と宗教

ロシア正教の礼拝堂には守護天使が屹立する。人の守護霊として働く天使が信仰に深く関わる。

プロテスタント教会では三位一体の神として、「父・子・精霊」で説明してきた。そして、「御子自ら罪人の救いのために人となり、己を生け贄として神に捧げ、我等の贖いとなる」。

この贖いの精神性が熊の供犠の考え方に関わって来たことは前章で述べた。ロシア正教ではもっと直截に熊と繋がる部分がある。

ベラルーシに「カマエジツァ」と呼ばれ、熊の毛皮をまとって踊る祝祭があるという。春分と秋分の日で、それぞれ熊が冬眠から目覚める日、異界に還る日であった。教会暦三月二五日の生神女福音祭（復活祭）の前日と、九月二五日である。

この九月二五日が「ラドネジの聖セルゲイ」の日にもなっている。

聖セルゲイは修行中、自分の乏しいパンを草庵にやってきた熊に分け与えたという伝説で語られる有名な修行僧である。キリスト教がロシアの風土に土着した一六世紀、モスクワ公国の守護聖人となった。聖セルゲイ大修道院を創設したが、彼を慕ってきた信者と共に、自分たちの労働によって創り上げたと言われている。ロシア正教会では尊崇されている聖人の一人である。

ロシア正教の精神性の奥深く、ロシアの風土に根ざした、熊をめぐる基層の思惟が潜んでいる。ロシア正教は熊信仰をどのように取り込んだのであろうか。

原スラヴ神話に「ヴォロス」という家畜の神がいて、牧畜・多産・富の神とされている。家畜の神は異界の神としての一面も伴い、埋葬に際して家畜を犠牲として捧げた古代スラヴ人の死者追善の儀礼は、ヴォロスの名において行われた。このヴォロスは熊を象った獣形神であった(3)……。

聖セルゲイが古代スラヴの熊信仰を巧みに取り込むことで、ロシア正教は信仰を広めることが出来たと考える。ラドネジの聖セルゲイの一三九二年九月二五日の記念日は、正教会の聖人崩御の日であるが、秋分の日でもある。

十世紀末にヴラジーミル公によってルーシにキリスト教が国教として導入されてからは、都市部においてはヴォロス祭祀あるいは熊祭儀を保持する力は弱まった。しかし広大なロシアの田舎ではヴォロスの祭祀と森の精霊レーシイのイメージを借りた熊の祭祀とが混淆する傾向を見せ、やがて異教神ヴォロス崇拝は聖ニコラや聖ヴラーシイの崇拝に置き換えられていった。(4)

中世のロシアにおける最も偉大な宗教的・精神的な指導者が熊を見事に取り込んだことで、ロシアにおける最も偉大な聖人の一人となったのである。歴史に蓄えられた熊への想いをキリスト教の信仰で体現したのが聖セルゲイであったと私は考えているのである。

その日食べる僅かなパンをも慮っている、徹頭徹尾禁欲的な生活を旨として修行に励んでいた貧しい修道士の元に、飢えた熊が来る。修道士は自分の身体を熊に捧げないでパンを分け与える。

この筋書きは民間で語られるヴォロス信仰の人を守る熊という立場を逆転させ、熊を守った人という段階にすり替えた。人を熊の上に持ってきたのである。ヴォロスが征服された瞬間であった。

セルゲイの弟子たちは修道院を中央ロシアから北部ロシアに広めた。四〇〇もの修道院がセルゲイの理念を伝えていったという。

こうして聖セルゲイはロシアの風土にキリスト教を定着させる理念的基盤を構築し、一六世紀にモスクワ公国の守護聖人となった。
ロシアの聖人として聖セルゲイとともに語られるフティニの聖ヴァルラアムも、多くの奇蹟を現した聖人として語られている。(5)

十二世紀後半のベリーキー・ノヴゴロド生まれ。幼少のころより聖書や聖伝の意味をよく理解し、精進に励んだ。両親の死後、俗世の虚栄の空しさを悟り、人里離れたヴォルホフ川の右岸フティニに庵を建て一層の修行に励んだ。フティニの地名は、ロシア語で痩せ地を意味するフディニに通じ、悪霊が住むといわれる場であった。ヴァルラアムはここで祈りと精進に励み、労働に明け暮れた。悪霊は毒蛇や害獣に姿を変えて脅したが、ヴァルラアムは揺るがない。ヴァルラアムの偉業は人々に知られるようになり、大公から貧者まで多くの者がヴァルラアムに助言を求めて集まった。フティニには、ヴァルラアムを慕う修行者たちの庵が建ち、小さな集落となった。修行をしたいという人々が増えたため、ノヴゴロド大主教によって修道院が設けられた。
死後も多くの人に記憶され聖人となった。十四世紀ごろには、近隣の教会でその崇敬が始まった。聖ヴァルラアムは、死後もフティニ修道院をはじめロシアを加護しているとされ、一五二一年にはラドネジの聖セルゲイと共に天界にあってモスクワをマフメト・ギレイの侵攻から守ったと伝えられている。

悪霊の中に置かれ、これを克服する信仰の力を強調した方法は、聖セルゲイの手法と同じである。因習を悪霊の仕業としてこれを乗り越える信仰生活を唱えていくところにロシア正教の本領が発揮されているように感じる。

二〇一〇年、ロシア、ハバロフスクでもトロイツコエでも、アムール川に美しく映えるロシア正教の教会堂を拝見した。美しいロシアンブルーの玉葱型の塔は、ロシアという国の新しい息吹を表しているように思われた。礼拝堂は金色を主調に二人の天使が正面に屹立し、一人一人の守護天使が決められて燈燭を供えられていた。

トロイツコエ村で滞在させていただいたロシア人ガリーナさんの家庭では、昔セーベンが飾られていた家の隅に、イコンが集められてあった。決して壁の中央に飾ることはしない。すべて部屋の隅に飾る場所が設けられていた。


ベラルーシには熊を連れた熊使いを家に招き入れる習慣があった。熊を部屋の聖所である聖像棚の下に座らせ、蜂蜜・チーズ・バターを惜しみなく与え、ご馳走の後、家の中を隅から隅まで歩かせ、家畜小屋にも連れていかせる。熊が悪霊を家から追い払う、と信じられていたからである(6)。

西のベラルーシでも、熊に対する強い信頼があった。大陸の東端にある極東でも、熊は人の守護者であるとする心的背景をみることが出来た。イコンと熊が同列に扱われる姿は、民間信仰がロシア正教に駆逐されていく過程と捉えることも可能であるが、大自然に生きる大陸の人々にとってみれば、どちらであれ、守護してくれる拠り所こそが大切なのだという考え方の方が重要であろう。

第3節　贖いの熊と人の守護者としての熊

ロシアの西部と東部でこれだけ類似した熊に対する人の想いが顕現してきているのに、同じ精神性によるものであると断言できないことが悩ましい。

問題となるのが人の生存を贖うトーテムの熊と、単なる守護者としての熊では、乖離があるのだ。

極東ロシアのナナイやウデゲの人たちにとって、熊はトーテムの貴い動物であった。マーバ、マーファとして子供の魂を守ったり、人の死後に魂が熊に宿ったりすることが信じられ、口承では、吹雪で道に迷った狩人が熊穴で冬の間養われて助かる話が広く分布するなど、トーテムとしての熊は根づいている。

一方、モスクワ公国の守護聖人セルゲイは、熊を守って人をトーテムから解放してしまった。この思惟の転換は従来のトーテムによって培われてきた規範を壊してしまった。熊に対する信仰からキリスト教という大きな宗教にトーテムが呑み込まれた瞬間であった。ただ、キリスト教の教義によってトーテムが打ち砕かれたのではなく、巧みに取り込み、利用されたというのが実態であろう。もし、キリスト教ではなくトーテムを偉大な宗教として発展させるのであれば、セルゲイは、パンを与えるのではなく、自分の身体を熊に贖いとして捧げる（供犠）必要があった。供犠の問題が発生するのである。

この葛藤は、世界中の供犠をめぐる議論にある。人が魔物に対峙した場合、これを助けるために自らを生贄として登場する覇者が、贖い主として信仰を集めるようになる。セルゲイの戦略と同じである。

つまり、ロシア西部は、キリスト教の早い展開によって熊のトーテムが呑み込まれ、キリスト教会の教義に同化していく過程でトーテムが薄れ、熊は神から滑り落ちたのである。

レヴィ＝ストロースの次の発言はトーテミズムが独立した文化として、特定の動植物などの自然種が特定の人たちの社会規範となっていくことを婉曲に述べていて、人類共通の規範ではないことを語る。

もし人がトーテミズム概念の適用を、制度がそのすべての特性をそなえている議論の余地のない場合だけに限定するならば、それは宗教の進化の法則を定式化できるほどにきわめて特殊なものになってしまう。ところが、もしある要素だけから出発して外挿法を進めるならば、それぞれの集団の宗教的概念についての「詳細な歴史」なしには、動物や植物の名前の存在、あるいは動物や植物に関係する儀式や信仰の存在が、それに先立つトーテム組織の名残として説明されるものか、それともまったく別の理由によって、たとえば彼らの宇宙を構成する物理的・生物学的・社会的な全体を群れとして捉えようとする人間の精神の論理的・審美的傾向として――これの普遍性についてはデュルケームやモースの古典的研究が証明している――説明されるものか、を知りえないのである(7)。

アムールランドの熊崇拝はこの地の先住民族によって強く支持されてきた。ナナイ人とウデゲ人でも、トーテムの捉え方が異なる部分を感じる。

問題は熊が人の贖い主と認識されているかどうかによるのではなかろうか。

第4節　日本に流入する熊文化

アムールランドの樹海は、豊かな熊文化を育んできた。「熊が人の守護者である」とする精神性を培った。

ここに生きる人たちにとって熊はトーテムの動物である。

ウデゲ人のリディアさんは、「熊についてはむやみに語れない」旨の話をしてくれた。敷き皮に触るのも許されなかった。アンドレイさんは、どうしても熊を獲らなければならなくなったときに、聖なる広場の男女の木彫り像に熊の姿をあしらった藁の像を捧げ、家族にも知らせないで一人狩りに出た。

東北日本のマタギや狩人の言い伝えとあまりにもよく似ている。熊はむやみに語ってはならない聖なる動物なのである。

熊の体の行方をリディアさんは、薬とだけ述べた。肉を食べるのも、女性は最後である。薬にされるのは血・胆・骨であることは日本と一致する。アルセネボ村へは中国人が買い取りに来ているという。

熊をめぐる社会規範の広がりが確認されるのである。今まで述べてきたように、「熊人を助」の昔話など、崇拝と禁忌が東日本にまで達している。

大陸に古くからあった熊崇拝は、キリスト教の拡大や資本主義化により、人の行動様式に外部から多くの規範が入り込んでいる。しかし、基層にあるものは、大自然に育まれた熊という動物の裁可なくして、人の生存は覚束なかったという精神性である。

この考え方が、日本にも到達している以上、熊を贖い主とする思惟は共通していると考えられる。そして、今後の大きな問題点は、山の神をどのように捉えていたのかという比較研究である。日本のマタギや狩人が抱く山の神の観念は、人に恵みを与え、生存の裁可を行う神である。田の神と山の神との交換はない。アムールランドにもAの神からBの神へと交換するなどという伝承はない。ウデゲやナナイの人々の精霊と悪霊の跋扈する森林地帯では人が望む予測に到るためには、贈り物をして精霊を自らの近くに呼び寄せる必要があった。これは供犠なのである。モースによれば、

人と人との間の契約や交換と、人と神との間の契約と交換との関係は供犠の理論のあらゆる側面を明らかにする。……人々と契約を結ぶためにある存在の最初のものは、死者の霊と神々であった。(8)


多くの精霊は、聖なる広場の小屋にあって、男女一対の木彫りの像としてウデゲの人たちには現れた。狩猟の神と漁撈の神である。狩猟の神の木彫り像には熊の形が現れていて、狩りを司るのが熊に姿を変えた精霊であったことが考えられている。

精霊をまとめ上げるこの神像に贈り物をして狩りの獲物を授けてくれるように頼んだ。

そして、病気になれば、シャーマンは悪霊を追い払うために、やはり贈り物を準備した。

精霊は、神という概念に集約されたときから、儀礼を発生させた。それまでは、単なる伝承として、あるいは言霊として心の奥深くに仕舞い込まれていたものであった。

精霊の漂う大地の中で、これをまとめ上げた木彫り像が神の仮の姿と了解されたことは考えてもいい

と思う。

日本にも神像を伴う山の神が東北地方に存在する。サンスケと呼ばれる像は青森、岩手、秋田、山形の山間部でセーベンと同じように立像の人形である。ただ、精霊の伝承は未確認である。

アムールランドの狩りでは、授けて貰いたい動物の像を贈り物にして、狩りに出掛けた。これは、既に供犠なのである。動物の像は擬似的であるが、神への贈り物を意味し、対価として獲物を贈ってもらうようにした。

同じ信仰は日本でも狩りの前に現れる。山の神の木の前で駒絵を奉納する。お神酒を捧げる。これらは同じ信仰形態である。

やはり、山の精霊を守護していた熊というアムールランドの伝承に近いものを、この日本でも探していかなければならない。ここに、大きな類似も乖離もあるからだ。

第5節　アムールランドと畑マタギの暗喩

下北半島の中央部にある畑の人々は熊を山の神の使いとし、特別な熊を山の神そのものとして敬ってきた。ここにはアムールランドの、人を守護する熊の発想はない。ところが、特別な熊に神の姿を見て、これを獲ってはならないとする決まりが築かれている。しかも、四頭の母仔熊にこの伝承が集中するのは、三頭の仔熊を守護する母熊の姿に、人が信仰心をかき立てられた形跡がある。アムールランドの熊に対する思惟は精霊という極めて個別の信仰心であるが、畑では母性愛の形で顕在化させた。

熊を獲ってきた狩人が熊の毛皮の上に頭部を載せ家に招き入れて、ここで儀礼を行うのは西シベリアのハンティ人の熊祭りなど、ユーラシア大陸北部から繋がる北の道をたどってアムール川を経由し、サハリン、北海道アイヌに達する遠大な文化の到達を示している。頭蓋崇拝はベーリング海を越えて北アメリカの先住民でも例があり、日本では陸奥半島の畑マタギが南限である（熊の頭蓋を家に招き入れたとする伝承は新潟や山形にもあるが）。

この節の記録は岩崎五郎という類い希な熊を理解するマタギの語り部の記録である。

下北半島、畑の仕事はマタギと山子（木こりなどの山仕事）と言われ、地名の通り畑はあっても田はない。マタギには三組のマキがある。工藤マキ、岩崎マキ、駒木根マキである。

「マタギで食えなくなってから山子の仕事をやるようになった」と言われるくらい、マタギを中心に生活が営まれていた集落である。

熊と生きるマタギ

二〇〇九年八月三日、一九三一年生まれの岩崎五郎さんを訪ねた。一人で二三頭、マタギたちと組んで五五頭の熊を授かってきた。

恐山信仰を中心に民間巫女信仰をまとめた著名な民俗学者・高松敬吉先生が同行してくださった。畑を何度も訪ね、多くの方々から尊敬を集めているだけあって、マタギたちは部外者の私に対しても、高松先生の存在に配慮して、家に入れてくれ、かなりのことまで語ってくれた。

当初、尋ねた五郎さんは病院に行っていて不在であった。隣の畑で仕事をしていた年配の女性に、五郎さんの行き先を聞いた際、「熊捕りについて調べに来た」ことを伝えると、興奮状態になって、「ちょっとここまで来てみろ」という。「ゆんべやられた」と語る目の前に、熊が食べたトウモロコシの房や茎が散乱し、十数本も倒された状態になっていた。「おめさんたちちょうど良いところに来た。よく見てけはれ」と指さした先に熊の足跡が点々と続いていた。

現在、下北半島では熊の狩猟が禁止されている。レッドデータブックに載る絶滅危惧種となっているのである。特に、下北半島の月の輪熊は地形の上で鉞の形をした山岳部にのみ独立して生きており、長い陸奥半島の砂州を越えた八戸や津軽の山とは交渉を持たないとされている。広域の交渉のない独立した存在なのである。

下北の女性は、「自然保護団体が保護に熱心で、熊の数が増え続け、食べ物を求めていたずらするようになっている。熊がいっぱいいるのだ」と、こぼす始末である。

後に五郎さんに裏づけとなる話を聞いた。東北地方一円を種つけして歩くタビ熊（ワタリ熊）の話は下北では聞いたこともないし、母仔熊が分かれるイチゴ別れでタビ熊が母熊と交尾する話も聞かないという。ただ、畑で罠にかかった熊を恐山に連れて行って放したところ、次の日には畑に戻っていたことがテレメトリー（行動記録する電波発信器）で明らかになって、熊は偉大なものだという話になった。

午後、帰宅していた五郎さんの家に行くと、持病があるにもかかわらず、丁寧に話をしてくれた。

五郎さんは昭和一八年に山子となった。初めは皆がするように、山頭（ヤマガシラ）についてご飯炊きに行った。山で、地組（自分たちの組）が営林署の仕事として材木の橇出しをしていたので、これを手伝った。山に小屋を建てて、ここで共同生活するのである。女性は家から二〇人ほどが橇の後押しに来ていた。組はヤマガシラを頂点に、この下に小屋ガシラ、班長、山子、ママ炊きで総勢三〇人ほどになる。女性が山に入ったのは、一二月の山の神様祭りの前日、ごっつお（ご馳走）を背負って入るだけである。ふだんは小屋に来ない。

山子の仕事は小学校を終えてママ炊き（ご飯焚き）、ミナライ（見習い）、ブオトシ（分落とし）となっていく。分落としとは一人前になっているにもかかわらず、仕事の出来具合をヤマガシラが計り、大人一人前に対しどのくらい劣るのか、割合を分で決めて一分落とし、二分落としなどと決めたものであるという。当然のように、給料に響くようになっていた。五郎さんは忠八という組に世話になっていたが、二五歳の時に仕事がなくなってしまったという。マタギで食えなくて山子になったのに、最終的にはマタギに還っていったのである。

祖父に小学生の時から「マタギで食うと思うな」（食べていけると考えるな）と言われ続けていた。だから山子になったのだ。猟がいつでもあるというものではないからだ。

山子の山入りの儀礼がある。沢筋の山の入口にある二股の股木になった大木が里と山の境を示す山の神の木である。木の根元に鳥居を刻む。内側に山入りする者の名前を書いて祈る。マタギの呼称の由来はこの木のことだという。

山小屋には奥まったところに山の神の祭壇があって、ママ炊きは早朝他の人が寝静まっているときに水垢離を取って水を吸わせた米飯を瓶に入れて搗き、粉にしてシトギを作り、二段重ねのフクデの形にして山の神に供えておかないと、全員が起きられないしきたりとなっていた。この間、声を出すことも許されなかった。

猟師のことをマタギというのは、山の神の木が二股の股木（マタギ）となっていることと関係していると言う人もいる。というのも、東日本の山人は山の入り口にある沢筋の三つ叉の大木、多くはブナの巨木、を山の神の木として祀る。この木のことをやはりマタギと言っている。股から棒（男根）が出た男の木の謂いである。越後奥三面ではマタギという言葉は良い言葉ではないために使うことを控えていた。二股の木の股から出た棒の意味は男根を導くもので、良い言葉とは言えなかったというのである。つまり、股になった木は山の神の標である。マタギは山の神に仕えるものの謂いであった。

山を駆け、獣を追う男は山の神様の僕《しもべ》として山の神の支配に従う眷属として遇されたのであろうと考える。猟師をマタギと呼ぶのは鳥海山麓以北、下北半島までが集中区であることも補説する。

下北半島でも熊の冬眠穴はウロ（洞）、岩穴や岩のせり出した陰の窪み、大木が地面の土を伴って起こして倒れたところに出来る根と土の間の空洞（フタデ）の三種類があった。フタデは沢筋にあることが多い。仔を持った熊がお産後の喉の渇きを癒すために入る穴であるとの言い伝えが各地にあるが、畑では関係ないという。また、熊穴の向き（方角）も畑では重要視していない。熊は冬眠穴には何も残さないともいう。

熊が冬眠明けに食べるものについては、ヒバの皮を剥いで、内側の樹幹を仔熊に嘗めさせるという。食い物がないからだと五郎さんは言う。ヒバの内皮の話は杉の皮ともつながる。

熊は冬眠するとき、近くの松の内皮や杉の内皮を囓って尻を止めて穴に入るという伝承が全国的にある。畑では杉の木の内皮を春から夏にかけて、六月頃盛んに囓り、杉の木を枯らしてしまい困っているという話が出た。しかも、ちょうど三〇年生の用材として最も良い時期のものを囓るという。杉は内皮を剝がれると枯れることが多く、山稼ぎの人にとっては死活問題だという。ところがヒバも同じ時期、夏に囓っているのだが、こちらは木が枯れることがないために問題になっていないというのだ。

鳥海山麓のシシオジ・金子長吉が指摘するように、夏に幹を囓るのは、盛んに水を吸っているこの時期の樹液が甘く迸るからだとする説に、私も同調する。

五郎さんにこの話をすると、「それはあり得るな」と、賛意を示してくれた。熊の甘い物好きは世間に知れ渡っている。

獲ってはならない熊として、飯豊山麓のツマジロ（四肢が白い熊）、奥三面の身ごもった熊（サンゴジシ）、秋田阿仁の月ノ輪のない真っ黒いミナグロなどがある。畑でも神の使いとして四つ熊の禁忌があった。母熊は仔連れの場合一頭と二頭が普通である。ところが、まれに三頭の仔熊を連れて歩くものが出るという。仔熊と母熊で四頭一緒に行動するのであるが、このような熊をヨツジシ（四つ獅子）と言った。

ヨツジシは神の使いであって猟師に授けたものではないから獲ってはならないという。ところが、マタギは母熊を獲らなければ仔熊も手に入らないことを知っているから親熊を捕ることから始める。獲っても決して人に語れない。一頭で生きていける仔熊を放して、二頭の仔熊の命を取ることもした。しかし、一緒に生まれた三頭が小さい場合、乳を飲んでいる状態では母熊がいなければ自然の中では生き続けられない。命を取ってやることが情けと判断されれば、そのようにした。この場合は、一頭ごとにシオクリを行い、すべての熊に対して、礼儀を尽くした。特に、母熊を獲ったマタギはヨツジシを獲ったことを口外できないばかりか、シオクリとして家に入れる皮と頭蓋のついた姿を残すことは出来ないので、頭の部分まで皮を剝ぎ取ったという。四頭の熊を山で送るシオクリの唱え詞は、ヨツジシ用のものがあったという。

もう一種類、獲ってはならない熊がいた。ミナグロである。鳥海マタギと同じように獰猛であるという話はここにもある。この熊も獲った場合は特別なシオクリの唱え詞で送らなければならなかった。

シオクリ

岩崎マキの本家当主・岩崎菊之助さん（大正一二年七月九日生まれ）を訪問した際、シオクリの方法について詳しく教えていただいた。

同時に当主に藩主から伝わったという伝承のある火縄銃二丁、九尺の長さのある熊槍一丁を見せていただいた。代々岩崎本家に伝わるもので、なかなか私のような旅の者には見せないものであるという。

シオクリの儀礼は熊を仕留めたときから始まる。

「山では山でやるべし。里では里でやるべし」

と言われ、山で送り、里に戻って再び送りと慰霊を行った。

熊を獲るとマタギが熊の周りに集まる。工藤マキのシオクリは熊をうつぶせにしてから始める。頭を山の方に向ける。シラセと言われる鉄砲で合図をする。空砲を二発撃ち、山の神に熊が獲れたことを知らせるのだという。もちろん、里人にも知れる。次に近くの柴を切って雪の上に立て、鳥居の形を作り、カクラ神としてこれを祀る。熊の前エダ（前脚）に腕を絡めて起こし、仰向けにする。ネセオコシと言った。岩崎マキは熊を初めから仰向けに寝かせているという。

この状態で、オカベトナエをマタギの頭が唱え、解体に移る。マキリタテといい、刃を上にした状態で両手で合わせるように拝する。オカベ（ウカベ）を唱え、月ノ輪から下にマキリを一直線に入れ、肛門のところで止める。皮を開いて最初に取り出すのはキモである。キモ（肝臓）には胆嚢がついているからだ。マキリの鞘に巻きつけてある紐を解いて、胆嚢と繋がっている管をきつく縛る。キモを入れるワッパに入れ、優先的に持ち帰る。暗くなって熊の体を運べないときなどは、このワッパを先に里までおろす。

飯豊朝日から奥只見を結ぶ山岳地帯から北側で一般的に行われている心臓を取り出して縦に蓮華状に切って山の神に飾ったり、上下二つに切って盆に載せて山の神に片側を捧げるなどの儀礼は、畑にはないという。

頭をハッケと言い、ここの皮は剝がない。頭部以外の皮を剝いだあと、逆さに皮を掛ける。サカサガワと言った。内臓を取り出して皮が剝がれることをナラスといい、体の先から熊の背の中心線に沿って剝いだものである。

シオクリは「死送り」か「獅子送り」か解釈が分かれる。ただ熊の霊魂を山の神の許にお送りするという解釈は共通している。この時の唱え詞がシオクリの中心をなすオカベトナエである。工藤マキと岩崎マキは僅かに言葉が違うと言うが、門外不出・一子相伝で正確にこの唱え詞を記録したり教えてもらった者は後継者以外にはいないとされている。特に旅の者に教えるのは決して許されないこととされていて、尊敬を集めている高松敬吉先生の同行者であった私にも、「シオクリの文言は教えられないよ」と機先を制された。

『川内町史』などに、南部の旅マタギの送りの唱え詞として、似たようなものがあったという記述があるが、これさえも、疑わしい。

岩崎菊之助さんは、「巻物が二巻あったが、八戸の息子が持っていってしまい、ここにはない」というばかりであった。

獲ってはならない山の神様の使いであるヨツジシやミナグロではシオクリの唱え詞・オカベトナエが異なるが、巻物には記されているというばかりで、文言については一切口外しなかった。

解体した熊の体は参加したマタギが運ぶが、前エダ（前脚）と後エダ（後脚）の四本は、四人のマタギにそれぞれ持たせた。それほど重いものであるという。ドナカ（腹）やヘナカ（背中）は内臓を取り出してしまうと、それほどの重さはない。小腸や大腸はヒャクヒロと言い、裏返しにして、家で食べる材料となる。血はヤゴリと言い、マタギは生で飲む。薬と同じに扱われ、生が最も効き目があるという。多くは丼に入れてストーブのそばで干して女性の産後の薬として高い値段で売ったものだと語られている。血が熊の毛について丸く固まっているものもマタギが掬って口に入れたものだと語られている。

内臓が取り出され、サカサガワが終わってケサキアゲとなる。熊の首の肉と顎の毛を取り、カクラ神として作った鳥居の上に載せて、ムマキリ（一二回のマキリたて）を入れる。顎の毛を棒状の肉に巻きつけて、鳥居の上に載せ、これに一二の切れ目を入れることである。そして、オカベトナエを唱える。ここまでが山で行うシオクリの祀りである。

熊のハッケと肉はマタギ達に背負われて、里に戻ってくる。里と山の境ではやはり手を合わせたという。

ハッケは毛皮がついた状態で家の玄関から入れる。どの家に飾るかは、熊を獲ったマタギの家が原則であるが、都合によっては共に行ったマタギの家に飾ることもあったという。床の間に壇を築き、毛皮を畳んでこの上にハッケを載せるが、首から上が切り取ってあるために、血が継続して滴る。ビニールを敷いて、血を受け止めながら飾った。ハッケは一週間飾っておくが、壇が築かれたとき、うなじの処にハタを立てる。文様を刻んだ半紙で、頭の後ろに立てられるが、工藤マキと岩崎マキでは切り込みに違いがあった。切り込みを入れて作るときは、必ずマキリを使用するものとされていた。必ず獲った分だけはハタを立てなければならなかった。

熊の毛皮に乗った頭部を飾って、ここでもシオクリをする。里のシオクリは山のシオクリとオカベトナエの文言が異なるという。岩崎菊之助さんは、里のオカベトナエは簡単な唱え言であったという。

一方の岩崎五郎さんはシオクリの時、家でのケサキアゲという儀式があったことを教えてくれた。肝臓の張り出した先の部分を切り出して、ハッケの前に鳥居型の櫓を組み、この上に肝臓の一筋の肉を載せて、熊の顎髭（ないときは月の輪の白い毛）を巻きつけ、一二の刻みを入れる。そして、オカベトナエを唱える。カクラ焼きという言い方をしていた五郎さんは、オカベのことについても、次のよう語っている。

「オカベはウタカベと言っていた」。これが本来の言葉である可能性が高いと私は考えている。オカベトナエとは「ウタカベ唱え」なのだろう。

家でのシオクリが終わると、大きな熊鍋を囲炉裏で煮て調理するが、内臓を中心に煮る。一緒に入れる菜は乾燥大根葉である。一緒に行ったマタギも、そうでない人も、挨拶に行けば熊汁を食べさせてもらえるために、熊を獲ってきたことが知られると多くの人が集った。中には、七から八杯も食べて帰る

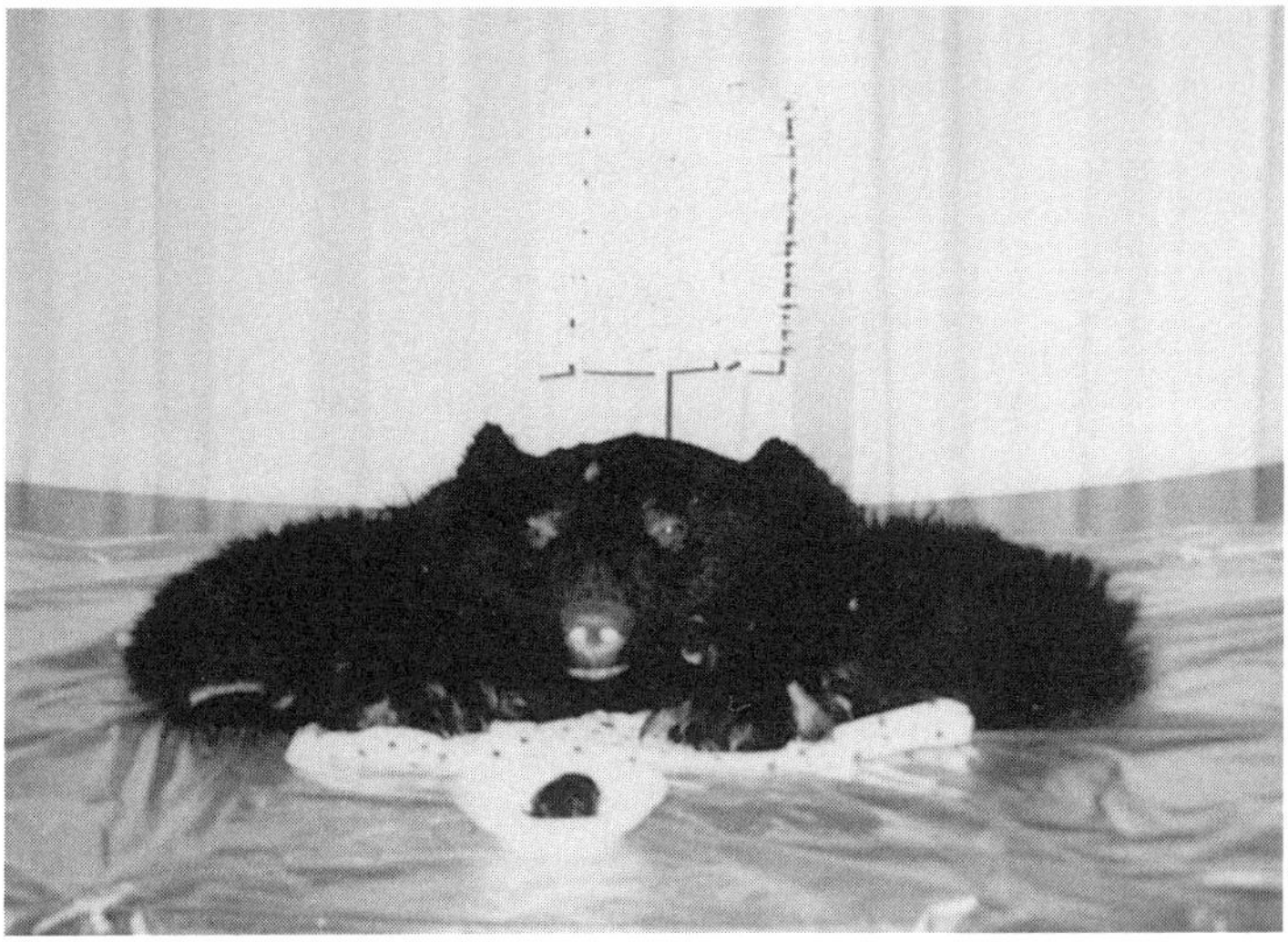

シオクリの熊（頭蓋崇拝の姿）

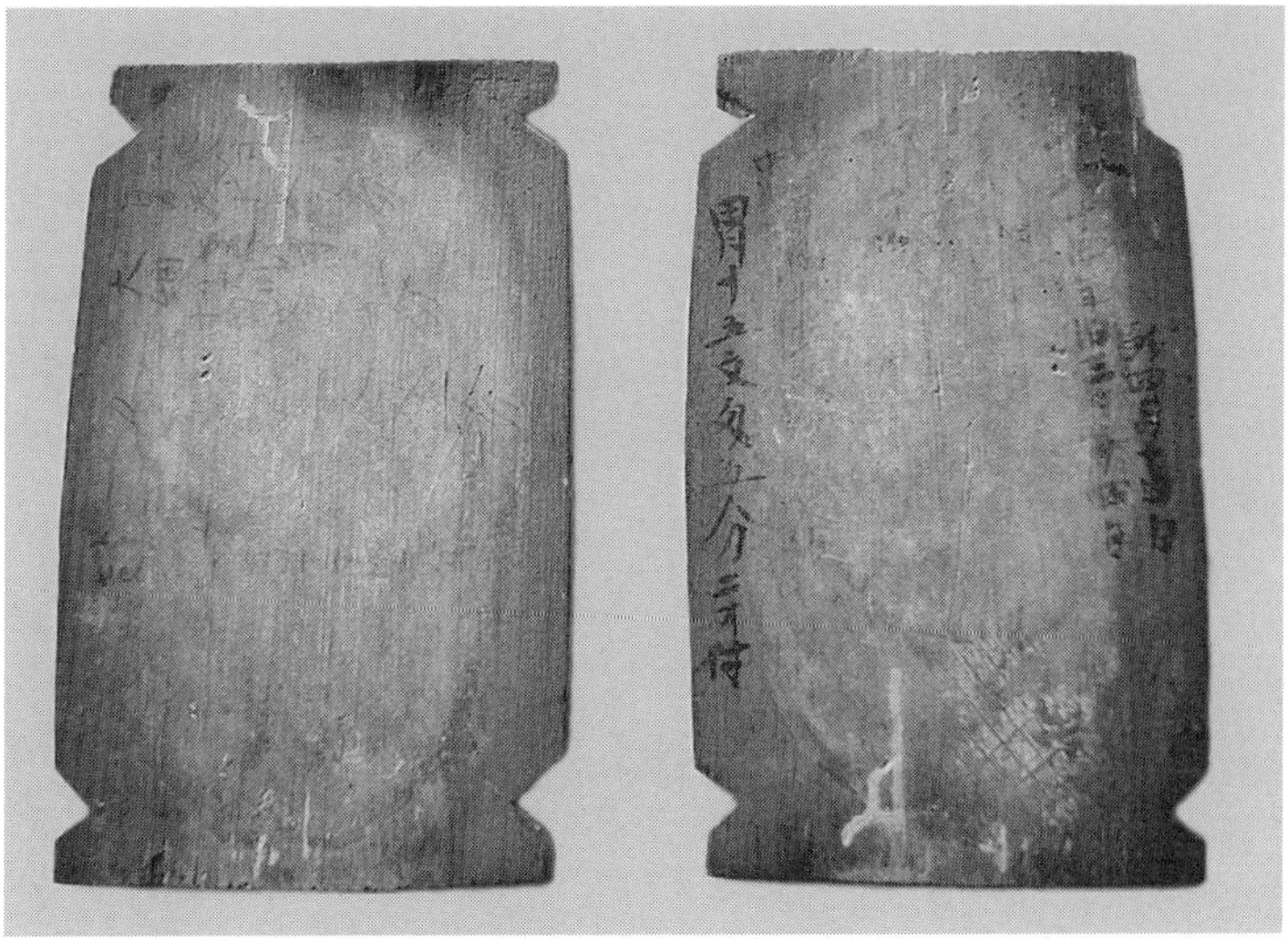

肝を干した板

猛者もいたという。
熊汁に入れるものは、大根の干葉のみで、他の具は入れられなかったという。

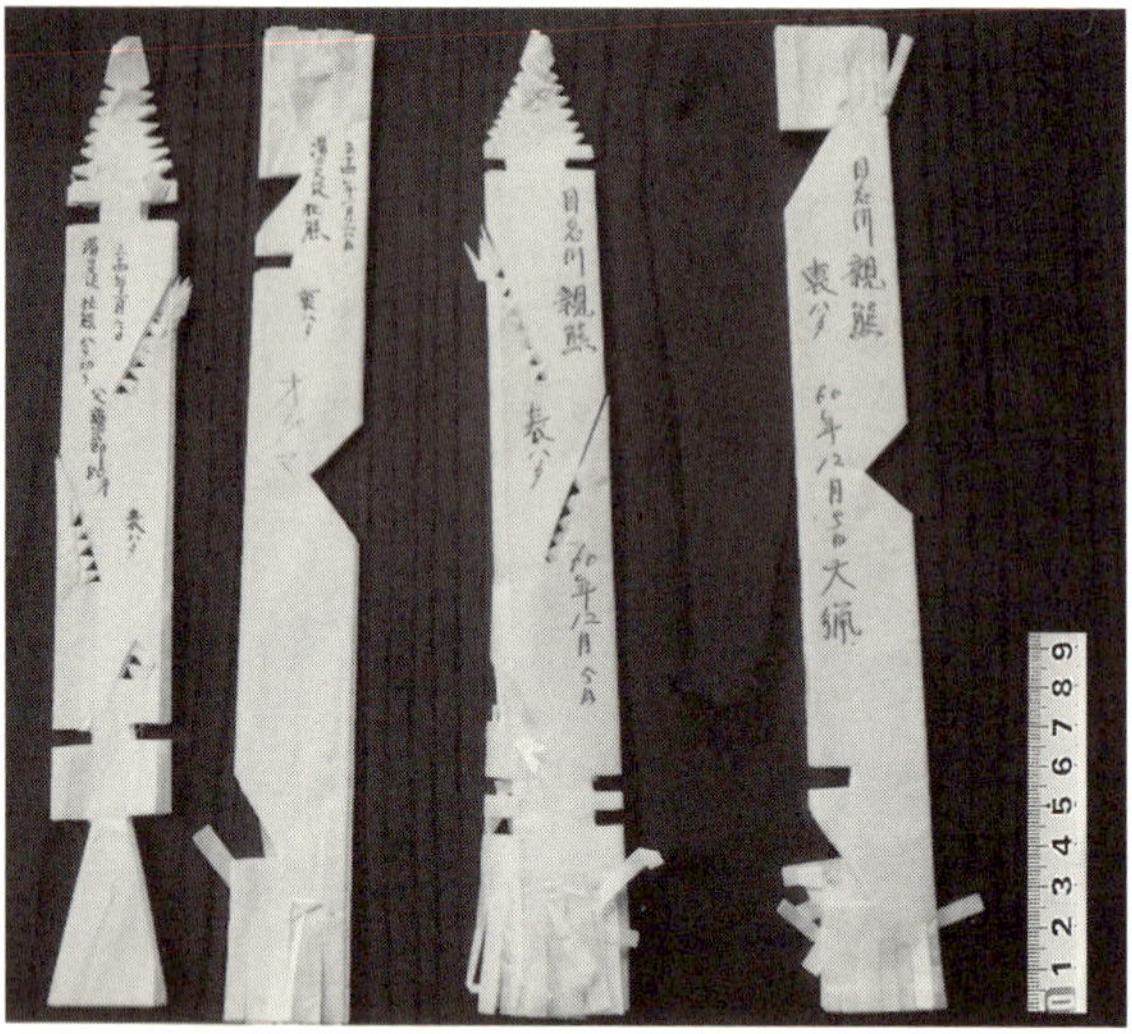

シオクリのハタ

ハタを作る岩崎五郎

ハッケの脳みそは延髄から引き出して、皆で食べた。肉はマタギ仲間で平等に分けた。ハッケを飾った一週間後、ハッケについている肉を食べる。親戚を呼んで、骨についた肉を煮ながらむしり取り、食べた。

ハッケの骨は日陰で乾燥させて、後から三光焼きにした。熊、貂、アオシシ（羚羊）の頭骨を蒸し焼きにして骨を砕き、頭痛持ちや気のふれた人の薬として売った。

丼に入れて一緒に飾ってあった熊の血は、拝みに来た人たち、特に女性が少しずつ呑んだ。女性の増血剤と言われ、オブラートに包んで呑む人もいた。

腹子の母熊を獲った場合、奥三面ではサンゴジシと言って極めて厳格な儀礼を以て山の神に許しを請うことをしているが、畑では腹子は薬として、子供のできない女性にとっての特効薬であったという。人の体を守護したり癒しに繋がる事例は大陸の熊伝承と同じである。ウデゲのアンドレイさんは獣を獲ると最初に肝臓を口に含んだと言うが、五郎さんも肝臓を特別な儀礼の印としていた。

山の神の伝承

岩崎五郎さんが語ってくれた熊と山の神の伝承。

畑では昔から熊を神として扱ってきた。中でも、母熊と三頭の仔熊が一緒にいるヨツジシは山の神が自身の使いとして大切にしているもので、マタギに授けたものではないといわれ、獲るときには必ず一頭を放すように決められていた。また、首に月ノ輪がない熊はミナグロと言われ、これも神の使いであって人に授けたものではなかった。人に授けた熊には月ノ輪があった。猟師が誤ってミナグロを獲った場合は三年、ヨツジシを獲った場合は七年、マタギを休まなければならなかった。

その後、あるマタギが猟に出かけたとき、熊を見つけ、これを撃った。熊に当たったと思って走っていったら山の神がお産をしているところに駈けつけた。山の神は「よく来てくれた」と言って喜び、「一二人の子供を産んだところだが苦しくて仕方ない」という。「何とかしてくれないか」と頼まれたマタギは、火縄を一二本に切ってそれぞれの臍の緒を切ってやった。

喜んだ山の神は、「ミナグロを獲ったら三年、ヨツジシなら七年と言ったが、お前たちの生活も苦しいだろうから、三年は三日に七年は七日とする」ことを認めてくれた。その証拠に巻物を授けてくれた。岩崎マキにある巻物二巻はその時のものである。

特別な熊を設定して、信仰心を再確認している日本の姿は、熊を守護者とする大陸の信仰より便宜的で、人間中心の色彩が強い。

マタギと犬

マタギの犬として最も評価の高かったのは羚羊を獲る犬であった。

羚羊は肉も旨く、獲るのに熊ほど苦労しないので、畑では羚羊を獲ることが多かった。羚羊は犬をけしかけると山の窪地で袋状になった場所に飛込んでいく。追い詰められるとじっとしたまま首を振り、返しの時に犬を角ではね飛ばすこともある。優秀な犬は羚羊を追い詰めて首筋に嚙みつき、獲ってしまうものであった。

岩崎五郎さんが飼っていた犬は優秀で、羚羊を獲ることが多く、見つければ後を追って足に食らいつき、内臓まで出したという。ところがこのような犬ほど、羚羊の角に懸かって殺される確率が高く、早死にをしたものであるという。熊捕りにも賢い犬がいれば、冬眠穴から熊を追い出すことさえしたという。

三月末、羚羊を獲りに、祖父《じい》さん、伯父さん、小学校をあがったばかりの自分と、三人で出かけたことがあった。大木が倒れて根元が持ち上げられて空洞になったフタデと言われる穴に熊が入っていた。犬がこれを見つけ、穴に飛び込んだものだから熊は嫌がって頭を出して犬を払おうとしている。これを見つけた伯父が、鉄砲の弾を放ち、熊を獲ったことがある。

優秀な犬が二頭もいれば、熊の穴を見つけるし、熊に犬を掛ければ穴から追いだしたものであると語られている。熊の狩りで犬に対する信頼の高さは下北、北海道と北へ行くほど増す。

熊胆人《ユウタンビ》

畑マタギは南部藩直属のマタギであったという伝承があり、獲れた熊の胆と皮を必ず藩に奉納せねばならないものとされていた。村には熊胆人と呼ばれる人が七人いて目を光らせていたものであるという。熊が獲れると、胆と皮を必ず藩に奉納していたとする伝承がある。

田名部の代官所は口出しすることなく、いつも、南部藩とは直接の連携を誇っていたという。

イチゴ離れ

熊は冬眠中に仔を持つ。一匹の仔と共に穴から出てくるものをカタモチ、二匹の仔と共にいるのをニセモチといった。三匹の仔を連れたものはヨツジシと言って山の神の使いであり、獲ってはならないものとされていた。もし、間違えて獲った場合は、前記のように特別な儀礼を施し、多くの禁忌を実施して許しを請うた。

母熊と仔熊は穴から出るとき、必ず母熊が先に出るという。そして二歳になるまで、共に連れ立って歩く。二歳の雌を先に放し、雄は三歳になるまで連れ歩く。母熊は仔が三歳の夏にこの仔と交尾する。夏の仔離れはイチゴがたくさんなっているところに連れて行き、仔が夢中になってイチゴを食べているときに母熊がそっと分かれていく。

この話は、東日本の狩人が口を揃える熊に関する伝承、「イチゴ別れ」であるが、畑でも同様に伝えていた。ここでは「イチゴ離れ」という。

雄熊はオグマ、雌熊はメグマという。仔連れについて、オグマ二頭・メグマ二頭ということはあまりないという。雄と雌が一頭ずつというのが多かったという。

想い出深い猟

岩崎五郎さんは今まで、独りで二三頭、組んで五五頭の熊を授かって来た。畑では群を抜いて多い。訪ねて話を伺っていると、その理由が分かってくる。熊に関する生態伝承が実に豊かで洞察力に富んでいる。私がお世話になった熊獲りの大ベテランと同じである。熊が授かるだけの智恵が詰まっている。

そんな大ベテランが難儀した狩りについてお聞きした。

熊が冬眠のイワビヤ（岩穴）にいることが分かり、獲りにかかった。二歳の熊も一緒に入っていることが分かった。ここは、オキビヤと言って、毎年入る穴で、特定のマタギが南部の殿様に届け出て、穴の権利を殿様に認めてもらっているところだった。だから、熊を獲っても、熊穴の所有者が権利を主張すれば渡さなければならない。

五郎さんは考えた。穴の中で獲れば権利を盾にされる。考えた末、熊を外で獲ることにした。これなら問題ない。

ところが、犬を掛けても、雪玉を放り込んでも、穴から出てこないのである。奥が広くなっていて、入口で少しくらい騒いでも中の熊は関知しないのであった。仕方なく、覗きながら鉄砲を入口に向けたまま考えた。

燻しても穴の大きさから大した効果もないことは分かっていた。そこで黒色火薬を詰めた弾で穴の中に撃ってみた。煙がもうもうとして、一寸先も見えない。しかし熊は唸るだけで出ない。

寒さを紛らすために火を焚いて待ったが、穴の中の煙がとれるまで一日かかった。暗くなってきたため、仕方なく穴の口にヒバの皮をぎっしり詰めて、応援を頼むことにして、いったん畑に戻った。翌朝、伯父と共に穴のところへ来てみたら、やはりそのままになっていた。伯父は二〇尺もあるヒバの枯れ枝を探してきた。そして、これを穴に突っ込んで引っ掻き回した。

怒った熊が出てきたのは引っ掻き回している最中であった。待ちかまえていた五郎さんの鉄砲が火を噴いて、熊が授かった。同時に熊の乳房に白い液がついているのを彼は見落とさなかった。仔熊がいることを確信した二人は、再度掻き回し、穴を覗いた。奥にかすかに光る乳が目に入り、仔熊も鉄砲で撃たれた。

授かった親熊はメグマ（母）で、大きな熊だった。

シオクリ、ケサキアゲ、ウタカベも一頭ずつ執行して山の神から裁可を戴いた。

従来、日本の民俗研究は遠隔地に中央からの文化が滞留して残っていることを暗黙の前提にして、文化的要素の変化を時間の経過と地理的距離で説明してきた。「このように変わったのは、伝播に時間がかかったからである」とするのである。

しかし、これには中央の文化が優れていたため各地に伝播したという変な前提があり、信仰に近いものである。どの文化的要素がどのように変化して下北半島の畑に達したのか説明ができないのである。

畑のシオクリはアイヌの熊送りと同じ精神性を孕んでいる。同時にシベリアの頭蓋崇拝が達しているところである。日本の辺境の文化は大陸からも日本国内からも到達し、畑で増幅されているのだ。しかも、シオクリには、熊に神としての姿を見ている。熊の頭を家に入れ、生物的な死の後に来る生き御霊を感得する。カクラ焼き、熊鍋は中央高地の熊の狩猟儀礼にも繋がる。つまり、多くの要素を比べていくと、鍵となる一つの文化が浮かび上がってくる。

熊が霊的にとても強いものであり、人を守護することもあれば人に生存を許さないものでもある。そのことは熊の魂の送りにみられる。畑は熊の魂の送りの精神性を見事に増幅している拠点として位置づけられる。辺境が異なる文化を受け入れ、増幅する一つの拠点となることを認めなければならない。

基層文化という言葉がある。根っこにある文化として、多くの枝葉を醸成していく元になるものである。この文化が単独であると考える人はいない。多くの地に多くの基層文化が営まれ、育まれていた。大陸やアイヌの送り（贈り）の精神性を持つ文化が畑の基層文化と触れあい、共鳴して増幅する。増幅した文化は外部へ発信したり、外部から来る人たちを受け入れたりしていく。

畑マタギの暗喩は共鳴と増幅が中央から遠い各地で繰り返されてきた姿を描いている。中央とは、各辺境のことを意味しているのである。

供犠の熊鍋

共鳴し増幅する北からの文化的要素の一つに供犠の熊鍋がある。

熊を獲ってくると、集落構成員全員が熊を食べ尽くす。下北半島畑では熊は山の神から授けてもらったものという考え方がある。だから、熊宿で熊鍋を始めたときにお祝いを述べに来る人を一人として拒否することはできなかった。参加者全員が熊鍋のご馳走にあずかった。肉は猟の参加者全員が平等になるように分け、内臓を熊鍋にして皆で食した。小腸は内側から引っ繰り返して輪切りにし、肝臓を煮てとろみの出る旨みを味わった。熊を煮る大きな鍋で汁をいっぱい作り、これに入れて煮た。一緒に入れる野菜はここでは、干し葉（大根葉の干したもの）と決められていた。

熊鍋が熊の魂を送った後、再生を願うための供犠であることを私は繰り返し述べてきた。熊の体そのものを直接食べることが供犠となるかどうか議論がある。別の動物の犠牲が供犠とされているからである。

供犠についてフレーザーは『金枝篇』で説明している。神としての動物そのものを食べるのは、別の動物を生け贄にする以前の形態であろう、と。

熊の場合、そのものが供犠の体となることは北半球の多くの地方で共通する思惟であった。家の中に熊の頭蓋を入れて崇拝するのは熊に霊的にとても強い力を認めている証拠であり、体を食べてしまうのも供犠であるなら、畑の熊を祀る儀礼のシオクリは、供犠の熊が神になる一つの段階を形で示したものなのである。

注

(1) 荻原眞子『北方諸民族の世界観――アイヌとアムール・サハリン地域の神話・伝承』草風館、一九九六。
(2) 星野紘、チモフェイ・モルダノフ『シベリア・ハンティ族の熊送りと芸能』勉誠出版、二〇〇一。
(3) 栗原成郎「ロシアフォークロアと神話」、伊東一郎編『ロシアフォークロアの世界』群像社、二〇〇五、一七～一九頁。
(4) 同前書、二〇頁。
(5) 季刊『ユーラシアビュー』七六号、イスクラ産業。
(6) 前掲注(1)二三頁。
(7) クロード・レヴィ＝ストロース／荒川幾男ほか訳『構造人類学』みすず書房、一九七二、七～八頁。同じくレヴィ＝ストロース／仲澤紀雄訳『今日のトーテミズム』(みすず書房、二〇〇〇)には「トーテム幻想」などの言葉が並び、トーテミズムが人の意識の問題と解釈され、全世界に共通項はないとする言説がある。トーテミズムが世界共通の社会制度を導くことはないことを述べたものである。独立した文化にあるトーテミズムについての研究は、日本ではほとんど進んでいない。特に、トーテミズムが社会的規範として何らかの規制を生起させることについては「忌み」の問題とともに研究を本格化しなければならない未開拓の分野である。
(8) マルセル・モース／吉田禎吾・江川純一訳『贈与論』ちくま学芸文庫、二〇〇九、四三頁。

第五章　鮭・鱒と生存のミニマム

ウデゲのアンドレイさんはアルセネボ村に定住するようになって最も困ったこととして次のことを挙げた。

①獲物のいる森に自由に入って捕ることが出来なくなったこと。

②狩りをするために山に設けた山の家で、最も食べる鮭・鱒が不足していること。

アルセネボ村から奥地はウデゲの狩り場として、皆で領域を分け合って狩りを続けている。アンドレイさんには現在一つしか山の家がない。この家にも、秋にアニュイ川で捕った大量の干鮭を運び込んで、食糧としなければならない。

かつて、アニュイ川上流のビラに住んでいた頃に三箇所も持っていた山の家へは、やはり大量の干鮭を食糧として運び込んだ。アルセネボ村への定住以前の生活はアムール川に出て夏季捕り続けた多くの干魚の食糧もあった。グール川とアムール川が落ち合う河口の中洲に夏の家があり、ここでの鮭・鱒の漁獲は莫大であった。今はアルセネボの漁場だけで賄うことになってしまった。

定住とは人の行動範囲を規制することなのである。漂泊の生活は、生存の持続という面では優れた一面を持っていることが指摘できる。アニュイ川沿いアルセネボ村に定住するようになって、鮭が少なくて困った年が一度あったという。アニュイ川に一年間食べるだけの量が溯上しなかった。この年はソビエト連邦政府がアムール川の漁場で沢山捕れたコルホーズから川舟を使って村に鮭を運び込んだことがあるという。鮭の鮮度が落ち腐敗が始まっていたが、飢えないよう上手に加工して保存食料とした話があった。

自由に行動できるかつてのウデゲの生活であれば、自分で出向いて捕れる場所まで行ったのであるが。ウデゲ人が家族単位で行動するのも理由がある。一つに漂泊の生活による確かな生存の持続が家族であれば保証されるからだ。定住地で社会生活を営むことになると、自分やその家族のために、社会的な行動を取る必要があり、勝手な食糧採取が許されなくなるという問題が起こる。

アンドレイさんが懐かしげに語ってくれた話の中に、ビラでの快適な生活があった。狩り山の領域を家族単位で分割するのだが、そこには自分が馴染んだ山の領域があった。定住して多くの人たちと村を作るようになってからは、自分の馴染んだ領域以外の山に割り振られてしまった。村の決定に従わなければならない。家族単位の行動と漂泊は生存のミニマムを明かしていく上での鍵概念となる。

かつて、この狭い島国、日本でも家族こそが生存の持続を維持する最小の単位であったはずである。

第1節　計算できる食糧

アニュイ川の鮭産卵場がナナイ人の定住の場所を供給し、村発祥の礎となったことは第I部で述べた。鮭の特性が人の生存の持続を担保しているのである。第一に毎年同じ場所に大量の群れが戻ってくることから、食糧確保の場所となった。第二に三～五キロにもなる大きな魚が、一定の場所に留まることで、特殊な捕獲技能を持たない人たちにも食糧の供給が出来た。第三に一年の生活サイクルが、鮭の溯上時期に沿って回り、鮭を食糧とする生存のミニマムを中核とする生活が確立した。鮭が時を把握している生き物である以上、この魚によって生存の持続を確保している人間にしてみれば一年の中核に、鮭の溯上時期を据える生活が確立していたのである。

アニュイ川では必ず九月三日から一五日の間に最初の鮭が溯上した。初ケタ祭は最初に溯上した鮭を皆で食して祝う。秋は、この時、鮭とともに来た。

狩りの期間は一〇月一五日から二月一五日までの四カ月間である。この間の食糧が鮭を中心として組まれる。九月に捕り始めた大量の鮭は鮭小屋で干され、冬の食糧として蓄積されていく。山の家では干鮭が中心の食生活となる。四カ月間の食糧として、息子と犬、大量の干鮭を舟に乗せアニュイ川を溯って、山の家に運び込む。ふだんおとなしい犬は喜んでアンドレイさんの荷物を運ぶという。彼らの食糧も干鮭なのである。

狩りの間食べ続ける鮭の量は一週間一本と考えて二〇本程度である。犬がこの半分の一〇本。これにジャガイモを搬入して澱粉を確保していることから、飢える心配はない。狩りの獲物も時々入手されれば、備蓄の鮭やジャガイモを減らすことだって出来る。

アンドレイさんの家で作っているジャガイモ畑は一反歩ほどである。ジャガイモもちょうど八月には収穫を終えている。狩りに出る時期は、鮭とジャガイモという生存の確保に必須の食糧が整っていた。

一方、アルセネボ村で冬を越す家族は大量の鮭の備蓄にジャガイモ、蕪、瓶詰めにしたベリーなど、夏の間の備蓄食糧が加わる。鮭は大きな樽に塩をして漬け込む。口径一メートル×高さ一・五メートルの樽は各家にあって、食糧貯蔵庫に構えている。食べるときにオイル漬けやムニエルなどに調理する。貯蔵庫には春から採りためてきたチリムジャ（ギョウジャニンニク）やパーポロビクニ（蕨）、クーフラビバ（蝦夷刺草）の若芽などの山菜やスグリを筆頭に木の実が瓶詰めになって並んでいる。

同じアルセネボ村のロシア人レオンチさんの家では牛三頭、豚六頭、鶏、アヒル、蜜蜂と、実に多くの動物が人の食糧備蓄に寄与していた。ロシア人居住区はどこも牛を飼っている家が多く、乳製品は重要な食物であった。

アルセネボ村のウデゲ、ナナイ居住区では、これらの畜産は皆無である。わずかに鶏を飼っている家はあったが。それだけ、樹海の動物や鮭・鱒の恵みが優先されていることを意味している。鮭・鱒に対する強い信頼がそうさせているのである。

第2節　個人漁の確実な捕獲

九月に姿を見せ始める鮭は年を越えて一月になっても溯上してくるものがいるという。猟の期間である一〇月中旬に山に入ってしまうウデゲの人たちは、この時期までに一年間食べ続ける鮭を捕り続けたのである。しかも、ウデゲの漁場より上にはロシア人の漁場がある。アニュイ川は、ロシア人漁場より上には産卵に適した場所がなかったという。川床の石が大きくなり、溯上数も極端に少なくなるという。

ウデゲもロシア人も漁法は刺し網である。蝦夷刺草の繊維から採った網は白く水に馴染む。アニュイ川の流れが分かれる場所に片側を開いて流しておけば鮭が絡まって捕り切れなかったという。下流の良い場所を漁場とするウデゲの人たちも、捕れるだけ捕っても一〇月中旬までである。捕りすぎても処分に困る。二〇〇九年は豊漁であったというが、残った鮭は鮭干し小屋に七月段階で十数本残っていた。ウデゲ人漁場ではどんなに捕っても押し寄せる大群からみれば捕獲できる量は知れている。どんどん上流目がけて溯上する。ロシア人漁場に数が減って迷惑を掛けることはなかった。

ロシア人は現地に建てた小屋に寝泊まりして、皆で鮭を捕るという。各自ヘッドライトをつけて、夜の間捕り続けるのであるが、ここでも一定量確保できれば捕る必要はない。

アニュイ川は数本の流れが樹海を貫く。鮭が最も上がる流れには多くの動物が集まってきたという。産卵するまで一定の場所に留まる鮭の習性は、樹海の動物を養った。熊や貂は川岸で動きの遅い鮭をねらっていたという。

産卵を終えた鮭は表皮が白く変色して、川木に架かったまま死を迎えたり、流れていくものもいる。このような鮭にも、鷲などの多くの動物が群がった。

刺し網は集団で捕る漁であるが、産卵前後の鮭が群れている場所が広がるところでは、個人が簡単な道具で鮭を捕ることも出来た。鉤である。

ウデゲのアンドレイさんの息子は家の前の川に行って、群れている鮭に鉤を放り込み、糸を一気に引っ張って捕る漁法を教えてくれた。ルアーフィッシングの始源的な漁法である。一八センチの太い番線を鉤型に曲げて作ったもので、鉤の湾曲部に鉛の重りを吊している。鉤の根元から長い紐をつけて、三〇メートル離れたところにも飛ばせるようになっている。この重りの働きは、強く鉤を引いたとき、鉤の刃先が上を向いて水中を飛ぶ仕掛けとなっている。

溯上する鮭は群れで行動する。二〇〇九年、三面川を黒く埋めつくした溯上鮭の群れを観察した。川岸に私が立っていると、これに気づいた群れが、大きく方向を変えて逸れるように群れてゆったりと川の中へ移動した。アニュイ川に溯上する鮭の数はその数十倍の規模である。恐らくこのような黒い流れになっている群れの中に鉤を放り込んで、一気に引けば、上向きの刃先が川床を走ることで鮭は腹部に鉤が食い込んで漁獲されるであろうことは容易に推測できた。リディアさんはこの鉤について、簡単に鮭が捕れる優れたウデゲの道具だと語ってくれた。

ロシア人の鉤は、ウデゲの人たちのものを真似て作ったものであることは推測できた。ロシア人は鉤に木の柄をつけて縛りつけ、凍ったアニュイ川の氷に穴を開けて、底でじっとしている鱒を捕ることがあったという。

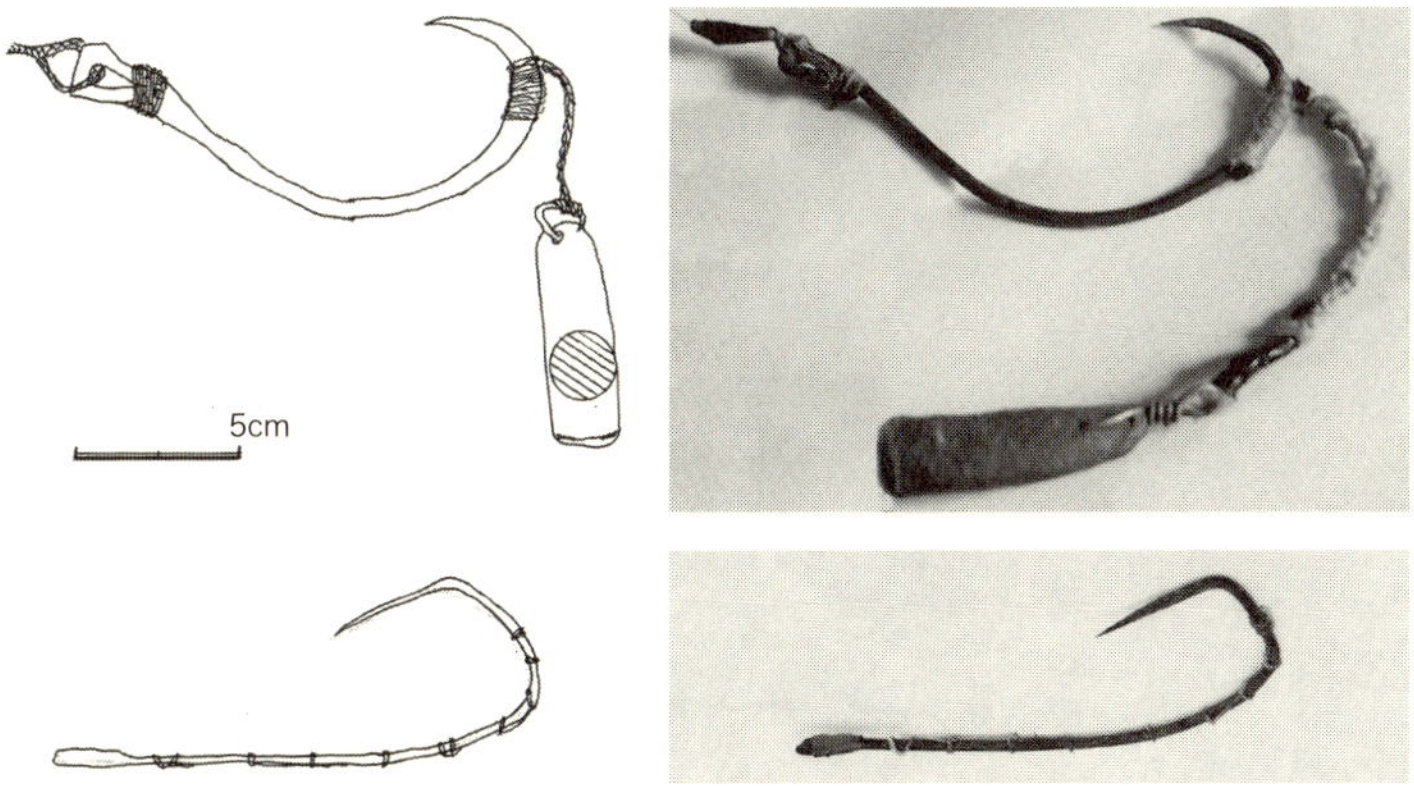

上　鮭捕りの鉤（アンドレイさん作）　下　ロシア人の鮭捕り鉤

この鉤の存在は個人漁が広く行われていたことを示す貴重な証拠品である。鮭・鱒漁にあたって、個人が自ら鮭・鱒を捕って確保したからこそ、各家族の生存の持続が整っていく。

集団漁では鮭・鱒の所属が集団に帰せられる。共同の漁場で、共同の漁具を使って捕っているロシア人たちは、捕った分を集団の皆の納得のいく形で分配する。ウデゲ人は原則各家庭の個人漁が主体であった。つまり、生存のための食の備蓄という計算が各家庭で成立するのはウデゲの個人漁の形態なのである。「足らなければ捕ってくる」「十分な漁があれば捕らない」などの予定が立てられるのは個人が家庭の生存の持続を考えて行っていることなのである

だから、個人で捕る漁具の存在は、社会生活の中で極めて重要な位置にある。

ウデゲのリディアさんは、この漁具は密漁の道具だといわれたと不満を漏らしていた。ロシア人のように、共同で漁を行い、割り当てられた量を貰っている人たちからすれば、個人が勝手に鮭を捕ってしまうことは密漁と考えられ

たのであろう。

何でも共同で行うことが平等だとは限らない。特に鮭の資源に関して、ウデゲの漁場では個人単位の漁獲を行っているところで、未成熟の鮭を別の流れに追い込んで成熟するまで捕らないようにしている場所があるという話をアンドレイさんから聴いた。ウデゲの彼らも、溯上が始まると集団で刺網を行い、鮭を捕っている。しかし、成熟していない鮭を放すという話があり、個体に応じた鮭漁をしている姿が明らかになった。「成熟してから捕っている」という話の中には、産卵場で産卵したものを捕獲することにしている話もあり、資源管理はウデゲの知恵が遥かに勝っていることを知らされた。

共同漁であれば、みんな捕ってしまって未熟の鮭までもが獲物として分配の対象とされる。このやり方は、自然管理の面からとても問題の多い一面を浮かび上がらせている。人の生存を守る面から、自然に対する不平等と捉えられる。

第3節　交換財としての鮭

自給的生活を送っているウデゲの人たちにとって、交換による経済活動は、自ら手に入れることのできないものを入手する手段として特に重要であった。

彼らが現在放り込まれている貨幣経済社会は、すべての物をお金に換算する手法で、彼らの生活を圧迫している。お金を稼ぐ場がなければ、経済活動はまわらない。アンドレイさんは毛皮の獲得によってお金を得ている。かつて、黒貂の毛皮は大変な値段で取引されたといい、ミンクや川獺、栗鼠などの柔らかい毛皮は高い値段となったという。毛皮を鞣し、トロイツコエの交換所に持っていけば、生活に必要なものが購入できて、生活は成り立った。ところが、今の時代には毛皮の値段がひどい値下がりを示して困ったという。繊維製品の革命的な技術で毛皮のようなものまで工業製品として製作されるようになったのと、自然保護の思潮が蔓延して、獣の毛皮の取引が以前のように成立しないのだ。アルセネボ村に定住するようになって、鞣した毛皮の値段も下がり続けていることを嘆いていた。

このような状況の中でも、食べ物であれば、交換財としての価値はそれほど変動がない。アルセネボ村で必要な塩の入手には鮭が使われた。内臓を抜いて、焙った鮭を一〇本ほど一纏めにした。これが交換財の鮭である。日本でも、アイヌの人々は干鮭を一〇本一纏めにして一束とし、米などと交換した。

交換財としての鮭は、食糧であることと、品質に十分なお墨つきがあったことによる。日本では古代から鮭が交換財となっていた事例がある。『延喜式』の貢物に鮭があり、貨幣と同じ交換財であったことが知られている。

このことは、鮭という魚がその地域や文化で広く知れ渡った信頼性のある食品であったということである。普遍的な価値をその地で認めていたからこそ、交換財として成立したのである。同じことは塩についても言える。

東北日本でも鮭や塩が交換財として広く使われていた。

第4節　狩猟採集社会と鮭の食文化

ふだんから干した鮭に依存してきたといわれるウデゲの人たちの食生活に触れさせて貰った。一方、タラと彼らが呼ぶ料理が食卓を飾った。生魚を細かく切った膾である。玉葱やギョウジャニンニクと混ぜて食べる。タラは来客のあるときに出される料理であるという。野菜と赤鹿の肉を炒めた料理も出されたが、リディアさんが熱心に奨めてくれたのはタラであった。

ロシア人レオンチさんの家に伺ったとき、最初にご馳走になったのは一握りもある巨大な赤鹿の肉が皿に盛られたボルシチであった。ボルシチは来客をもてなす大切な料理である。

ウデゲの人たちが魚料理をご馳走としているのに対しロシア人は肉と蕪を煮込んだボルシチであった。狩猟採集民族とされるウデゲ人こそ、肉料理がふさわしいと考えるのであるが、実態は、魚に依存する食生活が圧倒的な比重を占めるのである。なぜなのか。

狩りで生活するシホテアリン山脈のアニュイ川源流部の山の家には、鮭の他に夏の間捕り溜めた魚の乾物を大量に運び込んだ。ウデゲ人は定住政策が出されるまで夏の間は自由にアムール川まで進出し、ここで魚を捕りながら乾物を拵え、冬の食糧としていた。夏の家はアムール川と落ち合う中洲にあり、鮭・鱒を中心に食糧を確保するのであるが、この間の食料は捕った魚で過ごしている。ウデゲ人は冬も夏も魚を主体にした生活を送っていたのである。

狩猟採集民とは、獣の肉だけを中心に生活を組み立てていたものではない。

とかく、日本考古学の考え方の中に、「獣を追って移動した」縄文人の語りが登場する。ところが、ウデゲの人たちに縄文人のイメージを重ねれば、実態は決められた山の家で自分の領域内の獣を追っている。食糧は獲った獣の肉ばかりではなく、大半は夏の間に捕り溜めた魚の乾物であった。山の家で狩りの生活が送れたのは夏の間の鮭・鱒を中心とした魚の大量捕獲によって支えられていたのではなかったか。獣を追って移動したのではなく、冬の間の食べ物を求めて夏の間移動していたのである。

この生活規範は現代社会にとっても貴重な暗喩となる。

狩猟採集生活という人類の黎明期に行われていたであろう生活は、複合する多くの下支えの生業の総称だということである。そして、この生活様式は、山の家・夏の家と、決められた場所で転居を繰り返す循環型であり、樹海の資源を最適な時期に利用した保全型であった。一方、農耕の登場は人の行動範囲を耕作地に固定化する。アンドレイさんの一家もジャガイモを作っている。この結果として、生活領域の狭隘化が進み、各自の仕事が社会に取り込まれることで、個人の主体性が失われ、自己決定できない場面で生存の危機が生起する。鮭の捕獲量を国が決めて生活が困難になる、など。

生存の持続を危うくしたのは、定住なのである。漂泊の生活は生存の持続という一点で、あらゆる智恵が注ぎ込まれた人類の旅路を意味した。漂泊とは人が主体的に生き延びるための手段なのであった。

大切なのは、生き延びる手段を自分で選択できるかどうかなのである。

現代社会は狩猟採集生活の本質を深く斟酌すべきである。

第5節　鮭の帰属

アニュイ川のウデゲとナナイの人々の鮭漁場は産卵場のただ中にあり、最も良い場所を確保している。一方、後からアルセネボ村に入ったロシア人の漁場は、産卵場の上限である。先住の人たちが良い場所を占めて、鮭の帰属を確認することは正当化される。仮に、鮭の溯上数が極端に減って、食糧確保が容易でない状況に到った場合、鮭の帰属はやはり従来通りといえるのだろうか。

この問題は、ロシア樹海の鮭をみてきて感じた、日本の鮭溯上河川のあり方についての考察でもある。現在、東日本の多くの河川で鮭・鱒人工孵化が行われている。鮭・鱒回帰の持続を完成させたのは人工孵化であることは定説である。減り続けるまま放っておけば、どの河川からも鮭は消滅していたであろう。

つまり、一定量の鮭・鱒の回帰があるからこそ、漁業権の問題が成立するのである。権利状態が拮抗するのは漁業権の保持が鮭・鱒の帰属を決定するからである。漁業権という社会的な問題を発生させたのは溯上してくる鮭・鱒の存在であった。

つまり、鮭は持続的溯上を保障して、流域で保全型の生活をしてきた人々の食糧であることが優先されなければならないと結論づけられるのだ。

本来誰のものでもない鮭である。誰が捕ってもよければ濫獲が起こり、資源は枯渇し、皆が悲劇を被ることは「コモンズの悲劇」としてあまりにも有名なテーゼであるが、アニュイ川のような豊かな鮭溯上河川でも、この問題が浮かび上がってくるのである。

そして、鮭は人だけのものではなく、動物の食糧でもあり、死骸は自然環境に栄養塩を提供する役割まで担っている。

このことから、鮭は人の生存を含めた、自然環境保全の使者と捉えるべきであるとの考え方が成立する。鮭の帰属を社会や人の枠に狭めないで、人を含めた環境全体に帰する必要があるのだ。

終章　生存のミニマム

狩猟採集生活を続けてきたウデゲの人たちも、米や雑穀を食べてきた日本人も、基底となる安定した食糧の確保が絶対的に必要であったことが分かってきた。

ウデゲの人たちの食の基底は鮭・鱒である。産卵場所に集落を築き、九月から一一月までに上がってくる鮭を採捕して、この食糧を基軸に生活が営まれてきた。一人五〇キロの基準は国家が決めたものである。本来、国民の生存を国家が保障しなければならないのに、裁可するというのはおかしな話であるが、最低限のミニマムとして、この五〇キロが決められていたようである。というのも、この基準より少ない漁獲量の場合は基準を下げられたと証言しているからである。

莫大な溯上数の中で、基準を上回って捕ることが行われていたのである。人の生存に必要な五〇キロを達成すれば、余剰は犬の餌や備蓄に回り、いたずらに鮭を余らせる生活をしてこなかった彼らからしてみれば、資源を無駄に捕りつくすことはなかったということである。定住させられるまで、彼らがアムール川に進出して魚を捕ったのは、冬の食糧として捕っていたのであり、余分に捕った魚で資源を無駄にすることはなかった。

アンドレイさんの家の鮭干し小屋に残っていた鮭はちょうど夏を越すまで犬が食べる量であり、程よい量の計算は為されていた。

生存のミニマムとしての捕獲方法も確立していたことが明らかになってきた。漁法では鮭の産卵場で鉤が広く使われるのは日本から大陸を経て北アメリカの鮭溯上河川に共通する。一定の産卵場所に留まる鮭を採捕するには個人漁としての鉤が有効であった。産卵場での共同漁としては巻き網などもあるが、アルセネボでは刺し網を使用した。本来、刺し網は個人の漁である。五〜六人で一度に一〇〇匹を超える鮭を捕ったと語るアンドレイさんたちも、基本は個人漁としての刺し網であった。つまり、漁法も、個人を単位として、生存のミニマムを保障する形態が取られていたことが指摘できる。集団で鮭捕りをしたのは、その方が労働力配分の面から都合が良いという単純な理由であり、漁撈の組織が利潤を生むというような問題ではない。

個人が生存のミニマムを確立したことに関する象徴的な道具が鉤以外にもある。オモロチカである。一人乗りの舟の発達はこの地域で顕著であり、狩りや漁撈にあたり、この舟で一人が食糧を獲得した量は莫大である。一人で舟を動かしていたこと自体が日本人の感覚からすれば珍しいことであるが、漁撈に活躍した舟は、個人漁であれば一人で出掛けていって一人で多くの鮭を捕ることが当たり前の行為であった。

これらのことは私にとって大きな発見であった。生存のミニマムはあくまでも個人と家族が基本的単位になるということである。村社会や他人に頼ることではない。

日本では近世、食糧の基底として米があった。ウデゲの鮭に匹敵する。ぎりぎりの生存を毎年繰り返していた近世、下級武士の扶持米を例にとって考察する。

扶持米は俸禄として一人一日五合（〇・九リットル）を一年間支給された。下級武士の一人扶持や二人扶持などの呼び方はこの支給方法が元になっている。この割合は一年間に四斗俵（六〇キロ俵）で四・五俵になる。

一人扶持でも家族がいる。一人で生きている場合は、一日に二六三二キロカロリーとなり、現代社会での必要カロリー（約二〇〇〇キロカロリー）を超える。ところが、家族がいるのが普通である。四人家族になれば、一人一日六五八キロカロリーでとても足りない。下級武士がアルバイトに励んだのは食糧の確保が必要だったからである。

現在ではどうか。私個人の一年間の「生存のミニマム」記録から報告する。

基底食糧は米である。一年間に食べる米の量はちょうど六〇キログラムである。パンは食べない。他の炭水化物はジャガイモとさつまいもが年間約三〇キログラム。大根・白菜・キャベツなどの野菜が、漬物なども含めて年間約九〇キログラムである。魚・肉などのたんぱく質は一日の摂取量が平均一〇〇グラム程度である。年間三六キログラムに相当する。米だけで一日五八六キロカロリーである。肉や野菜と合わせても一〇〇〇キロカロリーに達しない。国が提唱する一日に必要とされるカロリーにはとても届かないが健康的に生存している。

そして、米と魚・肉以外の野菜類はすべて手作りしている。野菜は三〇坪の土地で完全自給に近い状態である。栽培野菜はこの程度の畑で十分自給できるのである。

アルセネボ村では、例外なくジャガイモを一〜三反歩栽培している。人に必要な炭水化物や澱粉を採取する。

ウデゲの人たちの基底食料は鮭・鱒である。国がミニマムとした鮭・鱒の年間量は五〇キログラム。五〇キログラムの鮭の場合、これを一年間で食べ続けると考えれば、一日の量は一三七グラムに相当する。一〇〇グラム当たり一六七キロカロリーで計算して(1)、一日の摂取カロリーは二二八キロカロリーにしかならない。

ところが、アニュイ川は、春にも大漁に恵まれる。サクラマスとカラフトマスが遡上してくるのだ。この春の漁は規制がないために、自由に捕り続けることができる。二月一五日で終わる冬の猟の後、流氷の流れ下ったアニュイ川で漁が続く。単純に考えて鱒も五〇キログラム確保できれば、一日のカロリーは鮭と加えて四五六キロカロリーになる。

ウデゲの人たちが、家族でアムール川まで進出し、夏の間中、魚を捕り続けていたという証言は、食糧の確保が、このように鮭・鱒だけでは不足したことを意味しているのである。

定住政策は、生存のミニマムを保障しなければならない。ウデゲが取った手段は、ジャガイモの栽培であった。

アンドレイさんの家のジャガイモ畑は一反余り。恐らく二〇〇キログラムくらいの収穫が望めると推測した。一〇〇グラム当たり七七キロカロリーで計算して、一日の予想摂取量は三八五キロカロリーである。

鮭・鱒の基底食糧にジャガイモを合わせて一〇〇〇キロカロリーに届かない。

労働投下の面からこの基底食料をみると、夏の間アムール川落ち合いの夏の家に集められる魚の量と、ジャガイモ栽培と、どちらが効率的なのかという問題になる。鮭・鱒が無尽蔵な資源であればよいが、この魚に依存して生きている人たちはウデゲばかりではない。今では地球規模で涸渇が心配される資源となりつつある。

状況を斟酌すれば、畑を耕すということをしたことのない狩猟採集民にも栽培が必要となったと言えるのである。

皮肉なことであるが、狩猟採集を主としてきたといわれるウデゲの人たちの基底食料は水産資源であった。労働形態も、アニュイカなどの舟に夫婦で乗り込んで、魚を捕り歩く生活が日常であった。七月の漁閑期であっても大きなコクチマスが捕れる自然環境の中で、計算できる保存食としての魚があった。赤鹿などの大型獣はいつ獲れるか分からない資源なのである。

僅かでも余剰が出れば冬に備えて貯蔵する知恵を働かせてきた彼らは、社会生活をおくる中心にこの貯蓄の精神性が強く滲み出ていることを、私は把握してきた。ウデゲ自ら、これらのことを斟酌した結果であったろう。

樹海に生きる精神性として、動物と人の極めて近い関係が表出する。彼らは豚や牛といった家畜を飼わない（犬は除く）。僅かに鶏を飼う家があった程度である。狩りで野生動物に触れているのに、食を人に与える動物の飼育という人類史で起きてきたとされる進化の流れに進んでいないのである。ただ、ビラではミンクの養殖を行ったという例外はある。

アルセネボ村のロシア人は川を挟んで住んでいるが、朝から鶏、鵞鳥、牛、豚の鳴き声で賑やかである。家畜を生存の最終的な保障としていることが垣間見られる。冬、食べ物が底をついたら家畜を潰して食べるという心意である。人中心の思惟とでも言えようか。

レオンチさんの家畜を記録する。雌牛三頭、豚六頭、鶏二〇羽。それぞれつがいで飼育し繁殖させている。家鴨八羽、蜜蜂五蜂（巣箱五箱）である。

この問題はウデゲの精神文化と深く関わっていると考える。彼らの狩りは冬である。冬に狩りをするのは動物の繁殖期を避け、積雪で彼らの動きが把握し易くなる時期だからだろう。赤鹿・猪などの大型獣も一定の水場や住処に依存するようになる。しかも、寒さが加わり動きが鈍る。

狩人は行動の規範を動物に求めた。獣中心の思惟である。こうしなければ人の獲物になってくれないからである。獣に沿って考える彼らの思考の流れは、守護者・トーテムとしての熊、樹海を支配する虎を頂点にすべての動物が組み込まれた。当然のように、人もこの中に入っているのである。

冬、食糧が底をついて飢えが迫ってくると、秋に見つけておいた熊の穴にいって熊を獲り、これを食べて生き延びた話は、トーテムの話として広く語られ、女性が後に食べること、食べた熊の頭骨を必ず丁重に送ることなどの儀礼が語られる。

熊は人のための生け贄として供犠の対象とさえ把握されたのである。人に尽くし人の命を救ったからである。

ロシア正教が古くから蔓延していた熊を頂点とする獣中心の思惟を駆逐するために考えた粗筋は実に巧妙なものであった。熊の神ヴォロスを駆逐するには、熊が人の命を贖う生け贄ではないことを証明しなければならない。ラドネジの聖セルゲイが取った手段は、冬に飢えている熊にパンを与えて養うことであった。この象徴化されている行為には、キリスト教の正餐が忍ばせてある。熊は人の生け贄とならな

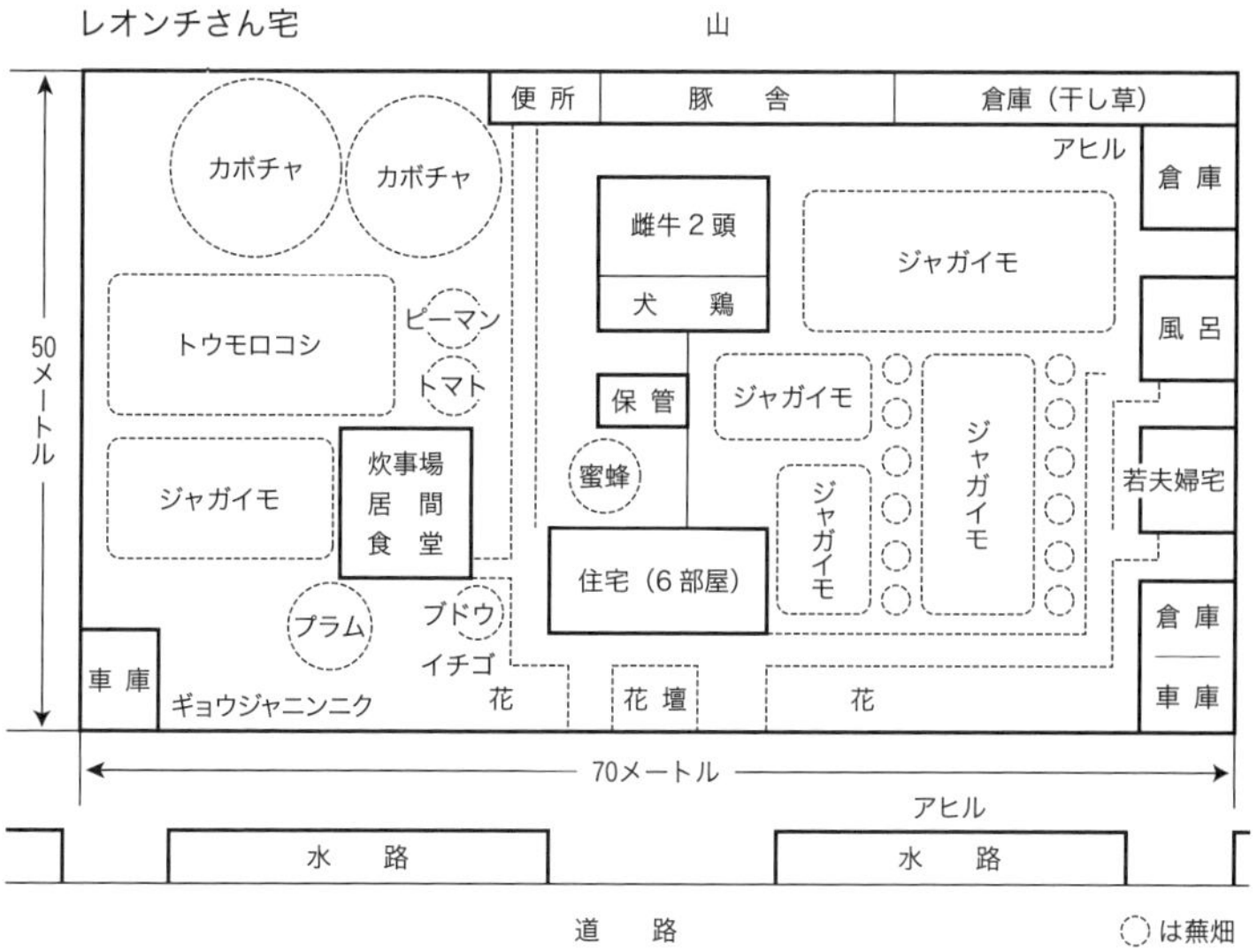

【柵で囲われた屋敷内で栽培されている農作物と飼っている家畜】

『農作物』→蕪，ジャガイモ，ウイキョウ，ピーマン，トマト，プラム，ブドウ，イチゴ，トウモロコシ，カボチャ（飼料用）
『家畜』→雌牛3頭，豚6頭，鶏20羽（雛20羽），家鴨8羽，蜜蜂5蜂，犬6頭

【森や川の獲物・山菜】

赤鹿，カラフトマス，シロザケ，コクチマス（クラスノピョルカ），川姫マス（カリウス），山猫（アムールヒョウ）
ギョウジャニンニク（チリムジャ），ワラビ（パーポロニクォ），ミヤマイラクサ（クーフラビバ）

【自宅周り澱粉山での収量】

50 × 70 = 3500平方メートル
→このうち住居建物部分を除いて3000平方メートル（= 30アール= 3反）が畑
(内訳)
2反がジヤガイモ
1反に蕪，トウモロコシ，ウイキョウ，ピーマン，トマト，プラム，ブドウ，イチゴ，トウモロコシ，カボチヤ（飼料用）

ず、キリストの体であるパンを与えられてキリストの僕になってしまったのである。それ故、熊が持っていた最大の聖的力、生け贄となる供犠を剝奪されて、施しを受ける惨めな立場に逆転されてしまった。こうなると、人は万物の霊長という立場に屹立することになる。万物の霊長・神の僕で自然を司る人の発生である。

人と動物が交換する話がウデゲやナナイには数多くある。

アイヨーという可愛く美しい女の子がいた。皆から褒められ自分でも自惚《うぬぼ》れて一日中水に映る自分の顔を眺めていた。自惚れから怠け者になり、母から言われたことにまでいちいち逆らうようになった。料理で作ったパンをアイヨーが欲しいと言った。熱いからやけどするという母に手袋は手が痛いとわがままを言う。母は呆れて仕方なく隣の娘にパンをやる。アイヨーはその娘のパンを食べる姿を見ていて頸が伸び、その娘が食べなさいと言って放り投げたパンをバタバタ手で受け取ろうとして羽になり、水に落ちて口うるさく鳴いていたために鵞鳥になってしまった。

容易に人が動物に入れ替わる世界観がある。この世界観こそがキリスト以前にあった観念であったと私は考えている。日本にまで到達している動物と人が同位相に並ぶ世界観こそが、人の穏やかな思惟を育んできたのではなかったか。特に、生存のミニマムに従って生きてきた人たちは学ぶ対象が食を与えてくれる動物や植物であったはずである。ここに信仰が発生したのは当然の筋道である。

アイヨーが姿を変えていくのは食を得るためである。人がどんなに威張ったところで生きるための食を得て生存を持続させなければならない。そう考えたとき、人が動物と違う場面など見あたらない喩えが成立する。むしろ、美醜のような人として優れたり劣ったりするように見えるものなど、騒がしい鳴き声のように滑稽なものでしかない。

人を動物の頂点に据える世界観は、樹海の生活で育まれたものではなかろう。深い森と樹海が織りなす世界はすべての生き物が何らかの存在価値を見出す世界であった。

樹海を辿る道は、舟によって海を越えたとしても、この狭い島国で森のある世界に包み込まれ、同化していったものであったろう。

生存のミニマムでは人を養う基底が生業の組織にも反映していた。生業の組織は調和の取れた精神世界を育んでいたのである。

人が求める生存の持続は、人と動植物を同一水準に置くところから出発しなければならない。そして、絶対的な自然の理に沿って生活の循環を助ける必要がある。生存のミニマムは、人が生き続ける技術の集積なのである。

注

（1） 科学技術庁資源調査会編『暮らしの食品成分表』一橋出版、一九九九。

あとがき

樹海の民、ウデゲも、草原の民、ブリヤートも「生存の持続」にかける数多の技術が文化として括られる。二〇一一年の夏は、イルクーツクから二七〇キロ西側にある、シベリア中央に住むブリヤート人のアリャティ村にお世話になった。社会主義運動家・片山潜の活躍にイルクーツクで接した先代が、親しみを込めてミドルネームにカタヤマの文字を挟んだという、ブルスナエバ・カタヤマ・コンドラエブさんの家に滞在させていただいた。同じモンゴロイドの血が流れていることへの安心感か、日本人に対する穏やかな対応は心にしみた。庭の寒暖計は零下五〇度から摂氏五〇度まであり、屋根から集めた水のタンクは生活用水となっていた。草原に牛や羊を飼い、乳製品をこしらえ、肉を食べて定住生活をしてきたブリヤートの生活は家畜と共に生きる生活である。乳を出す牛四頭、羊数頭、繁殖を繰り返してきた鶏は二〇羽、家畜の世話をする犬が二頭と、動物と人が助け合って生きている。食膳にのぼる食べ物は、すべて自分たちの手塩にかけたもので、牛乳からはスメタナ、バター、チーズが作られ、チャイ（紅茶）は半分以上が絞りたての牛乳であった。羊肉は、塩茹でしてあり、美味であった。「ブリヤートは厳しい自然の中で生きてきたから、肉がないと生き続けられないんだよ」の言葉はカタヤマさんが肉づくしの食卓で私に語ってくれた教えである。

この村に日本人が訪れたのは、私が最初であるという。村に入る境には、ブリヤートの村であることを示す一本の道標がある。白髭の老人が彫刻されたポールに、白と青のスカーフが縛りつけられていた。

ここでシャーマンの末裔の女性や村長、校長が歓迎の席を設けて待っていた。ここでの儀式の後、初めての日本人がアリャティ村に入ったことに対し、神から裁可を頂く儀式が、湿地の広がる村の聖地で催された。

生贄の小羊が連れてこられた。村人が心臓を取りだすと激しく泣き叫び、小羊は命を絶った。小羊は切り分けられ、大きな鍋で肉が、内臓は取り出した各部（肺・小腸・大腸）を三つ編みにしてまとめた状態で、血は一滴も残さず腸詰めにされて、煮られた。肝臓は生のまま食卓に載せられていた。煮た肉を最初に切るように促され、渡された小刀で一片を切り取り、シャーマンに渡した。この後、ウォッカを渡され、天と大地に一滴を垂らすように促され、そのようにした。この儀礼によって、私は村に入ることが許された。贖いの小羊によって供犠と供食が執り行われたことが理解できた。小羊は私の身代わりであった。

儀礼執行の間中、宗教の発生が、人の精神世界の普遍性から起こってきているのではないか、と感得していた。というのも、生贄の小羊はキリスト教の世界では旧約聖書の「出エジプト記」血の標の元となる。そして磔にされたイエス・キリストは神の小羊なのである。私を贖うために小羊が生贄として村人に供され、この死の犠牲によって、村人は私を受け入れる。この筋道は、「罪人のために神の一人子が生贄とされて贖う」キリスト教世界観につながる。ウデゲの世界では熊や鮭の供犠が羊の代わりを果たし、日本の東北地方ではマタギの行う熊の供犠につながっているのである。

儀式の翌日、慈雨が大地に滴った。カタヤマさんの祖母が「生贄の羊は天に昇った。代わりに天から雨が来た。天と地が入れ替わったのだ」と、私に微笑んだ。

中央シベリアの草原の民も、極東の樹海の民も、生き続けることにおいては同じ精神世界のもとで厳しい絶対的な自然と対峙し、ここから裁可を受けながら、謙虚に生きてきたのではなかったか。

大震災後の日本から出かけていった日本人をブリヤートの人々は好意と愛情で迎えてくれた。ロシアの支援に感謝の言葉を述べた時、「お前たちの方が大変なのに」と、涙ぐまれた。「ブリヤートの生活から、これからの日本の進むべき道を探りたい」と考えたのは、彼らの生存の持続が、仕事を個々に細分化しないで、家畜との生活を中心とする、バランスの取れた統合的なものであったことによる。生き続けることは大変である。早朝の乳搾りから始めて、食を得るために乳を加工していく仕事は、カタヤマさんの奥さんが担っていた。カタヤマさんは目の前の広大な池からカラシーと呼ばれる鮒を捕って、食膳に上げていた。身の回りから得られる食をすべて総合していく生活の姿があった。

本書は、私のライフワークをまとめたものである。生き続けることの難しさ、生存の持続を目指して、「生存のミニマム」を考え続けた結果、日本海を挟んで、大陸と日本の比較に到ったのである。基本的な食糧確保の問題、舟を初め、移動や狩りに使われる道具の問題、人々が絶対的な自然から導く精神世界の問題、等。

孤独な研究者の追究の道筋を支えてくださった法政大学出版局編集部の秋田公士さんには、深く感謝している。「生存のミニマム」というテーマは、奥三面遺跡の発掘調査の時から抱き続けてきたものである。今は天に召された早稲田大学の小川博先生のお導きで、秋田さんとお会いすることができた。切望していた、「ものと人間の文化史」に『採集』を加えていただき、山はどれほどの人を養えるか、の試論を提示することができた。これが呼び水となり、日本の現状では本来見向きもされなかったであろう、生き続けるための生活技術が、学として一つの形となったと私は解釈している。引き続いて『鮭・鱒』I・II、『熊』を上梓するに際しても、三著に通底する「生存のミニマム」を理解してくださった秋田さんのお力を得た。なお、『鮭・鱒』では学位を得ることができた。

大震災後、日本人の営む生活には大きな修正が余儀なくされている。それぞれの地域で人が生き続けることを考えるこの研究が、受け入れられ、多くの人に当たり前の姿となってくれることを祈る。

二〇一一年八月末日

赤羽正春

著者略歴

赤羽正春（あかば まさはる）

1952年長野県に生まれる．明治大学卒業，明治学院大学大学院修了．文学博士（新潟大学）．

著書：ものと人間の文化史 103『採集――ブナ林の恵み』，同 133『鮭・鱒』Ⅰ・Ⅱ，同 144『熊』（以上，法政大学出版局）．

『日本海漁業と漁船の系譜』（慶友社）．

『越後荒川をめぐる民俗誌』（アペックス）．

編著：『ブナ林の民俗』（高志書院）．

樹海の民――舟・熊・鮭と生存のミニマム

2011年10月5日　初版第1刷発行

発行所 財団法人 法政大学出版局
〒102-0073 東京都千代田区九段北3-2-7
電話03(5214)5540 振替00160-6-95814
組版：HUP　印刷：平文社　製本：誠製本

ISBN 978-4-588-33503-7

Printed in Japan

- 2 直良信夫 狩猟……2700円
- 14 千葉徳爾 狩猟伝承……3500円
- 47 松山利夫 木の実……3400円
- 53-I 四手井綱英 森林 I……3200円
- 53-II 四手井綱英 森林 II……3200円
- 53-III 四手井綱英 森林 III……3200円
- 78-I 竹内淳子 草木布 I……3000円
- 78-II 竹内淳子 草木布 II……2800円
- 90 坂井健吉 さつまいも……3200円
- 98 出口晶子 丸木舟……3300円
- 101 長澤 武 植物民俗……3200円
- 103 赤羽正春 採集 ブナ林の恵み……3000円
- 109 川島秀一 漁撈伝承……3200円
- 118-I 有岡利幸 里山 I……2900円
- 118-II 有岡利幸 里山 II……3000円
- 133-I 赤羽正春 鮭・鱒 I……2800円
- 133-II 赤羽正春 鮭・鱒 II……3300円
- 144 赤羽正春 熊……3500円

ものと人間の文化史より／価格は税別